思想政治教育研究文库

—

高职院校思政教育数字化转型研究

周沛江　李　倩　著

光明日报出版社

图书在版编目（CIP）数据

高职院校思政教育数字化转型研究 / 周沛江，李倩
著 . -- 北京：光明日报出版社，2024.4
ISBN 978 - 7 - 5194 - 7918 - 3

Ⅰ.①高… Ⅱ.①周…②李… Ⅲ.①高等职业教育
—思想政治教育—数字化—研究—中国 Ⅳ.①G711

中国国家版本馆 CIP 数据核字（2024）第 082545 号

高职院校思政教育数字化转型研究
GAOZHI YUANXIAO SIZHENG JIAOYU SHUZIHUA ZHUANXING YANJIU

著　　者：周沛江　李　倩

责任编辑：李　晶　　　　　　责任校对：郭玫君　贾　丹
封面设计：中联华文　　　　　责任印制：曹　净

出版发行：光明日报出版社
地　　址：北京市西城区永安路 106 号，100050
电　　话：010-63169890（咨询），010-63131930（邮购）
传　　真：010-63131930
网　　址：http：// book. gmw. cn
E － mail：gmrbcbs@ gmw. cn
法律顾问：北京市兰台律师事务所龚柳方律师

印　　刷：三河市华东印刷有限公司
装　　订：三河市华东印刷有限公司

本书如有破损、缺页、装订错误，请与本社联系调换，电话：010-63131930

开　　本：170mm×240mm
字　　数：334 千字　　　　　　印　　张：19
版　　次：2024 年 4 月第 1 版　　印　　次：2024 年 4 月第 1 次印刷
书　　号：ISBN 978 - 7 - 5194 - 7918 - 3
定　　价：98. 00 元

前　言

　　在当前的时代背景下，做好高校思政工作具有十分重要的意义。这项工作的顺利展开，能够提高大学生的思想水平，养成正确的价值观。在数字化技术不断成熟的现代社会，我们急需对高校思政工作进行转型分析，提高这项工作的成效。

　　思想政治课程在高职教育系统中肩负着对学生进行思想教育的重要任务，通过引导学生学习课程内容，使学生建立起与当代社会主义核心价值观相适应的思想政治体系，为其未来参与社会实践活动提供重要的思想指导方针。随着现代社会信息技术的高速与渗透化发展，当前各个教育阶段也呈现出较明显的数字化教育趋势，我们要开发数字资源在教学环节中的应用方式，使其成为辅助学生学习的重要工具，提高课程教学效率。在这一背景下，高职思想政治教育工作者开始对课程进行数字化改革的尝试，并在一段时间的实践中获取了较多客观的实践记录。为了进一步延伸数字化改革思路驱动思想政治课程的提质增效，教师应对记录中反映的现状进行反思性分析，在不足的基础上进一步制定更具针对性的数字化改革策略，并在实践中对其进行进一步检验，为后续教学提供科学性较强的指导依据。

目　录
CONTENTS

第一章

绪论

第一节　大数据时代大学生思想政治教育方法
创新的相关理论概述

随着社会的数据化程度不断加深，许多行业和领域逐渐重视对大数据的运用。但由于以往技术的限制和人们对数据所蕴藏的价值的忽视，数据通常被用来作为记录客观事物的工具，且只能被用来做一些简单的分析，无法发挥出数据应有的价值。这种记录和分析是零散、少量、不全面和不科学的，也难以对主观或动态事物的数据信息进行收集和处理，例如，人们的思想、情感和情绪等。因此，人们习惯把以往这种处理数据方式的时代称为"小数据时代"。但随着网络信息技术的不断发展，社会上产生的数据信息越来越多，社会上的大多数事物似乎可以用数据化的形式来进行呈现，人们开始注意到数据所蕴藏的价值并对其加以利用。自此，人们开始进入大数据时代。随着大数据时代的到来，大学生思想政治教育方法应顺应时代发展的要求和满足自身发展的需要而不断进行优化，以推动大学生思想政治教育的发展。研究大数据时代大学生思想政治教育方法的创新，首先需要了解相关概念，并对相应理论和思想资源进行梳理。

一、大数据的内涵与特征

随着网络和信息技术的不断发展，越来越多的社会资源被"数据化"，数据信息的数量呈指数级增长，大数据的应用范围也在社会中不断扩大，给人们的学习、工作和生活带来了巨大改变。为了有效把握大数据，发挥大数据的价值，首先需要厘清大数据的内涵与特征。

（一）大数据与大数据时代

目前学术界对大数据的内涵还没有形成一个统一而确切的界定，国内外学者和机构对大数据都有不同的看法。在国内，信息管理学者涂子沛指出，"大数据"之"大"，是由于数据信息的数量和规模在不断增加，其容量和规模已经超过传统数据信息的尺度大小，普通的数据软件工具已经不能对其进行捕捉、管理和分析。大数据学者周涛认为，"大数据是基于多源异构、跨域关联的海量数据分析所产生的决策流程、商业模式、科学范式、教育理念、生活方式和观念形态上的颠覆性变化的总和"①。而在国外，数据科学家维克托·迈尔-舍恩伯格（Viktor Mayer-SCHönberger）认为，大数据是人们在大规模的数据集合里能完成的事情，而在小规模的数据集合里这些事情则无法完成。全球管理咨询公司麦肯锡则指出，大数据指传统数据库软件无法对数据进行获取、存储、管理和分析，是一个规模庞大、数量巨大的数据集合。

以上国内外学者和机构对大数据内涵的解读，尽管对大数据的内涵有不同的看法，但也存在共同之处。笔者认为，大数据是一门能对海量、复杂的数据信息进行快速、精准处理和分析并能发现其中相关关系和预测未来发展趋势的新技术，也是一种能为人们认识和改造客观世界提供解决办法的新思维，更是一种能给人们带来多样化信息和创造价值的新资源。

从古至今，人类社会已经经历了很多个不同的时代，如石器时代、工业时代、网络时代等。大数据时代是在网络时代的基础上发展起来的，以海量的数据信息为核心并为人们的学习、工作和生活带来巨大价值的时代。大数据时代区别于以往其他时代的一个显著特征是对数据信息的充分挖掘和广泛利用。在大数据时代，能通过大数据技术对海量、复杂的数据信息进行分析和利用，从中发现隐藏的价值和规律，服务于人们的生活与生产，并对社会各领域产生一定的影响。大数据时代还有一个突出的表现，即"一切皆可数据化"。在大数据时代，人类社会和自然界皆可被"数据化"，人们能对被"数据化"的信息资源加以利用，促进社会的发展。

（二）大数据的特征

目前关于大数据的特征学术界有几种解释，普遍认可把大数据的特征归纳为规模性（Volume）、高速性（Velocity）、多样性（Variety）和价值性（Value）的"4V"模型。

1. 规模性

大数据最突出的特征首先就表现为"大"，随着各种设备和技术的发展，人们每天的学习和生活轨迹都可以被记录下来，特别是各种网络社交和购物

---

① 周涛. 为数据而生，大数据创新实践［M］. 北京：北京联合出版公司，2016：38.

平台的使用，由此产生了大量的数据信息。大数据除了数据规模大，还体现为容量大。虽然一个数据只有几兆字节（MB）甚至更小，但当无数个数据汇集起来则可能成为泽字节（ZB）级别。根据数据统计公司 Statist 的分析和预测，到 2035 年，世界上数据信息的产生量将会达到 2142ZB。

2. 高速性

以往由于工具和技术的限制，人们收集数据的方式比较机械，处理数据的效率也比较低。通过大数据技术，则可以在较短的时间内收集到所有想要的数据信息。例如，在网络搜索引擎输入想要查询的信息，虽然背后需要经过大量和复杂的数据运算，但也可以在一秒左右展现出成千上万的查询结果，体现了收集和处理方式之快，这是以往可能需要花费数天才能做到的结果。此外，数据信息产生和更新的频率也非常快，由于社会的生产和人们的生活每天都在进行，数据信息每时每刻都在产生，加快了数据信息更新迭代的速度。

3. 多样性

数据信息的类型一般分为结构化和非结构化数据，结构化数据是指能用固定数据结构来表达并且具有一定数据规范的数据，如财务系统、一卡通系统等；而非结构化数据是指没有固定数据结构的不规则或不完整的数据，如图片、音视频等。除此以外，还有一种介于两者之间的数据类型——半结构化数据。半结构化数据虽然能用数据结构来表达，但却不方便进行结构化，如网页信息、日志文件等。大数据时代的数据信息不仅类型多样，而且来源也多样，广泛分布在人们日常学习、工作和生活的方方面面，能通过不同渠道和方式对其进行收集。

4. 价值性

大数据具有巨大的价值是其最主要的特征，而对大数据价值的利用主要表现在相关关系的运用上。孤立的数据难以展现出巨大的价值，通过运用大数据的相关性分析技术对其进行分析，可以发现某些隐藏在其中的相关关系并预测事物未来的发展趋势，以此来创造更多的价值和财富，例如，网络购物平台上的推荐系统能为人们推荐心仪的物品。虽然大数据在整体上表现出巨大的价值，但其存在价值密度低的不足，有价值的数据信息占比较小，例如，在数小时的监控视频里，有价值的可能仅仅是那一两秒的画面。尽可能获取足够多的数据信息，已经成为社会各领域竞争的目标，数据信息也成了一项新的竞争资源。

二、大数据时代大学生思想政治教育方法创新的内涵与特征

大数据时代带来的数据思维、信息技术和信息资源，给社会带来了巨大的变化，为人们的学习、工作和生活提供了极大的便利；同时，也推动了大学生思想政治教育方法的创新发展，使其符合大数据时代的发展要求，满足自身的发展需要。

（一）思想政治教育方法

思想政治教育方法不是凭空产生或人们主观臆造的，是教育者和受教育者根据时代要求和现实需要，为了达成一定的教育目标而制定的。因此，它在形式上是主观的，在内容上却是客观的。思想政治教育方法也不是单一的，教育者需要根据不同的教育对象、教育内容和教育环境选择和运用不同的教育方法，分别有思想政治教育的认识方法、实施方法以及调节评估方法，每部分方法中又包含许多具体方法。思想政治教育方法还具有联系性和发展性，不同的思想政治教育方法之间是相互联系的，都是为了实现共同的教育目的而服务的，而且随着时代的发展和现实情况的变化，其自身也要随之发展。正确把握和理解思想政治教育方法，是大数据时代大学生思想政治教育方法创新的重要前提。

（二）大数据时代大学生思想政治教育方法创新

通过对大数据与思想政治教育方法内涵的阐释，我们不难理解，所谓大数据时代大学生思想政治教育方法创新，是指在大数据时代，将大数据的思维与技术有效合理地运用于大学生思想政治教育的过程，并选择与其契合度相对较高的大学生思想政治教育方法，实现两者的有机融合，推动传统大学生思想政治教育方法的创新发展。这是大学生思想政治教育方法自身发展的需要，也是大数据时代到来对其提出的要求。对这一内涵的理解，需要明确以下几个问题：

1. 大数据对大学生思想政治教育方法创新的作用

（1）大数据是大学生思想政治教育方法创新的时代背景

随着大数据时代的到来，社会的信息化水平得到了极大的提升，数据信息的数量不断增长。在此时代背景下，大学生更加倾向于信息化和网络化的教育方式，其思想行为更显个性化和多元化。因此，大学生思想政治教育方法需要做出相应的改变以应对大数据时代的发展要求和大学生的发展需求。而大学生思想政治教育方法的创新需要教育者站在大数据的时代背景下进行，

以确保创新方向的正确。

（2）大数据是大学生思想政治教育方法创新的重要驱动力

大数据时代的到来，为教育者带来了全新的思维方式、先进的技术手段和丰富的信息资源。大学生思想政治教育方法的创新需要有一定的驱动力量，才能推动其创新的有效开展，而大数据的思维、技术和资源恰好能为其创新提供强大驱动力。

2. 大数据与大学生思想政治教育方法两者之间的关系

在大数据与大学生思想政治教育方法两者的融合创新中，大学生思想政治教育方法是核心，而大数据则起辅助作用。通过对大数据的合理运用，推动大学生思想政治教育方法的革新。因此，大数据时代大学生思想政治教育方法创新是大数据技术和思维与大学生思想政治教育方法的融合，在两者融合的过程中，大数据不能逾越大学生思想政治教育方法占据主导地位，而是需要遵循后者的价值取向和实际情况。

3. 大数据时代大学生思想政治教育方法创新的要义

什么是"创新"？根据《现代汉语词典》（第7版）的解释，"创新"有两层含义：一是指抛开旧的，创造新的；二是指创造性，新意。根据这个解释，我们可以把"创新"理解为创造新的事物或优化旧的事物。因此，大学生思想政治教育方法融合大数据的创新并不是说要创造出之前不存在的大学生思想政治教育方法，而是可以通过融合和运用大数据的思维与技术，对传统的大学生思想政治教育方法进行优化，使其满足大数据时代的要求，顺应大数据时代的发展，这也是创新的目的所在。

（三）大数据时代大学生思想政治教育方法创新的特征

大数据时代融合和运用大数据对大学生思想政治教育方法进行创新的过程，呈现出一些新的特征，主要表现为继承性、融合性和客观性。

1. 继承性

任何事物的发展都要以原有事物为根据，任何事物的创新都离不开对原有事物的继承。大数据时代大学生思想政治教育方法的创新不是凭空产生或人们主观臆造的，而是需要在继承传统思想政治教育方法的基础上进行的，体现了其对传统的继承。传统的思想政治教育方法是大数据时代大学生思想政治教育方法创新的根基，如果抛弃传统而一味追求所谓的"创新"，是与创新的最初目的相违背的，也不是真正的创新。大数据时代的到来，部分传统的思想政治教育方法可能存在与大数据时代发展不协调的情况。但在创新的过程中，并不是对传统的思想政治教育方法抛弃不用，而是在继承传统教育方法的基础上进行创新。因此，在大数据时代大学生思想政治教育方法创新的过程中，教育者需要做到"取其精华，去其糟粕"，在继承传统思想政治教育方法的基础上把其中的有益部分与大数据进行有机融合，使传统的思想政治教育方法不断与时俱进，实现新的发展。

2. 融合性

融合性是大数据时代大学生思想政治教育方法创新的主要特征，体现了大学生思想政治教育方法对大数据的充分融合和运用。融合性具体表现为大学生思想政治教育方法不仅要对大数据的技术进行充分运用，还要把大数据的思维充分融合于大学生思想政治教育方法当中，充分发挥大数据的价值来促进大学生思想政治教育方法的创新发展。大数据是一种新的思维方式和一项新的技术手段，运用大数据对大学生思想政治教育方法进行创新不是一件简单的事情，并不是两者简单相加，而是需要对大数据进行充分融合和运用，才能有效促进大学生思想政治教育方法的创新发展。

3. 客观性

大数据时代大学生思想政治教育方法创新的客观性特征，是由大数据的客观特性和本质属性所决定的。大数据的数据分析能对社会现象和状况进行真实描述和客观反映，体现了其实事求是的特点。而大数据时代大学生思想政治教育方法的创新，也应该体现出实事求是的特点，即客观性。大学生思想政治教育方法融合和运用大数据的创新，不是教育者的主观臆造，也不是简单地将两者进行相加或对某一部分进行拼凑，而是需要教育者根据教育环境的客观情况、大学生的实际需求以及大学生思想政治教育方法与大数据的契合度来进行创新，克服了教育者的主观性。在创新的过程中，由于大数据的规模性、高速性和多样性特征，数据信息和教育环境时刻都在发生变化，这要求教育者需要根据不断变化的实际情况来对创新进行及时的调整，不能违背客观实际，要做到顺势而为。

第二节 大数据时代大学生思想政治教育方法创新的必要性和可行性

大数据时代的到来，使传统的思想政治教育方式发生了改变，思想政治教育环境也变得更加复杂，大学生的思想行为越显个性化和多元化，大学生思想政治教育方法有必要进行创新予以应对，同时，大数据也为其创新提供了可能。

一、大数据时代大学生思想政治教育方法创新的必要性

随着大数据时代的到来，传统的大学生思想政治教育方法需要将大数据融合和运用其中，以提升大学生思想政治教育的科学性、满足大学生思想政治教育的信息化、增强大学生思想政治教育的有效性以及实现大学生思想政治教育的个性化。

（一）提升大学生思想政治教育科学性的要求

在大数据时代，大学生的思想行为变化比较快，其在网络空间中的思想行为具有一定的隐匿性，抽样调查、典型调查和观察体验等传统的大学生思想政治教育方法由于受技术条件的限制，无法对大学生思想行为的数据信息进行全面收集。同时，教育者根据所收集的有限的大学生思想行为数据信息对大学生思想行为的状况做出分析和判断的时候，由于所收集的样本数量有限，分析和判断的结果自然会存在一定的主观性和片面性，使大学生思想政治教育缺乏一定的科学性。

在大数据时代，利用大数据技术，大学生在网络和现实生活中所留下的数据信息都能被收集和记录。教育者通过运用大数据的信息收集和数据挖掘技术，对大学生思想行为的数据信息进行全面收集，并通过大数据分析把大学生的学习、生活、情感等数据信息通过可视化的形式呈现，为大学生进行"数据画像"，使教育者对大学生的个人情况有充分和具体的了解。在此基础上，教育者能通过大数据的相关性分析技术，发现其中存在的相关关系，对大学生思想行为的状况做出准确分析、科学判断和有效预测，使教育者能更进一步了解大学生思想行为的发展趋势，提升大学生思想政治教育的科学性。

（二）满足大学生思想政治教育信息化的需求

目前，部分传统的大学生思想政治教育方法由于缺乏信息理念和信息技术的支持，其信息化水平还有待提高，因此还无法满足大学生思想政治教育信息化的需求。一方面，由于受技术条件和水平的限制，教育者在大学生思想行为数据信息的收集上还是比较习惯和倾向于人工记录，这导致数据信息的收集容易出现偏差或错误。另一方面，在对大学生内心想法的了解上，教育者一般通过观察、谈心等方式，或通过一些心理测试来加以辅助。但大学生的思想和情感比较丰富，自尊心较强，他们的内心想法会随着心情的改变而随时改变，也会把真实的想法隐藏起来，教育者无法确定所获得的数据信息是他们的真实反映。

随着云计算、"5G"网络等信息技术的不断发展，海量的数据信息不断涌现，改变了人们以往的信息获取和接收方式，大学生的信息获取和接受偏好也有所改变。通过大数据的信息收集技术，教育者能全面收集大学生各方面的思想行为数据信息，如图书馆借阅情况、食堂消费记录、网络上关注的热门话题等，这些数据信息在一定程度上能反映出大学生思想行为的真实情况，使教育者能更进一步了解大学生思想行为的状况。教育者也可以通过信息流、数据追踪等大数据技术对大学生的思想行为进行动态把握，及时发现不良问题出现的苗头，进行干预和教育。因此，通过融合和运用大数据的信息理念与信息技术，采用信息化的教育手段和方法，使教育者能更全面地收集大学生思想行为的数据信息和更有效地把握大学生思想行为的动态，满足大学生思想政治教育信息化的需求。

（三）增强大学生思想政治教育有效性的需要

大数据时代为大学生的学习和生活带来了丰富的信息资源，大学生更加追求个性化和多元化的发展。但与此同时，海量和复杂的数据信息也让教育环境变得更加复杂。

在大数据时代，通过运用大数据的信息收集和数据分析技术，教育者能对大学生思想行为的数据信息进行全面收集，并在此基础上分析出大学生不同的性格特点和个人需求，进而选择和运用更有针对性的教育方法和教育内容对大学生进行思想政治教育，满足其个性化和多样化的个人需要。通过运用大数据高速、有效的数据处理和数据运算技术，在面对存在海量和复杂数据信息的教育环境时，教育者也能进行有效的应对。因此，充分有效地融合和运用大数据对大学生思想政治教育方法进行创新，为教育者提供更加有效的教育教学手段和方式，以增强大学生思想政治教育的有效性。

（四）实现大学生思想政治教育个性化的需要

以往在大学生思想政治教育过程中，教育者在教育方法的选择上容易出现"千人一法"的情况，其运用也存在一定的统一化和模式化，加之缺乏大数据技术的支持，教育者无法对每一位大学生的思想行为数据信息进行全面收集和科学分析，因此教育者难以准确把握大学生的个性特点和个人需求。

在大数据时代，通过大数据的信息收集技术全面获取大学生思想行为的数据信息，在此基础上运用大数据模型对大学生的思想特点、性格偏向以及兴趣爱好等主观性和差异性较强的个人信息进行运算分析。教育者根据分析结果选择与之匹配度较高的教育方法来对大学生进行有针对性和差异化的教育。大数据为大学生提供了海量的学习资源，在拥有多元知识的环境中，大学生自身的个人需求也变得与众不同。大学生可以通过大数据教育平台，根据自身的发展需要与喜好，寻找自己需要的和选择适合自己的学习资源，打破传统的教育教学模式。因此，大数据的有效融合和运用，使教育者能准确把握大学生的个性特点和了解其个人的需求，实现大学生思想政治教育的个性化。

二、大数据时代大学生思想政治教育方法创新的可行性

大学生思想政治教育方法的创新需要一定的驱动力量，才能推动创新的有效开展。而作为具有强大驱动力的大数据，其思维、技术和特征为大学生思想政治教育方法的创新提供了强有力的支撑，使大数据时代大学生思想政治教育方法创新有了可行性。

（一）大数据使全面收集大学生的数据信息成为可能

大数据的信息收集技术使全面收集大学生的数据信息成为可能，而大数据的挖掘技术能对每一位大学生在网络活动和现实生活中所留下的数据信息进行自动收集和追踪记录，并对其进行整合分析，方便教育者全面和具体地了解大学生整体的思想行为状况。例如，网络上的各种社交软件和现实中的各种智能设备能把大学生在其中使用的数据信息记录下来，这些数据信息在一定程度上能真实反映出大学生近期的思想行为状况和发展趋势。大数据的信息收集和数据挖掘技术能对大学生在这些社交软件和智能设备上留下的数据信息进行全面收集和深度挖掘，有效解决教育者难以全面收集大学生数据信息的问题，为教育者充分了解大学生思想行为的状况提供了重要参考，弥补了传统大学生思想政治教育方法在信息获取层面的不足。

大数据的规模性为教育者带来了海量和丰富的数据信息，这些数据信息含有大量关于大学生的数据信息，教育者能在其中尽可能多地对大学生的数据信息进行收集和获取，使其能更进一步了解和掌握大学生思想行为的状况，避免教育出现遗漏或忽视了大学生思想行为的某些重要细节。

此外，由于在网络空间中大学生的思想行为具有一定的隐匿性，他们会有意隐藏自己的某些真实想法，而教育者通过大数据的信息收集和数据挖掘技术能在海量和丰富的数据信息里对大学生所隐藏的个人信息进行收集和挖

掘。因此，教育者对大数据的有效融合和运用，使大数据时代大学生思想政治教育方法的创新具有了可行性，使全面收集大学生的数据信息成为可能。

（二）大数据使及时把握大学生的思想行为成为可能

信息流、数据追踪等大数据技术能及时对大学生在网络活动和现实生活中所留下的思想行为数据信息进行动态追踪和实时记录，并储存在实时更新的数据库中。教育者通过对数据库里的数据信息进行分析和利用，有助于其及时把握大学生的思想行为，准确了解大学生近期或未来的思想行为状况和发展趋势，以便选择和运用更加贴合大学生实际的教育方法和教育内容来对大学生进行思想政治教育，从而增强教育的效果。

及时收集和捕捉大学生思想行为的数据信息，能更有效地促进大学生思想政治教育的发展。例如，大学生在微信、微博、QQ 等社交软件上所表达出来的思想、情绪、情感等信息，能反映出其当下的思想行为状况和未来的发展趋势。信息流、数据追踪等大数据技术对大学生在这些社交软件上所留下的思想行为数据信息进行动态追踪和实时记录，能帮助教育者及时把握大学生的思想行为，使教育者能及时发现大学生存在的不良思想行为，及时采取有针对性的引导和教育措施。

大数据的高速性加快了数据信息之间流动、传输和更新的速度，大学生思想行为的数据信息能通过大数据的信息收集技术被教育者及时捕捉，使教育者更及时把握和了解大学生活跃的思想行为。数据信息之间的高速流通为教育者及时把握大学生的思想行为提供了支撑，克服了传统大学生思想政治教育方法在信息获取层面存在的滞后性，进而提升了大学生思想政治教育的时效性和有效性。因此，教育者对大数据的有效融合和运用，使大数据时代大学生思想政治教育方法的创新具有了可行性，使及时把握大学生的思想行为成为可能。

（三）大数据使准确预测大学生思想行为的发展规律成为可能

在大数据时代，社会上的许多事物都可以用数据化的形式来呈现，而每个看似独立的数据信息却与某些事物之间存在着紧密的联系。教育者对需要了解的事情或问题的相关数据信息进行全面收集，通过大数据的相关性分析技术对所收集的数据信息进行分析和处理，把分析和处理的结果通过可视化的形式呈现出来，使人们对事情或问题之间存在的相关关系一目了然，进而发现其中隐藏的价值和规律，为预测事情或问题的走向提供可能。

大学生的学习、生活、情感等方面的信息，相互之间看似独立，互不关联，但在对这些数据信息进行全面收集的基础上，运用大数据的相关性分析技术，能发现其中存在的相关关系。例如，可以从大学生的生活信息中推测出其学习的状态和情感的状况，也可以从大学生的情感信息中发现其是否存在学习和生活上的困惑等。通过利用这些相关关系，教育者能对大学生近期和未来的思想行为状况和发展趋势进行有效的推测，使教育者能准确预测大学生思想行为的发展规律，并发现大学生即将发生或可能发生的错误思想和不良行为，及时对大学生的错误思想和不良行为进行预防教育，做出正确引导，做到"防患于未然"。

对大学生思想行为的发展规律做出准确预测，不仅有赖于大数据的相关性分析技术，而且是由大数据的价值性特征决定的。大数据价值的发挥主要表现在对相关关系的运用上，数据信息本身并不能创造价值，而是通过运用数据信息中的相关关系来预测事物未来的发展趋势，以此来创造价值。准确预测大学生思想行为的发展趋势，关键在于运用大学生思想行为数据信息中存在的相关关系，为教育者实施大学生思想政治教育提供帮助。因此，大数据的有效融合和运用，使大数据时代大学生思想政治教育方法的创新具有了可行性，使准确预测大学生思想行为的发展规律成为可能。

（四）大数据使大学生思想政治教育精准化成为可能

每一位大学生都是独立的个体，其思想行为的特点和状况都各不相同。因此，教育者在对大学生进行思想政治教育的时候，需要对每一位大学生都做到具体和充分的了解，才能制定出适合整体大学生且能兼顾每一位大学生的教育方案，提高教育的针对性，避免"千人一法"的情况发生，更有效地解决大学生的思想行为问题。

大数据的信息收集技术能让教育者收集数据信息的样本范围覆盖全体大学生，并且能对每一位大学生其个体所产生的思想行为数据信息进行全面收集。例如，通过大数据的信息收集技术，教育者可以全面收集大学生的思想行为数据信息，并通过数据可视化的形式把全体大学生的"数据画像"呈现在教育者面前，使教育者对全体大学生都能做到具体了解。而大数据的挖掘和分析技术能对大学生个体的思想行为数据信息进行深入挖掘和深度分析，使教育者能对每一位大学生的实际需求和不同的性格特点做到专门了解，为大学生制定个性化的教育方案和选择合适的教育方法提供可能，也让每一位大学生都可以接受到最适合其成长的教育内容和教育方式，实现精准教育。

大数据的多样性为教育者提供了大学生不同的思想行为数据信息，教育者能根据每一位大学生不同的情况和需求，设计出不同的教育方案，选择和运用不同的教育方法，使每一位大学生的需求都能得到满足，个性都能得到发挥，实现精准教育。大数据的多样性使教育者在面对不同的大学生时能选择和运用不同的教育方法来对大学生进行思想政治教育，提高教育的针对性。因此，大数据的有效融合和运用，使大数据时代大学生思想政治教育方法的创新具有了可行性，使大学生思想政治教育精准化成为可能。

第三节　大数据时代大学生思想政治教育方法创新的维度和要求

大学生思想政治教育方法不是一成不变的，而是随着时代的变化以及自身发展的需要而不断丰富和完善的。大数据时代带来的数据思维和信息技术，给大学生思想政治教育方法创新带来契机。教育者必须融合和运用大数据的思维与技术，在思想政治教育的认识方法、实施方法以及调节评估方法三个维度上进行大学生思想政治教育方法的创新，并提出创新的具体要求。

大数据在思维、技术、资源方面具有巨大的优势。通过融合和运用大数据在思想政治教育的认识方法、实施方法以及调节评估方法三个维度上对大学生思想政治教育方法进行创新，推动其创新发展。

一、思想政治教育认识方法的创新

思想政治教育的认识方法是教育者在认识教育对象和教育环境过程中所采用的方法。而思想政治教育的认识方法由思想政治教育信息的获取方法、思想政治教育信息的分析方法和思想政治教育的决策方法三个部分共同构成。这三个部分又各自包含着许多具体方法，如思想政治教育信息获取方法里的社会调查法、观察体验法等；思想政治教育信息分析方法里的矛盾分析法、定性定量分析法等；思想政治教育决策方法里的战略性决策、战术性决策等。在大数据时代，信息量的激增和数据类型的变化，无形中加大了教育者进行思想政治教育认识活动的难度。因此，融合和运用大数据，在思想政治教育认识方法这一维度上进行创新，使教育者能够更加全面、准确地认识教育对象和教育环境，为深化其对大学生思想行为的认识和进行思想政治教育认识活动提供帮助，为大学生思想政治教育的实施提供保障。

（一）优化社会调查法

社会调查法是了解情况、认识社会、解决问题的方法。社会调查法有助于教育者有效了解大学生的思想行为情况，获取思想政治教育信息。在大数据时代，可以通过以下途径实现社会调查法的优化。

1. 通过大数据全面收集大学生思想行为的数据信息

传统的社会调查法如抽样调查、典型调查等，一般是通过在全体大学生中按照一定的比例或方式，抽取部分大学生进行调查，从这一部分大学生的调查结果中推论出大学生整体的情况。这些方法操作简单，运用起来比较便捷，在思想政治教育调查中运用较多。但由于受技术和条件的限制，运用传统社会调查法对大学生思想行为的数据信息进行调查收集的时候，不管是对调查的对象，还是对调查对象的个人信息，往往都存在着调查不够全面的情况，而且在调查对象的选择上也并非具有足够的代表性，导致调查结果的准确性得不到保障。若要在较大范围或需要对大学生个人进行全面的调查，则需要花费较多的时间，也需要调动较多的人力和物力，并且在整理调查数据时也存在一定的难度。

在大数据时代，校园网络论坛、微信、微博、QQ 等各类社交软件平台成为大学生表达诉求和发表言论的空间。在这些诉求和言论中，存在着大量大学生思想行为的数据信息。通过大数据的信息收集技术，教育者能在这些平台上全面、准确和快速地收集关于大学生日常学习和生活的各类数据信息，然后把所收集的数据信息存放在大学生信息调查数据库中。当教育者需要对大学生进行调查了解时，则可以在数据库中寻找调查问题所需要的信息。这不仅能使调查更加全面和充分，也大大节省了调查的时间和成本，为教育者全面收集大学生的思想行为数据信息及全面把握其思想行为状况提供帮助。

2. 运用大数据深度挖掘大学生思想行为的数据信息

以往在使用社会调查法的时候，对所收集的大学生思想行为数据信息一般只是进行简单的分析和处理，力求以较快的速度得出调查结果，方便教育者实施教育。但此时发现的问题和得出的调查结果多停留在问题和事情表面，若想要更深入和更进一步了解问题和事情的成因，则需要对数据信息进行深度的挖掘。通常教育者在利用完数据信息，得出调查结果之后，若想继续对数据信息进行二次利用，则存在一定的技术难度和条件限制。

随着大数据时代的到来，大数据的挖掘技术为教育者在全面收集大学生思想行为数据信息的基础上进行深度挖掘提供了可能。通过大数据的挖掘技术，对存放在大学生信息调查数据库中的调查数据进行深度挖掘，提取其中有价值的信息，能发现其中潜在的、更深层次的问题，如大学生的隐性需求、大学生不良思想行为问题形成的原因等，教育者能更进一步把握和了解大学生思想行为的状况，并可能发现以往没有掌握和不易被察觉的大学生的不良思想行为，使社会调查法起到见微知著的效果。例如，通过对大学生在图书馆的借阅信息进行深度挖掘，能根据借阅书目了解到大学生的兴趣爱好，如果借阅书目中有较多关于心理方面的书籍，还能发现大学生是否存在心理方面的问题，及时给予其帮助。

此外，大学生信息调查数据库有助于教育者妥善保存和管理调查数据，为深度挖掘大学生思想行为的数据信息提供保障。教育者在全面收集大学生思想行为数据信息的基础上进行深度挖掘，有助于发现大学生个体或群体中没有被掌握和不易被察觉的问题，能更进一步了解大学生的具体情况，为更有效地解决大学生的思想行为问题提供帮助。

（二）优化定性定量分析法

"定性定量分析是关于认识对象的性质方面和数量方面的研究方法。"定性定量分析法对于教育者分析和认识大学生思想行为的性质、类型、强弱等具有重要的作用。在大数据时代，可以通过以下途径实现定性定量分析法的优化。

1. 通过大数据提升定性分析法的科学性

定性分析法能帮助教育者有效区分大学生各种思想行为的质的差异性，判定大学生思想行为的性质类型，使教育者能根据大学生不同的思想行为选择和运用不同的教育方法。但以往在运用定性分析法的时候，主要依靠教育者自身积累的知识和经验，通过观察、调查、访谈等形式，对大学生思想行为质的方面进行分析，发现其本质和规律。每一位教育者自身的知识水平、思维习惯、经验程度等主观因素都大不相同，不同教育者对同一事物进行定性分析得出的结果也不尽相同，导致分析的结果难免具有一定的主观局限性，存在一定的偏差。在对大学生的思想行为进行定性分析的时候，由于大学生的自尊心和个性较强，他们会有意隐藏和掩饰自己真实的想法和行为，给教育者的分析带来一定的困难和误导。

随着大数据时代的到来，在大学生思想政治教育的过程中有越来越多的数据信息产生，使大学生的思想行为具有了可量化的可能。定性分析法能通过融合和运用大数据，来实现自身新的发展。通过融合和运用大数据的收集、分析和处理技术，对教育者运用定性分析法的"前中后"三个阶段进行优化。

在运用定性分析法的前期，教育者通过大数据的信息收集技术，为定性分析法提供数据运用。教育者通过运用大数据的信息收集技术对海量的大学生思想行为数据信息进行收集，尽可能反映大学生思想行为的客观状况，同时通过定性分析法从中捕捉大学生思想行为的主观因素，形成"数据刻画+质性研究"的定性分析方式。

在运用定性分析法的中期，教育者通过大数据的相关性分析技术，为定性分析法提供数据分析。教育者通过运用大数据的相关性分析技术，发现并利用大学生思想行为数据信息中存在的相关关系，并通过定性分析法的质性研究加以辅助，预测大学生思想行为的发展趋势，形成"数据推理+逻辑演绎"的定性分析方式。

在运用定性分析法的后期，教育者通过大数据的处理技术，为定性分析法提供数据展示。教育者通过运用大数据的处理技术对大学生思想行为的数据信息进行可视化处理，形成大学生的"数据画像"，并结合教育者对大学生的定性描述，使定性分析的结果能更直观地展示，形成"数据展示+直观描述"的定性分析方式。

融合和运用了大数据的定性分析法由以往注重教育者的主观经验判断转向注重研究对象的客观数据分析，利用客观数据的实证分析来优化教育者以往的主观经验重复，使定性分析法由经验主导向数据主导转变。客观、具体的数据使定性分析更加科学和严谨，提升了其客观性，有助于克服以往定性分析中存在的主观性问题。

2. 运用大数据增强定量分析法的准确性

定量分析使定性分析更加具体和准确，使教育者对大学生思想行为的认识不仅仅停留在对其性质认识的大体轮廓上，而且对其有更具体、更准确的把握。问卷调查、信息统计等传统的调查方式只能获取大学生思想行为的部分信息，进而通过局部状况推导出整体情况，基于部分推导整体的定量分析方法并不能全面反映大学生思想行为的整体情况，容易忽略某些重要细节。每一位大学生的思想行为也都各不相同，有着不一样的成长轨迹。而传统的定量分析法一般是对大学生思想行为直观呈现出来的表面现象进行描述，使定量分析的过程存在浅表化，缺乏深层次的分析，导致定量分析缺乏一定的准确性。

在大数据时代，人们思想和行为的全面量化将成为可能，从数据信息中对大学生的思想行为进行量化分析也得以实现。教育者通过融合和运用大数据的信息收集和相关性分析技术，构建大数据量化收集和大数据量化分析模型，推动传统定量分析法的发展，有效提升其量化分析的能力，增强其"用数据说话"的准确性。

进行定量分析，需要有足够的数据资源作为支撑。教育者通过融合和运用大数据信息收集技术构建的大数据量化收集模型，能对大学生思想行为的数据信息进行全面收集，形成一个专属的定量分析数据资源库，为定量分析提供充足的分析样本，有效解决在定量分析过程中出现的样本"不全"和"不足"的局限，为定量分析法提供全面、充足的分析样本。

提高量化分析的准确性，需要对数据资源进行深层次的分析。教育者通过融合和运用大数据相关性分析技术构建的大数据量化分析模型，能对定量分析数据资源库中的数据信息进行相关性分析，发现大学生思想行为之间存在的相关关系，挖掘其中存在的价值，使定量分析法能对大学生的思想行为进行更深层次的分析，实现精确化的描述。

融合和运用了大数据的定量分析法能对大学生的思想行为进行更全面和更具体的分析，使分析结果更具完整性和真实性，以增强定量分析法的准确性。

二、思想政治教育实施方法的创新

思想政治教育的实施方法，也叫思想政治教育的工作方法，是教育者与受教育者在教育过程中所共同采用的方式。根据实施方法的作用，可以将其划分为基本方法、通用方法、特殊方法和综合方法四个部分。基本方法包含理论教育法、实践教育法等；通用方法包含疏导教育法、比较教育法等；特殊方法包含预防教育法、冲突调解法等；综合方法则是把各种教育方法进行协调整合。思想政治教育的实施方法是其认识方法向实践的发展，面对不同的教育对象和教育环境，教育者要根据具体情况，选择和运用不同的实施方法，以提高教育的针对性和有效性。

大数据时代的到来使教育环境变得更加复杂，大学生的思想行为也越显个性化和多元化，使教育者在把握大学生思想行为的发展趋势上存在一定的难度，也较难满足大学生多样化的个性需求。因此，融合和运用大数据，在思想政治教育实施方法这一维度上进行创新，能有效预测大学生思想行为的发展趋势，为大学生构建虚拟的实践教育平台，丰富和优化其实践活动的选择，使教育者能更有效地对大学生进行思想政治教育。

（一）优化预防教育法

所谓预防教育法，就是预测人们可能或将要发生的思想问题，事先进行思想政治教育，防止和避免错误思想与行为产生的方法。预防教育法能对大学生未来可能发生或将要发生的不良思想行为问题进行及时干预，做到"防患于未然"和"防微杜渐"。在大数据时代，可以通过以下途径实现预防教育法的优化。

1. 通过大数据预测进行普遍预防教育

通过大数据预测进行普遍预防教育是指通过大数据的预测功能，教育者能有效地对大多数学生可能发生或将要发生的，带有普遍性的错误思想和不良行为进行预防和教育，防止大学生群体中出现大面积的错误思想和不良行为。

以往教育者在对大学生进行普遍预防教育的时候，只能通过局部分析的方法去把握和了解大学生整体的状况。这种方法存在一定的局限性，较难全面、及时和有效地获取大学生思想行为的数据信息。因此，以往所进行的普遍预防教育一般是在出现重大事件或转折的时候，对这时候在大学生群体中出现的影响范围较大的问题采取有针对性的教育方法来对大学生进行思想政治教育，引导其思想行为往正确的方向上发展，防止不良情况的扩散。

随着大数据时代的到来，大数据的信息收集技术能全面、及时地获取大学生思想行为的数据信息，为教育者预测大学生不良思想行为问题的发生提供可能，也优化了传统的预防教育法。教育者通过对所获取的大学生思想行为数据信息进行相关性分析，预测每一位大学生思想行为的发展趋势，合理把握大学生整体的思想行为状况，进而能有效地对大学生进行思想政治教育，提升教育的整体效果。

因此，教育者应充分发挥大数据的预测功能，对于大学生群体中存在的不良思想行为或即将发生的不良思想行为状况，及时采取有针对性的措施来对大学生进行引导和教育，把影响大学生成长成才的苗头性问题消灭在萌芽之中。

2. 运用大数据预测进行重点预防教育

运用大数据预测进行重点预防教育是指基于大数据的预测功能，对重点关注的大学生可能发生的不良思想行为问题以及大学生在关键时期可能出现的错误倾向进行及时预防和教育，避免不良情况的发生。

一方面，大数据时代存在着海量丰富的信息资源，大学生可以根据自身喜好、价值取向来选择不同的信息资源进行学习，这在一定程度上突出了大学生个体之间的个性化和差异化，至于重点关注的大学生，其思想行为的变化可能会更加复杂。因此需要通过大数据的预测功能来对其进行重点预防教育，提高教育的针对性。另一方面，大学生在关键时期出现的不良思想行为问题一般需要格外重视，因为这类问题对其自身的影响比较大，也会对大学生思想行为的整体氛围造成一定的影响。因此，及时发现重点关注的大学生思想行为的变化以及在关键时期可能出现的不良思想行为，采取有针对性的教育方法做好重点预防和教育工作，是保障教育平稳运行的重要举措。

通过大数据的信息收集技术对需要重点关注的大学生思想行为的数据信息进行全面收集，并通过大数据的信息追踪功能时刻关注其思想行为的变化，使教育者能及时掌握其思想行为动态，为其事先准备有针对性的教育方法和教育内容。而大数据的信息检测功能的使用，对存在异常和波动的大学生思想行为数据信息进行检测，能及时发现大学生在关键时期所出现的不良思想行为，迅速采取有效的措施进行应对。这在一定程度上提升了传统重点预防教育在发现大学生不良思想行为问题上的效率，增强了重点预防教育的实效性。但教育者也不应完全依赖大数据的预测功能来对大学生进行思想政治教育，因为大学生是鲜活的人，某些主观性较强的问题是大数据技术难以准确把握的。把教育者的主观经验和大数据技术结合起来，才能更灵活、更有效和更实际地采取有针对性的教育方法来对大学生进行思想政治教育。

（二）优化实践教育法

所谓实践教育法，就是组织、引导人们积极参加多种实践活动，不断提高思想觉悟和认识能力的方法。大学生正确的思想道德和行为不仅能通过现实的实践活动养成，也能通过虚拟的实践活动形成和夯实。在大数据时代，可以通过以下途径实现实践教育法的优化。

1. 通过大数据构建虚拟实践教育平台

虚拟实践是指以数字化符号为中介的计算机网络空间，即虚拟空间的实践。虚拟实践之所以具有实践功能，是因为人们运用虚拟技术，能够在网络空间中有目的地、能动地改造和探索虚拟客体的客观活动。虚拟实践与现实实践相比，开展的成本更加低廉，不受现实条件的限制，能随时随地对大学生进行实践教育，扩大和丰富了大学生实践教育的空间和场合。

以往在进行虚拟实践时，虽然在一定程度上弥补了现实实践的不足，延伸和拓展了现实实践的方式和空间。但由于可利用和能选择的教育资源相对较少，缺乏一个虚拟实践的教育平台，虚拟实践尚未发挥出其最佳的教育效果。

在大数据时代，通过运用大数据的数据虚拟化和数据可视化功能，将现实的实践活动进行虚拟化处理，以补充和丰富虚拟实践活动，并通过数据可视化的形式，将虚拟实践活动进行线上呈现，以此构建出一个虚拟实践的教育平台。虚拟实践教育平台内含丰富的教育资源，能为大学生提供丰富的虚拟实践活动。大学生可以在此平台上广泛和充分地进行虚拟实践活动，使自身的思想道德水平得到提高。当大学生在此平台上进行虚拟实践活动时，教育者可以了解和观察到大学生思想行为的现状和动态，更有效地对大学生进行思想政治教育、服务和管理。大学生被喻为"网络原住民"，对融合了科技、网络等形式的教育方法比较感兴趣。在虚拟实践教育平台的构建上，教育者可以根据教育的目的和大学生的需求，有选择和有目的地进行构建或随时进行更换和调整，构建一个符合大学生实际需求和发展水平的虚拟实践教育平台，以大学生喜闻乐见的方式对其进行教育，使虚拟实践更具灵活性、趣味性和针对性。

虚拟实践教育平台进一步丰富和完善了以往的虚拟实践活动，更有效地对大学生进行虚拟实践教育。但在进行虚拟实践时教育者需要注意的是，虚拟实践要以现实实践为基础，两者相互结合，才能发挥出实践教育法的最佳效果。

2. 运用大数据优化实践活动的选择

不管是开展虚拟实践活动，还是现实实践活动，教育者都需要为大学生选择合适的实践活动来对其进行实践教育，大学生也需要根据自身实际选择适合自己的实践活动来进行参与。但不管是教育者还是大学生，两者在实践活动的选择上由于缺乏大数据技术的支持，难免会缺少一定的针对性。运用大数据技术能有效地对两者实践活动的选择进行优化，使大学生在实践活动中获得更有效的发展。

在大数据时代，大数据的信息收集技术能对大学生思想行为的数据信息进行全面收集，使教育者能对大学生的性格特点、兴趣爱好、职业发展等情况做到全面了解，进而能更有效地把握大学生的整体情况，更充分地了解大学生的具体需求，为大学生选择更合适和更有针对性的实践活动提供可能，从而优化了教育者的实践活动选择，弥补了以往教育者在实践活动选择上不够准确的问题。

大数据的信息收集技术能获取和记录大学生在以往参与的实践活动中留

下的数据信息，并通过大数据的分析技术把握大学生具体的参与情况，帮助大学生对自己参与的活动以及自身参与的情况有所了解，使其下一次实践活动的选择更有针对性和目的性。

此外，教育者可以通过虚拟实践教育平台向大学生提供虚拟和现实的实践活动，并通过大数据的信息收集技术对大学生思想行为的数据信息进行收集和储存，在虚拟实践教育平台上建立大学生的个人信息档案。当大学生在虚拟实践教育平台上选择实践活动时，则可以运用大数据的分析匹配功能，将该活动与大学生的个人情况进行分析匹配并进行可视化处理，显示出匹配值，给出相应的实践建议。若匹配值较低则为大学生推荐其他实践活动，从而减少大学生因对实践活动认识不足而盲目选择的问题。

三、思想政治教育调节评估方法的创新

思想政治教育的反馈调节、检测评估，是思想政治教育的一个基本环节，也是整个教育过程的有机组成部分。反馈调节对教育过程的各个环节及时进行信息反馈和调控，检测评估对思想政治教育的价值和实际效果做出科学判断。以往在对大学生进行思想政治教育的过程中，由于受教育者自身的主观因素和客观的教育环境的影响，调节评估方法在使用的过程中可能会存在一些不足和局限。因此，教育者融合和运用大数据，在思想政治教育调节评估方法这一维度上进行创新，能对教育过程各环节的数据信息进行及时、全面的收集，并对所收集的数据信息进行相关性分析，为做出科学、准确的测评提供支撑。

（一）优化思想政治教育的反馈调节法

思想政治教育的反馈调节，就是以信息反馈为手段，调节思想活动机制，修正思想动机，进而引导人的行为，以实现思想政治教育目标的活动。反馈调节法能使教育者更及时有效地掌握大学生的思想动态，选择合适的教育方法，保障教育目标的实现。在大数据时代，可以通过以下途径实现反馈调节法的优化。

1. 通过大数据提高信息反馈的质量

思想政治教育信息反馈对信息的质量有较高的要求，不仅要求信息反馈要迅速及时，而且要求反馈的信息要准确恰当。及时的信息反馈能让教育者迅速发现和解决大学生思想政治教育过程中存在的问题，而准确的信息反馈是确保大学生思想政治教育向着正确方向发展的重要前提。

以往由于受教育者自身的主观因素和客观的教育环境的影响，在进行信息反馈的时候，信息反馈的准确性和及时性并不是每次都能得到保证。由于每一位大学生的思想行为情况不一，教育者的认识也有限，要想准确了解每一位大学生思想行为的具体情况并非易事，这容易导致信息反馈缺乏一定的准确性。而且在大学生某些思想行为问题发生之后存在"拖一拖""放一放"的情况，没有对问题进行及时反馈，导致信息失去了其时效性，错过了对大学生进行思想政治教育的最佳时机。

在大数据时代，通过对大数据的有效融合和运用，能有效保证信息反馈的准确性和及时性。一方面，大数据的高速处理能力能及时对需要反馈的信息进行收集并推送到教育者手中，使教育者能第一时间接收到信息反馈，及时了解到大学生思想行为的状况，解决信息反馈中存在的及时性不强的问题。另一方面，通过大数据的信息收集技术全面收集大学生思想行为的数据信息，并在此基础上进行数据筛选和数据分析，剔除无用的信息，留下大学生最真实、有用的信息，进而为每一位大学生建立信息档案。信息档案的建立能使信息反馈更加准确，教育者能通过信息档案更全面和更清晰地了解每一位大学生的具体情况，而不用在海量的大学生思想行为数据信息中去逐一筛选和了解。教育者通过融合和运用大数据，保证了信息反馈的及时性和准确性，提高了信息反馈的质量，能有效和迅速地发现和解决大学生的不良思想行为问题，以提升教育的效果和质量。

2. 运用大数据改进反馈调节系统

思想政治教育反馈调节系统有助于教育任务的完成，为教育者提供正确的决策依据。反馈调节系统主要可以分为纵向系统和横向系统两大类，不同类型的反馈调节系统反馈不同类型的信息，发挥不同的调节功能，形成纵横交织的信息反馈渠道。在对大学生进行思想政治教育的过程中，反馈调节系统也有不同的表现和发挥不同的功能。

纵向反馈调节系统主要是高校中不同层次、不同级别的职能部门或教育者之间进行的反馈调节，形成上下联动的工作合力，确保教育向正确的方向发展。横向反馈系统主要是高校中同层次、同级别的不同职能部门或教育者之间进行的反馈调节，形成相互配合的教育合力，保证教育任务的完成。纵向反馈调节系统有助于保障思想政治教育活动的有序和顺利开展，但容易出现信息传达不及时或落实不到位的情况。横向反馈调节系统有助于动态、及时地反馈信息，但教育者之间容易形成信息壁垒，各行其是。

在大数据时代，教育者通过大数据平台将纵向反馈调节系统和横向反馈调节系统相互联通、相互结合，形成一个全方位、多层次、动态化的反馈调节系统。一方面，通过大数据高速的传输功能，提高纵向反馈调节系统信息传达的效率，并运用大数据的信息检测功能查看反馈调节的落实情况。另一方面，运用大数据处理技术整合信息资源，打破横向反馈调节系统教育者之间的信息反馈壁垒，使他们相互配合、取长补短，发挥出各自的优势，更有效地推动教育的实施。

（二）优化思想政治教育的检测评估法

思想政治教育的检测评估，是根据教育目的的要求，运用一定的评估指标和评估方法，检查和评定教育效果的教育环节。检测评估能使教育者准确掌握教育情况，找出教育中存在的问题，及时采取措施解决，避免其他不良问题的出现。在大数据时代，可以通过以下途径实现检测评估法的优化。

1. 通过大数据完善检测评估的指标

思想政治教育的过程和效果如何，需要有完善的评估指标来对其进行衡量。完善的评估指标是指导评估工作正确开展、客观描述评估对象以及增强评估效果的有效保障。

在以往实际的检测评估工作中，评估指标的设定受评估者个人的经验、知识和情感等因素的影响，存在一定的主观性，且由于评估指标的设定需要一定的流程和烦琐计算，在缺乏数据技术的支持下，仅靠教育者自身的主观经验来对评估指标进行设定可能存在一定的模糊性，使评估工作难以做到准确评估和突出评估内容的重点。

大数据的出现使检测评估指标的设定得到数据技术的支撑，变得更加客观、合理和有效，提高了检测评估的准确性。依托大数据的处理技术，对大学生思想政治教育的过程、状况和效果进行量化处理，对其中的数据信息进行收集和分析，为评估者设定评估指标提供参考。评估者也可以在此基础上通过大数据的数据运算功能精准地为每一项评估内容设定明确、具体的评估指标，不再因为烦琐计算而使评估指标变得不明确，使评估指标具有一定的指向性，克服评估工作因缺乏重点而"面面俱到"的问题。通过融合和运用大数据技术对检测评估指标进行完善，使其更加客观、合理和有效。

2. 运用大数据改善检测评估的过程

进行思想政治教育的检测评估，需要教育者根据一定的教育目标，采用合适的评估方法和标准，对思想政治教育的过程和效果进行检查和评定。在检测评估的过程中融合和运用大数据技术，有助于使检测评估更加客观、科学和全面。

首先，将大数据的分析技术融入检测评估的过程中，对检测评估的全过程进行量化分析，根据分析的结果采取有针对性的评估方法来对评估对象进行检测评估，不再根据评估者的主观经验，使检测评估的过程走向客观。

其次，借助大数据的信息追踪和动态分析技术，实时记录大学生在网络和现实生活中所产生的各种数据信息，及时对这些数据信息进行分析并用以辅助检测评估工作，使检测评估重结果的同时更重过程。

最后，通过大数据的信息收集技术全面收集评估对象的数据信息，并对每一位评估对象进行深入分析，发现不同评估对象之间的差异，使整体评估更加具体，使检测评估在注重整体情况的同时，也能兼顾不同的评估对象。

第二章

高职院校思想政治教育的基本内涵

加强和改进高职院校思想政治教育，首先要掌握高职院校思想政治教育的基本内涵，只有在具体实践中掌握了其基本内涵，高职院校思想政治教育才能有的放矢。在本章中，笔者在对高职院校思想政治教育的内涵进行界定的基础上，深入探讨其社会内涵、个体发展内涵以及内涵的延伸。

高职院校思想政治教育的内涵反映了高职院校思想政治教育实践活动的本质属性。高职院校思想政治教育实践活动具有相对稳定性，随着高职院校思想政治教育的社会环境、任务、目标的变化而不断发展。

第一节　高职院校思想政治教育的内涵与本质属性

在《现代汉语词典》（第 7 版）中，对"内涵"的定义是"一个概念所反映的事物的本质属性的总和，也就是概念的内容"。按照这一定义，高职院校思想政治教育的内涵为"高职院校思想政治教育"这一概念所反映的事物的本质属性的总和，即"高职院校思想政治教育"这一概念的内容。在实践中，高职院校思想政治教育主要是思想政治教育工作者利用一定的思想观念、政治观点、道德规范，对高职学生进行有目的、有计划、有组织的教育，使其形成中国特色社会主义事业需要的思想品质和基本素养的教育实践活动。

在哲学中，所谓事物的本质属性，是指事物固有的，决定事物的性质、面貌和发展的根本属性。高职院校思想政治教育的本质属性是高职院校思想政治教育固有的，决定其性质、面貌和发展的根本属性。因此，高职院校思想政治教育的本质属性应包括两个方面：第一，应贯穿高职院校思想政治教育活动的始终，是高职院校思想政治教育活动中最普遍、最一般的固有属性，规定并影响其他非本质属性（派生属性）；第二，本质属性是高职院校思想政治教育变化发展的根据。根据高职院校思想政治教育本质属性的两个方面，笔者认为高职院校思想政治教育的本质属性应为政治性与科学性的有机统一。政治性是高职院校思想政治教育的阶级属性。如果没有表示阶级意志的政治性，那么高职院校思想政治教育就不可能存在，更不可能发展，因此政治性是贯穿高职院校思想政治教育始终的特有属性。科学性是高职院校思想政治教育的实践属性，也是思想政治教育的生命力所在，其基本内涵是指思想政治教育建立在对社会发展规律深刻认识的基础上，揭示思想政治教育的本质和发展规律，促进人的发展和社会的进步。如果没有科学性，高职院校思想政治教育就不可能得到发展，也不可能长久存在。因此，科学性是高职院校思想政治教育本身得以发展的内在规定性。

综上所述，想要完整、准确地认识高职院校思想政治教育的本质属性，就必须坚持政治性与科学性在理论与实践上的有机统一。在这一问题上，目前存在两种错误倾向：一种倾向是过于强调高职院校思想政治教育的政治性，忽视其科学性，从而使高职院校思想政治教育变成空洞的说教，如单纯追踪形势和社会热点，缺乏系统的科学理论支撑。另一种倾向是过于强调高职院校思想政治教育的科学性，忽视其政治性，导致高职院校思想政治教育变得盲目。

因此，深化对高职院校思想政治教育本质属性的认识，是提高高职院校思想政治教育实效性，加强高职院校思想政治教育学科建设的首要任务。

第二节　高职院校思想政治教育内涵的继承性

高职院校思想政治教育内涵的定义也随着时间的推移发生了变化。当代高职院校思想政治教育是历史的延续，其内涵是对传统的继承。高职院校思想政治教育一直是我们党关注的重点。在中国共产党的发展历程中，高职院校思想政治教育形成了丰富的内涵。继承中国共产党的优良传统，把中华优秀传统文化纳入高职院校思想政治教育内容，是高职院校思想政治教育自身发展的需要，也是提高高职院校学生思想政治理论课的教育教学效果的重要途径，对中华优秀传统文化的传承和发展起着不可或缺的作用。因此，高职院校思想政治理论课是继承和发扬中华优秀传统文化的重要基地，从事高职院校思想政治理论课的教师有责任有义务将中华优秀传统文化融入思想政治理论课程中去，使中华优秀传统文化成为高职院校思想政治理论课程的重要素材来源，既有利于中华优秀传统文化的传承，也有利于加强高职院校学生对中华民族精神的认同，同时也为高职院校思想政治理论课提供强大的动力。

高职院校教师要坚持教育者先受教育，努力成为先进思想文化的传播者、中国特色社会主义事业的坚定支持者。习近平总书记指出，"要坚持教育者先受教育，让教师更好担当起学生健康成长指导者和引路人的责任"①。习近平总书记的这一重要论述，对高职院校教师开展思想政治教育工作意义深远。教师因其所肩负的教育使命、所承担的职业角色和所具备的专业素质，在高职院校思想政治教育过程中起主导性作用，而做好教师思想政治工作也就成为开展学生思想政治教育工作的基本前提。

在中国共产党高校思想政治教育史上，为把大学生培养成对祖国和人民有用的人才，许多科学的标准和要求先后提出。从毛泽东提出的"身体好、学习好、工作好"的"三好"要求，到邓小平提出的"有理想、有道德、有文化、有纪律"的"四有"标准，再到习近平总书记提出的"坚持学习科学文化与加强思想修养的统一""坚持学习书本知识与投身社会实践的统一""坚持实现自身价值与服务祖国人民的统一""坚持树立远大理想与进行艰苦奋斗的统一"的"四个统一"的要求。这些都是着眼于中国革命、建设和改革的具体实践与客观要求，为大学生成为栋梁指明了方向，树立了标杆。从总体上看，这些针对大学生提出的标准和要求，是一脉相承的科学体系，从强调德、智、体协调发展，到强调理想、道德、文化、纪律兼备，再到强调求学和做人、知识和实践、个人和社会、理想和现实的统一，既体现了人才培养的目标，也包含了丰富的思想政治教育内容，同时揭示了思想政治教育的丰富内涵，这些内涵在高职院校思想政治教育中具有重要意义。

第三节　高职院校思想政治教育内涵的创新性

创新是对传统进行大胆的扬弃，重在创意、创建和创立。创新需要科学与人文的价值导向：求真、向善。求真，即贴近现实，追求真理；向善，即符合完美的人性，追求人类的终极关怀，体现符合大多数人意向的道德情感，它是一种价值承诺，是教育信念确立的基础和前提。

1983 年，邓小平提出了"教育要面向现代化、面向世界、面向未来"的主张，还提出了培养"有理想、有道德、有文化、有纪律"的社会主义新人的目标，这为推动高职院校思想政治教育实现创新指明了方向。同时，当今

---

① 常金玉. 高职院校思想政治教育教学与专业理论课创新改革研究［M］. 延吉：延边大学出版社，2022：2.

社会迅速发展，同过去已有很大不同。现在不是过去的再现，未来更不是现在和过去的重演，教育的重任是要为一个未知的世界培养人，"教育在历史上第一次为一个尚未存在的社会培养新人"，这为教育体系提出一个新的任务。因此，在当今社会条件下，要发挥高职院校思想政治教育的生命线作用、先导性作用，就应当对其创新功能进行发展和发挥。这种发展和发挥，就是高职院校思想政治教育向更深层次、更宽领域发展。

进入 21 世纪，在继承和发展毛泽东、邓小平、江泽民和胡锦涛相关重要论述的基础上，习近平总书记对全国大学生提出了新的要求，指明了大学生成长成才的目标。习近平总书记的重要论述为当代青年的健康成长进一步指明了方向和途径，也对高职院校思想政治教育工作提出了新的、更高的要求。长期以来，我国高职院校思想政治教育更多地侧重于政治教育，对高职院校思想政治教育作为一个系统工程缺乏足够的认识和把握，同时对高职院校思想政治教育内容的划分也不够清晰和明确。

习近平总书记 2019 年 3 月 18 日在学校思想政治理论课教师座谈会上强调指出，思想政治理论课要坚持在改进中加强、在创新中提高，及时更新教学内容、丰富教学手段，不断改善课堂教学状况，防止形式化、表面化，等等。① 近年来，各高职院校持续深入学习习近平新时代中国特色社会主义思想，积极作为、主动创新，高职院校思想政治教育工作呈现新气象，思想政治教育质量得到明显提升。但毋庸讳言，高职院校思想政治教育依然存在短板和薄弱环节。例如，高职院校思想政治教育工作者把握重大事件的契机还不准确，开展思想政治教育的意识和能力还不足，网络思想政治教育的实效性也亟待提升等。

习近平总书记指出，做好高校思想政治工作，要因事而化、因时而进、因势而新②。高职院校思想政治教育工作者要有捕捉时机的敏锐意识、把握时机的育人能力，学会利用国家成功举办大事、妥善应对难事的时机，因势利导地开展各类教育活动。高职院校要加强对重大事件的宣传力度，吸引师生的注意力；要在思想政治课主阵地中开设重大事件专题教学研讨课，提高教学投入力度；要拓展重大事件志愿服务便利渠道，扩大师生参与面。此外，还要注意提前谋划、科学设计、主动作为。例如，2029 年是中华人民共和国

---

① 习近平. 思政课是落实立德树人根本任务的关键课程 [J]. 求是，2020（17）.

② 习近平在全国高校思想政治工作会议上强调：把思想政治工作贯穿教育教学全过程 开创我国高等教育事业发展新局面 [N]. 人民日报，2016-12-09（1）.

成立 80 周年等，高职院校要以这些重大时间节点为契机，积极创新思想政治教育模式。

第四节　高职院校思想政治教育领域的拓展

近年来，社会的发展对高职院校思想政治教育提出了新的要求。基于教育要面向现代化、面向世界、面向未来的要求，也基于现代社会和学科领域的高度分化与高度综合相结合的发展趋势，高职院校思想政治教育的作用范围不断扩大，向新的领域拓展。

第一，高职院校思想政治教育向宏观领域的拓展。这种拓展表现在两个层面上：一是国内层面，就是高职院校思想政治教育要面向社会主义现代化建设，把社会主义现代化建设作为政治方向，作为高职院校思想政治教育的主题。高职院校思想政治教育要向业务活动、经济活动、管理工作广泛渗透，深深植根于现代社会生活。在现代社会条件下，随着政治、经济和科学技术的发展，不断开辟出新的领域，环境问题、生态问题广泛、深刻地推动和影响着社会的进步，也反映出许多新的思想、政治、道德问题，迫切需要高职院校思想政治教育与之相适应，从而创建竞争伦理、科技伦理、环境伦理、网络伦理等，保证并促进新的领域的发展。二是国际层面，为了适应对外开放的需要，高职院校要培养大批面向世界的人才。面向世界的人才不仅要有参与世界范围竞争的科学技术水平，也要有面对世界的思想道德品质和心理素质。人才在面对世界各种文化和价值观的冲击时，要有正确分析、鉴别，选择人生观、世界观和价值观的思想基础；人才投身世界范围的竞争，更要有敢于竞争的勇气和自强不息的精神；同时人才在面对复杂的社会环境时，要有健康的心理素质。因此，这些思想政治素质比过去要求更高、更全面。

第二，高职院校思想政治教育向微观领域的拓展。高职院校思想政治教育的微观领域，就是指高职院校思想政治教育者与受教育者的内心世界。宏观的客观世界同人们主观的内心世界总是不可分割地联系在一起。宏观世界的开放性、复杂性、易变性也会导致人们内心世界的开放性、复杂性与变动性。因此，高职院校思想政治教育在向宏观领域发展的同时，也必须向微观领域发展。人们内心世界具有复杂性和潜藏性，无法窥探，也难以敞开，只有通过深入研究，才能把握其发展变化的规律性。在现代社会条件下，社会因素和社会信息不断增多，并且变化节奏加快，社会和人们利益关系的复杂程度增加，引起大学生的心理波动，使其心理负荷增加，甚至导致一些大学生产生心理障碍与心理疾病等问题。因此，对大学生开展心理测试与心理分析，进行心理诊断与心理咨询，普及心理保健知识，提高其心理素质，成为高职院校思想政治教育的一项重要任务。所以，高职院校思想政治教育工作者要探索思想内化理论，掌握大学生心理发展的规律，使高职院校思想政治教育向微观领域拓展。

第三，高职院校思想政治教育向未来的拓展。随着改革的持续深化、科学技术的迅猛发展、物质文化生活水平的提高和竞争机制的广泛引入，既加快了社会的变化频率，又增加了社会的复杂程度。因此，对大学生来说，现代社会在其发展过程中总是既存在机遇，又存在挑战。大学生希望自己能抓住机遇，避免风险，他们更加关注发展的前景，更加重视未来领域的发展趋势。高职院校思想政治教育必须面向未来发展，探索适用于未来领域的理论与方法。高职院校思想政治教育的一个重要作用是指导，即以正确的思想指导大学生进行实践活动。因此，高职院校思想政治教育应当具有前瞻性和预防性，要保证和促进大学生面向未来发展。高职院校思想政治教育可以帮助大学生增强面向未来的意识，使其对未来发展趋势能够准确判断，学会抓住机遇，化解风险，避免受负面行为干扰和冲击，增强其预测与决策的自觉性。同时，高职院校思想政治教育还要帮助大学生掌握科学的预测和决策方法，克服经验主义、盲目主义倾向。因此，社会和大学生的发展，既对高职院校思想政治教育提出了面向未来进行预测和决策的要求，也为其进行预测和决策创造了条件。做出正确的预测和决策既是为了现在，更是为了未来。高职院校应在实现目标之前采取正确的教育决策和教育措施，以实现教育的科学化。现代高职院校思想政治教育要研究预测和决策的理论和方法，形成高职院校思想政治教育预测与决策体系，为高职院校思想政治教育提供理论指导。

第三章

高职院校思想政治教育的现状

第一节　高职院校思想政治教育存在的问题与分析

我国高等教育的德育继承了党的思想政治工作的优良传统，是在党的领导下建立和发展起来的。高等教育的德育，包括高校对学生进行的政治、思想、品德、心理素质教育的各个方面。因此，统称为"思想政治教育"。高校思想政治理论课产生于探索高校思想政治教育工作科学化的实践中，历经初步探索、曲折建立、恢复、改革发展等阶段，出现了许多深刻的变化。在课程设置顺序上，它经历了从马克思主义理论课，到思想政治品德课，最后共同发展融合的演变过程；在名称上，它经历了从高校马克思主义政治理论课，到高校思想品德课，再到高校"两课"，最后又回到高校思想政治理论课的演变过程；在基本建设上，它经历了由不成熟、不规范到比较成熟、规范，再到在深化改革中发展，又到在创新中发展的演变过程。

在我国，高职院校思想政治教育主要通过教育教学得以实现，这门课程承担着对大学生进行马克思主义理论、社会主义相关理论及自我价值观教育等教学任务，是大学生思想政治教育的主要途径。纵观中华人民共和国成立以来，高职院校思想政治教育教学在高等教育中的地位总体上保持了与其他学科教育相平衡的水平。然而随着不同时期的社会变迁和政治需要，高职院校思想政治教育教学的地位也时常发生变化，呈现出忽高忽低的状态，曾给高等教育尤其是高职院校的德育教育造成了不良影响。

网络时代，高职院校已成为互联网用户最密集的区域之一，这就使高职院校思想政治教育处在不断开放的环境中。网络时代既给高职院校思想政治教育带来了严峻挑战，又带来了新的机遇。一方面，社会网络化会充实思想政治教育的内容，推动其理论与时俱进。另一方面，社会网络化进一步开阔了思想政治教育的视野。一是由课堂延伸到课外。二是由校内延伸到校外。三是由国内延伸到国外。落后、封闭、保守的观念被抛弃，创新的观念、实效的观念、信息的观念、竞争的观念被普遍认同，开辟了高职院校思想政治教育的广阔天地。

一、高职院校思想政治教育的总体现状

高职院校思想政治教育的总体现状是先进的、科学的、积极的、进步的，但同时也存在着一些问题和不足。具体可概括为对大学生思想政治教育的重要性认识不到位，对思想政治教育的相关规划与管理不到位，高职院校思想政治教育的内容没有很好地体现科学性和人文关怀，高职院校思想政治教育的工作方法存在简单化、机械化等倾向。

（一）高职院校对大学生思想政治教育的重要性认识不到位

中共中央、国务院发出的《关于进一步加强和改进大学生思想政治教育的意见》强调，大学生是十分宝贵的人才资源，是民族的希望，是祖国的未来。2019 年 3 月 18 日习近平总书记在学校思想政治理论课教师座谈会上讲话指出："我们党历来高度重视思政课建设。在革命、建设、改革各个历史时期，我们党对思政课建设都作出过重要部署。新民主主义革命时期，我们党在红军大学、苏维埃大学、抗日军政大学、陕北公学等高校开设'党的建设''中国革命运动史''马列主义''辩证唯物主义''科学社会主义'等课程，在列宁小学开设'社会工作'课程，在解放区的小学、陕甘宁边区的中学开设'政治常识'课程。新中国成立后，我们党就把'中国革命常识''共同纲领'列入中学教学计划，在高校开没'中国革命史''马列主义基础''政治经济学''辩证唯物论与历史唯物论'等课程，强调中高等学校政治理论课的任务是用马克思列宁主义、毛泽东思想武装青年，培养坚强的革命接班人。"[①] 但现阶段部分高职院校对作为"主渠道、主阵地、主课堂"的大学生思想政治教育仍然存在一些认识上的误区。部分高职院校对思想政治教育工作的关注不够，研究不足，尚缺乏有效引导。

1. 高职院校普遍没能把握"思想政治教育先行"的本质

党的十八届三中全会通过的《中共中央关于全面深化改革若干重大问题的决定》提出："深化教育领域综合改革，全面贯彻党的教育方针，坚持立德树人，加强社会主义核心价值体系教育，完善中华优秀传统文化教育，形成爱学习、爱劳动、爱祖国活动的有效形式和长效机制，增强学生社会责任感、创新精神、实践能力。"立德树人是教育的根本任务，是培养什么人，怎样培

---

① 习近平．思政课是落实立德树人根本任务的关键课程［J］．求是，2020（17）.

养人的根本问题。要培养德、智、体、美等方面全面发展的社会主义建设者和接班人，就必须把德育放在首位。立德树人，使我们培养的人才既有高度的道德素养，又有建设社会主义的真实本领。

目前，部分高职院校思想政治教育工作可以用"说起来重要，干起来次要，忙起来不要"来概括。"说起来重要"是党和政府一直强调的，它经常出现在各种文件中，高职院校也确实通过文件进行了学习。但是在实际工作中却不能学以致用。"干起来次要"，由于对高职院校教学质量的考察还是通过数字化的成绩考核，所以当专业课程与思想政治课程产生冲突时，思想政治课程要让位于专业课程。由于受传统观念的影响，思想政治教育一直被放在次要位置。在实际的思想政治教育过程中，思想政治教育工作者一直延续传统的工作思路和工作方法，许多活动只是流于形式，使思想政治活动名不副实。

2. 大学生对思想政治教育采取漠视态度

高校思想政治教育的目的在于培养全面发展的社会主义建设者和社会主义事业的接班人。然而，长期以来，学生普遍对思政教育持漠视态度，主要表现在：

（1）政治认同模糊。有的学生没有从心理上和情感上认同思想政治教育的目的、作用与价值，因而导致一些学生对思想政治教育不重视甚至产生排斥心理，在课堂上不专心、看课外书、玩手机等现象较为严重，对思政教育缺乏热情与兴趣。

（2）政治情感淡漠。有的学生认为思政教育脱离实际、枯燥无味；有的学生认为虽然有意义、很重要，但远远比不上学好专业知识重要；有的学生认为，由于社会竞争就业压力大，在校奋斗的第一要义就是为了到社会上好就业；还有一些学生受到网络功利化倾向的影响，认为接受思想政治教育是没必要的。

（二）高职院校思想政治教育的相关规划与管理不到位

高职院校学校管理是学校管理者通过一定的机构和制度采用不同的手段和措施，带领和引导师生和员工，充分利用校内外的资源和条件，整体优化学校教育工作，有效实现高职院校工作目标的组织活动。高职院校管理作为与思想政治教育相辅相成的一种教育手段，是大学生思想政治教育的重要途径。如果缺乏切合实际的、合理的管理制度，那么，大学生思想政治教育就会变得羸弱无力。

现阶段，高职院校对大学生进行思想政治教育管理的部门设置比较简单，主要依托学生处、团委来完成。相比于人员众多的专业教育人员，思想政治教育管理者十分匮乏，所以在处理学生一系列的问题时就显得"捉襟见肘"。

另外，高职院校思想政治教育也需要良性的制度来规范。现阶段，高职院校还不能根据自己的实际情况和学生的特点进行教育规范，生搬硬套政府部门的制度规范，没有自己相关的配套制度。即使制定了相关制度，具体规定方面做得也并不到位。第一，高职院校在制定相关规章制度时，并没有充分考虑大学生的实际情况，与大学生缺乏沟通；第二，规章制度的相关规定并不是基于学生未来的全面发展考虑，而是基于方便管理者的管理而制定，制度的内容更多的是处罚手段，显得过于机械和单调；第三，高职院校在制定规章制度的过程中机械地照搬国家在相关方面的规定，自主性很差，没能做到因校制宜；第四，高职院校缺乏突发事件的早期预警机制，缺乏针对学生思想政治突发事件完备的应急预案。总之，正是因为制度和管理的缺位，最终没有真正形成提高学生思想政治教育的合力。

目前大学生思想政治教育工作体制机制不完善，尤其是依靠法律、制度、政策等保障学生思想政治教育工作的管理还显得比较薄弱。一些高职院校在深化改革的过程中普遍将思想政治教育工作的管理降格或弱化。

（三）高职院校思想政治教育的内容缺乏科学性和人文关怀

思想政治教育工作要注重人文关怀，既要坚持教育人、引导人、鼓舞人、鞭策人，又要做到尊重人、理解人、关心人、帮助人。教育人、引导人、鼓舞人、鞭策人，是思想政治教育工作注重人文关怀的任务与目标。尊重人、理解人、关心人、帮助人，是思想政治教育工作注重人文关怀的基本要求和原则。尊重人，就是要尊重人的基本权利和尊严，人的个性和爱好，人的劳动、知识、文化和创造。理解人，就是要理解人的本质和社会属性。关心人和帮助人直接体现了解决思想问题和解决实际问题的统一。关心人，要关心人的利益，要关注民生，关心群众疾苦，切实解决人民群众在学习、工作、生活、教育、医疗等方面遇到的各种实际困难和问题。关心人、帮助人，要特别注意关心、帮助底层民众及贫困人口。高职院校要注意关心、帮助贫困学生，切实解决他们的困难，为他们提供基本的生活、学习条件；还要关注并促进高职院校毕业生的就业工作。尊重人和理解人是做好思想政治教育工作的基础，关心人和帮助人是做好思想政治教育工作的关键。

目前，高职院校思想政治教育主要以开设课程的形式展开，在课堂讲授的过程中，教师普遍存在着"书本论"的倾向，整个教学过程缺乏科学精神和人文精神，甚至为了应付考核，将思想政治教育的理论条理化。这样尽管知识层次清楚、重点突出、方便记忆，但是普遍表现为学术水平低、人文精神不足、人文关怀不够。从一定意义上来讲，高职院校思想政治教育理论课也应具有人文教育课的内容和属性。只有这样，高职院校思想政治教育理论课才能与人文课程相结合，从而产生"1+1>2"的整体效应，更有利于高职院校思想政治教育的开展。

我国古代早就有"以人为本，本理则国固，本乱则国危"等思想，蕴含着浓重的人文关怀。因此，高职院校在进行思想政治教育的过程中一定要注意三个结合：一是将高职院校人文情怀的内容与思想政治教育内容相结合；二是将思想政治教育工作者的人文情怀与大学生的个性化相结合；三是要在注重人文关怀的同时，坚持科学精神，将人文精神与科学精神结合起来。应以进行思想政治教育为桥梁，努力将高职院校建设成科学的渊薮、人文的殿堂。

（四）高职院校思想政治教育工作方法的简单化、机械化倾向

高职院校思想政治教育工作中受教育者主体地位的缺失，使人文关怀失去了施教的根基；受教育者自我需要的缺失，使思想政治教育工作失去了人文关怀的回应机制；受教育者亲临接触的缺失，使思想政治教育工作失去了人文关怀的场景支撑。大学生思想政治教育工作中的人文关怀是高职院校以人为本、落实科学发展观的体现，是发挥思想政治教育立德树人功能的必然，是高等教育更加开放与多元的要求。为此，彰显大学生思想政治教育工作的人文关怀，要注意塑造学生独立的人格，满足学生不同层次的需要，把人文关怀贯穿教育的全过程，不断增强思想政治教育工作中人文关怀的实效性。

在高职院校思想政治教育的过程中，由于缺乏人文关怀，取而代之的是机械的、简单的教育方式，所以思想政治教育的实效性并不能令人满意。由于教育不当造成的高职院校思想政治教育"后天不足"的问题比较严重，部分学生的理想信念、道德素质、思想观念、法治信念、心理健康等方面存在不同程度的问题。要想改善大学生思想政治教育，首先要做的就是"推陈出新"，进行改革，坚持以人为本，注重人文关怀，关心大学生的个体成长，尊重大学生的主体性发展和个性发展。

高职院校思想政治教育工作关乎民族兴旺发达，关乎年轻一代理想信念，关乎社会繁荣稳定。在新媒体技术不断进步和迅速普及的当今社会，作为高职院校教育工作者，更应责无旁贷，以国家兴旺发达为己任，以大学生身心

健康成长为己任，扬长避短，再接再厉，积极奉献，让美好的心灵绽放出绚丽多彩的理想之花。

二、当前思想政治教育理论课教学存在的问题

（一）学生主体存在的问题

1. 对思想政治教育理论课缺乏积极性

思想政治教育理论课在学生方面出现的最明显的问题就是学生的学习积极性不高。一部分学生在教师不点名的情况下，出勤率很低，即使到教室上课，也很少做笔记或认真听课。大多数时间不是看其他书，就是趴在桌子上睡觉，或者跟同学聊天、玩手机，课堂秩序极差。针对思想政治理论课中采取的各方面的创新形式和内容，部分学生也表现出漠不关心的态度。

2. 对思想政治教育的内容缺乏认同感

随着社会主义市场经济体制的建立，一部分学生对马克思主义理论的基本内容出现了不认同感，他们或是受实用主义的影响，认为思想政治理论只是一种空洞的口号、理论，或是结合社会中看到的一些表面现象以及社会中出现的问题，对社会主义的体制产生了怀疑，从而对思想政治教育理论课的教学内容产生了不认同感。这种不认同感在思想政治教育理论课的创新中就表现为对创新漠不关心，对各种新的教学方法和途径不配合。

3. 部分大学生易受到周围不良环境的影响

根据调查，一部分学生起初对思想政治教育理论课非常感兴趣，能按时到教室，上课时认真听讲，积极回答问题，课后也能按要求完成作业。但随着时间的推移，往往会有学生产生厌学情绪，课上看其他书籍，旷课、迟到、早退的情况也比较多。大多时候是教师在唱"独角戏"，学生对思想政治教育理论课的兴趣无法持续下去。

（二）教师主体存在的问题

1. 教师在思想政治教育理论课的理论教学中存在舍本逐末的现象

"本"是指思想政治教育理论课的主要内容，也可以是思想政治教育理论课所使用的教材。"末"是指教材中没有的内容。在思想政治教育理论课的教学创新过程中，教师往往增加一些教材中没有的内容来调动学生的积极性。这种教学方法无可非议，也有利于扩大学生的知识面，培养学生对某些问题的洞察力。但是过于侧重"末"，而逐渐忽视了"本"，或任由"本"被"末"替代，便不可取了，这违背了思想政治教育理论课的教学目的。"舍本

逐末"在大学生思想政治教育理论课的教学创新中，还表现为教师单纯追求教学形式的创新，而忽视了教学内容的整理与优化，以致思想政治教育理论课教学创新达不到预期的目标。

2. 教师在思想政治教育理论课的理论教学中忽视与学生的配合

思想政治教育理论课的教学创新是需要师生互动完成的。虽然近几年来开始注重采用互动式教学，发挥学生在课堂上的积极作用。但是研究发现，思想政治教育理论课的课堂教学还是属于教师的"独角戏"。很多时候教师在讲台上讲得天花乱坠，学生在下面却无动于衷，没有丝毫反应。另外，有些教师对师生互动的理解局限于"提出问题—回答问题"，即单纯地提出问题让学生回答，并不考虑学生的知识基础和关注焦点，最终陷于自导自演的境地，即所谓的"冷场"。另外，自导自演也表现为思想政治教育理论课教师只追求形式，而忽视了学生在教学过程中的及时反馈。

3. 教师在思想政治教育理论课中存在重言传、轻身教的现象

人们常说"言传身教"，可见"言传"与"身教"是教学理念中不可或缺的两部分。但是，在很多情况下，人们往往重视"言传"而忽视了"身教"。在思想政治教育理论课中，人们往往认为教师只需要口头宣传。其实，教师以道德楷模的方式对学生进行引导，比口头宣传更具有说服力，也更容易让学生接受。

4. 思想政治教育工作者存在忽视科研工作的现象

有的领导和部门认为，思想政治教育理论教学改革的文章和专著算不上学术成果，有的教师甚至出现了写好文章却找不到地方可以发表的情况；有的教师觉得思想政治教育理论课的开设是国家行为，教师是贯彻国家的意志，因此按照有关文件和教材讲课就可以了，用不着搞科研。实际上，没有科研做支撑，教学就难以达到较高的水平、层次和质量。同时，要做好思想政治教育理论课教学，并不是靠照本宣科、空洞说教就可以取得实效的。

（三）思想政治教育理论课课堂教学方式存在的问题

1. 教学方法简单

在传统的思想政治教育理论课的课堂上，教师单纯借助口头语言，进行"填鸭式"教学。现代的思想政治教育理论课课堂，虽然采用了多媒体课件等教学方式，但也只是把教材上的文字放到课件中，因此课件的内容十分枯燥，难以激发学生的兴趣。同时，思想政治教育理论课课堂忽视了实践教学，缺乏说服力。

2. 教材适用性差

一方面，思想政治教育理论课是一门实效性极强的学科，教材内容必须紧跟时代的发展；另一方面，针对不同专业、不同基础、不同地域的学生，采用统一教材，忽视了学生个性的差异性。

3. 教学内容重复、陈旧

思想政治教育理论课教学有许多内容在高中时期就已经讲过，因此，学生自然会产生无趣的心理，甚至产生厌烦情绪。同时，思想政治教育理论课的内容虽然具有普遍的指导意义，但是面对当前的社会和经济发展形势已经不能满足教学的需求。目前思想政治教育理论课内容陈旧主要体现在：

第一，缺乏新视角、新手法，不能充分发挥思想政治教育理论课的主渠道作用。

第二，当今社会较之前已经发生了很大的变化，而思想政治教育理论课的内容却没有及时进行更新，一些新的原理和观点没有被及时吸收进来。

第三，新兴学科、交叉学科以及边缘学科的相关知识与思想政治教育理论课联系甚为紧密，但是当前的思想政治教育理论课却没对这些知识进行充分利用。

4. 理论教学与实践教学割裂

大学生思想政治教育理论课是由两个部分组成的，即理论教学与实践教学。在进行大学生思想政治教育理论课教学的过程中要充分结合实践教学的优点，提高大学生思想政治教育的效果。

第一，理论教学。就理论教学的开展状况来看，思想政治教育理论课在我国所有高职院校中开设，其覆盖面和执行状况都处于比较理想的状态。只有加强理论教育，以课堂教学为基础，才能不断开发和尝试大学生思想政治教育的其他教学方式。

第二，实践教学。实践教学是巩固课堂理论教学的重要途径，也是对课堂理论知识的延伸和深化。如果学校在教育中不重视实践教学，那么大学生思想政治教育只能停留在理论阶段，并不能体现出思想政治教育的作用。就目前我国大学生开展社会实践的状况来看，多数高职院校没有有效执行，也没有形成一套具有针对性的实践教学体系，实践教学的状况不容乐观。

第二节　影响高职院校思想政治教育发展的因素

人的思想、观念是社会实践活动和客观现实双重影响下的产物。进入 21 世纪，我国大学生的思想有了许多新的变化，这些变化是新时期社会生活的折射，但归根结底离不开其成长和生活环境的影响，离不开其自身因素的影响。

一、经济全球化发展导致国际环境的变化

经济全球化的发展使得不同国家和地区之间的联系日益紧密，彼此之间进行互补与合作，依赖程度越来越高，世界经济日渐成为一个整体。但是，由于政治立场、经济制度等因素的差异，国家之间的矛盾冲突并没有随着全球一体化的趋势而消除，世界政治呈现出了多极化发展的趋势。

（一）全球化带来的消极思想的冲击

经济全球化、政治多极化是当今国际经济与政治的基本形式，也代表未来一段时间内，世界经济与政治的发展走向。在这一基本趋势的影响下，各国文化既相互融合又相互碰撞，不同国家和地区之间的思想交流空前繁荣。

随着改革开放的不断深入，我国国际化进程不断推进，并逐渐与世界经济、文化和政治生活接轨。由于我国对外交流日益频繁，西方国家的各种文化思想开始传入我国，在带来先进文化与认识的同时，实用主义、拜金主义、享乐主义等消极的思想观念也随之进入我国，并对一部分人产生了影响。对当代大学生来说，他们的价值观念还不成熟，容易受到这些不良思想的侵蚀。因此，在复杂的国际环境与国内环境中，必须加强对大学生的思想政治教育，帮助他们树立正确的世界观、人生观和价值观，提高他们对不良思想的防御能力，促进大学生心理健康发展。

（二）社会主义信仰的动摇

苏联解体和东欧剧变使得国际共产主义运动受到了重大的挫折与打击，社会主义的前途也遭到了人们的质疑，社会主义信仰面临巨大的危机。在这一背景下，一些人出现了否定社会主义、否定社会主义制度的思想倾向，这对大学生的成长造成了重要的影响。在这种背景下，大学生思想政治教育工作者应担负起自己的职责和使命，帮助大学生树立科学的世界观、人生观、

价值观，坚定他们的政治信仰，提高他们的思想政治水平和思想觉悟。

（三）社会先进教育理念的发展与我国教育水平较为落后的现实之间的矛盾

21世纪是终身教育的世纪，也是人本教育理念繁荣的世纪。21世纪的教育目标之一就是实现教育的终身化和人本化。所谓教育的终身化，就是把教育当作发展人的生命的过程，当作与人的生存实践相伴随，与人在身体上、精神上的成长共始终的过程化活动。所谓教育的人本化，就是把教育当作人发展自我本质的手段，人所接受的所有教育以及教育的所有方法都是以人自身为出发点的。教育的终身化和人本化是从纵横两个维度，从属性与时空两个层面对教育的本质加以拓展的认知结果，也是教育全球化中的一个发展趋势。

相比较而言，中国的教育目前还不发达，但推动教育的终身化和人本化却是不可回避的任务。《教育部关于加强高职高专教育人才培养工作的意见》教高〔2000〕2号文件中指出："高职高专教育是我国高等教育的重要组成部分，培养拥护党的基本路线，适应生产、建设、管理、服务第一线需要的，德、智、体、美等方面全面发展的高等技术应用性专门人才；学生应在具有必备的基础理论知识和专门知识的基础上，重点掌握从事本专业领域实际工作的基本能力和基本技能，具有良好的职业道德和敬业精神。"为高职院校培养人才确定了目标和要求。

我国在2010年颁布并施行的《国家中长期教育改革和发展规划纲要（2010—2020年）》，把以人为本的理念和终身教育的思想贯穿始终，提出要坚持以人为本，遵循教育规律，而且还提出要树立终身教育的理念，构建完备的终身教育体系和终身学习体系。不言而喻，思想政治教育必须与党和国家的教育目标、教育战略相适应，因此也必须大力推进思想政治教育的终身化和人本化，其基本要求是在思想政治教育课程的价值取向上推动科学精神与人文精神的融合；在思想政治教育课程的目标上要关注以思想政治素质为核心的综合素质，关注人与社会的和谐进步，构建思想政治教育终身学习的理念和终身教育的系统。

二、社会主义市场经济导致国内环境变化

就国内环境而言，随着改革开放的推进，中国社会经济快速发展，社会主义市场经济日趋成熟，经济主体向多元化发展，经济利益、社会生活方式、

社会组织形式、就业形式呈现多样化的趋势。然而，我国仍处于社会主义初级阶段，生产力水平总体还不高，结构性矛盾仍然存在，收入分配不公的问题尚未得到根本改变。社会各种不良现象给大学生的内心世界和思想观念带来了强烈冲击，对思想政治教育理论课的建设产生了不可忽视的负面影响。

（一）经济利益多元化对大学生思想意识形态的影响

经济的转型，必然会使社会在价值体系、制度与行为各个层次产生深刻变化。在社会转型期，市场经济的发展不断深入，不同的经济制度在市场领域中共存，在利益的驱动下市场竞争越发激烈。因此，一些人的意识领域出现了混乱，不同的价值观念和思想意识困扰着当代部分大学生，这一状况使得大学生思想政治教育的难度增加，也对思想政治教育理论课的建设和开展造成一定的困扰。

（二）社会转型期人们思想观念、道德标准的混乱

市场经济本身具有自发性和竞争性两个基本特点。除此之外，市场经济的主体在经营的过程中会追求利润的最大化，在追求利益的过程中很可能忽视人们的思想观念的变化。

改革开放后，我国一部分人的思想价值观念逐渐发生了变化，因此，在有可能发生信仰、观念变化的社会条件下，更应该加强对大学生的思想政治教育。

（三）马克思主义的可信度受到理论与现实之间巨大反差的挑战

马克思主义是科学的理论，保证了中国特色社会主义制度的科学性。在当代其主要作用是指导我国各项工作的开展，大学生思想政治教育理论课的主要内容是，通过思想政治教育提高大学生思想政治水平，提高大学生的整体素质，抵御社会不良思想，从而为大学生今后的发展提供一个良好的思想政治基础。

三、网络发展导致生活环境变化

（一）对大数据时代给思想政治教育带来的问题认识不足

就像全球化趋势一样，大数据时代的发展也是一把"双刃剑"。一方面，新媒体平台为高职院校思想政治教育工作提供了新的阵地和领域，拓宽了高职院校思想政治教育的载体，为加强和改进高职院校学生思想政治工作带来了新的机遇；另一方面，互联网的发展改变了大学生的心理和思想结构，也冲击了高职院校传统思想政治教育的方式和方法。第一，大学生获取信息的

途径更多、更便捷，获取的信息更加丰富、开放，这样的信息获取方式使高职院校知识的权威性和大学生对其信任度降低。相较大学生能够积极并善于利用多媒体而言，高职院校思想政治教育工作者则显得有些"捉襟见肘"，思想政治教育的相关部门和相关教师在获取信息的渠道、时间、数量上已不占明显优势。第二，随着网络技术的发展，许多不良信息借助网络平台得以肆意传播，使网络成为有害信息的滋生地和传播地，会给高职院校思想政治教育工作带来不利影响，给缺乏社会经验的大学生群体带来不良影响。

互联网时代，随着网络技术的发展，各高职院校选择网络平台作为自己进行思想政治教育的阵地，基本上建立了自己的思想政治教育宣传网站。这些网站数量众多，但相比之下浏览量很少。同时，这些网站大部分是专题性质的网站，普遍存在投入力量有限、与现实结合不够、覆盖面较窄、交互性不强等问题。在网站维护的过程中，重视网页的观感，忽视网页本质内容的建设，使网站"华而不实"。

（二）大学生心理发展的不稳定性，易受网络不良因素的影响

目前我国部分大学生心理健康状况不佳，所以高职院校必须加大心理健康教育的力度。当代大学生面临诸多的压力和困惑，如学业的压力、就业的竞争、情感的困扰、人际关系的复杂、理想和现实的冲突等。现阶段我国大学生心理健康状况从总体上看，不论是量的绝对性还是质的相对性，主流思想是健康积极的，但也存在很多值得重视的问题，如大学生群体中心理亚健康者占有一定比例，高职院校教学、管理方式的变革等均给大学生带来巨大的心理压力，困惑、迷茫、紧张、焦虑等在大学生的情绪中占有相当大的比例。

（三）虚拟世界中的道德失范，对大学生学习、生活和心理的影响

道德是人格的核心。大学生容易受网络影响，网络环境的虚拟性使大学生在进行网络社交的过程中过于自我陶醉，而在现实生活中却道德失范。众所周知，教育的功能不只是知识传授，更重要的是培养学生成为独立的个体，唤醒"人格心灵"。网络不能替代教学，网络不能替代交往，网络也不能替代社会实践。我们在进行网络道德教育过程中，不能让学生对网络环境过于依赖，要避免大学生因感情纠葛和交往产生心理问题。网络的不规范使用，容易使大学生沉迷网络游戏，从而诱发人格障碍、认知冲突与思维障碍等网络心理障碍，不利于培养大学生多层次的逆向思维能力和随机思维能力。因此，伴随着网络产生的大学生心理问题必须引起我们的高度重视。

第四章

高职院校思想政治教育教学理念的创新

第一节　高职院校思想政治教育教学理念及其创新价值

一、高职院校思想政治教育教学理念的含义

"理念"一词由西方词语翻译而来，源于古希腊语，后来在英文中用"idea"表示。苏格拉底最早提出对"理念"的理解。柏拉图、康德、黑格尔等人对"理念"进行了专门论述。"理念"在汉语中长期缺乏明确的词义，依《辞海》中的解释，"理念"即观念，通常指思想，有时指表象或客观事物在人脑里留下的概括的形象。我国学者对"理念"的研究表明，当代人使用的理念尽管仍有哲学的成分，但已不完全是哲学的含义了，泛指人们对事物或现象的理性认识所形成的观念或观点，并且是一种追求的目标或境界，或者说是一种对理性追求的概念化、系统化的表述。那么，"理念"的含义究竟是什么呢？理念是人们经过长期思考及实践所形成的思想观念、精神向往、理想追求和哲学信仰的抽象概括，是理论化、系统化了的，具有相对稳定性、延续性和指向性的认识、理想的观念体系。理念具有时代性，具有引导时代发展的价值。

教育教学理念是人们在教育实践中形成的对教育这一特殊的社会活动的理性认识，以及人们在教育思维活动中形成的教育观念。教育教学理念是教育思想家乃至整个民族长期发展形成的价值取向的反映、体现和追求，是关于教育发展的一种理想性、精神性、持续性和相对稳定性的观念体系，具有导向性、前瞻性和规范性。

高职院校思想政治教育教学理念，即高职院校思想教育工作者在长期的教育教学实践过程中形成的对思想政治教育教学这一特殊的社会活动的理性认识，以及人们在思想政治教育思维活动中形成的教育观念，是一种指向性观念。

二、高职院校思想政治教育教学理念创新的重要性

当前，我国正处在社会转型的关键时期，思想政治教育处于全球化、市场化、信息化的新环境。因此，加强和改进高职院校思想政治教育教学，必须站在时代和全局的高度，进行整体性和战略性的思考。中共中央、国务院在《关于进一步加强和改进大学生思想政治教育的意见》（下称"《意见》"）中指出："面对新形势、新情况，大学生思想政治教育工作还不够适应，存在不少薄弱环节。"《意见》还指出："在继承党的思想政治工作优良传统的基础上，积极探索新形势下大学生思想政治教育的新途径、新方法，努力体现时代性，把握规律性，富于创造性，增强实效性。"面对新问题，高职院校思想政治教育工作者要想把握思想政治教育教学发展、创新的方向，当务之急是必须创新思想政治教育教学的理念。

（一）创新是高职院校思想政治教育教学生命力所在

高职院校思想政治教育教学工作要适应新环境、新要求，迎接新挑战，就必须在求真务实、锐意创新上下功夫，紧紧围绕"培养什么人、如何培养人"的根本问题，形成创新的理念。教育教学理念是教育实践的内在动力，教育的改革与进步必须以理念的突破和更新为先导。没有先进的教育教学理念，教育的目标必定是片面的，教育的行为必然是短期的，教育的发展必将是被动的。教育教学理念能够使具体的教育行为具有超越自身、跨越现实的功能，产生持续性发展的内在动力。这是因为教育教学理念本身是指向教育的"应然状态"而非"实然状态"。教育教学理念的转变和创新意味着教育工作者面对新环境将以新的眼光重新审视和认识教育现象，以新的范式重新把握和建构教育体系，以新的方式重新组织和拓展教育活动。

（二）创新是对高职院校传统思想政治教育教学理念的反思

高职院校思想政治教育教学理念的创新是在对思想政治教育发展趋势进行客观分析的基础上的理性思维创新。改革开放以来，高职院校思想政治教育教学理念创新的历程表明，科学的思想政治教育教学理念对思想政治教育的改革和发展实践具有先导性、前瞻性和决定性的作用。思想政治教育教学理念进行科学创新的时期，也是高职院校思想政治教育教学实现科学发展的时期。例如，20世纪80年代秉承坚持四项基本原则，培育"四有"新人的教育理念，在一定程度上加强了对高职院校大学生的思想政治教育。但由于当时没有一套成熟的理论指导，一些高职院校在思想政治教育的建设和探索过程中，对其复杂性、艰巨性缺乏必要的认识和思想准备，在实践中往往方向不明、摇摆不定，采取了以防守应急为主的工作方式，导致这一时期高职院校思想政治教育教学工作在全国范围内呈现出停滞不前的局面。20 世纪 90年代，在对高职院校思想政治教育教学全面反思的基础上，各高职院校以邓小平理论为指导，加快思想政治教育的基础建设，明确了思想政治教育的定位，适应了市场经济体制，使高职院校思想政治教育教学得到了健康、稳步的发展，为我国改革和发展做出了重要贡献。21 世纪以来，高职院校思想政治教育教学坚持"以人为本"，注重人文关怀和心理疏导，贯彻落实科学发展观和习近平新时代中国特色社会主义思想，在培养和造就社会主义事业的合格建设者和可靠接班人方面发挥着日益重要的作用，呈现出崭新的局面。

（三）理念创新是思想政治教育教学发展的灵魂

高职院校思想政治教育教学理念的创新，是在继承和发扬党的优良传统的基础上的创新，是在充实提高基础上的创新，是在加强和改进基础上的创新。随着时代的发展和社会的进步，新时代学生的视野更加开阔，思维更加活跃，思想更加开放，理念更加新颖。他们在继承传统的同时，又带有自身的一些特点，例如，主体意识逐渐增强，生活空间逐步扩展，生活内容丰富多彩，社会参与意识、社会责任感、法治观念、公平与效率观念、求知欲望、开拓精神等现代化的行为标准和价值取向表现得更加突出，这些变化正强烈地冲击着传统的思想政治教育。但是，与此同时，这些变化又为思想政治教育教学的创新提供了契机。因此，新形势下高职院校思想政治教育教学面临着大好机遇和严峻挑战，必须不断进行创新，以保证自身价值的有效实现。而一切创新首先是理念的创新。思想政治教育教学的重点以理念创新为先导和立足点。可以说，思想政治教育教学理念对思想政治教育工作起决定性作用。只有按照时代发展的要求，不断创新教育教学理念，才能全面推进和深化思想政治教育改革，提升思想政治教育的实效性，引导思想政治教育教学工作的新发展。

（四）创新高职院校思想政治教育教学理念是思想政治教育规律实现的必然要求

思想政治教育的目的归根结底在于培养学生树立正确的世界观、人生观、价值观和荣辱观，提高其思想道德素质。思想政治教育要达到既定的目标和要求，关键是要遵循思想政治教育规律开展教育，任何违背思想政治教育规律的教育，都会削弱甚至抵消思想政治教育的作用。在当前形势下，高职院校思想政治教育教学的主体内容是社会主义核心价值体系和学生成才教育，但要把这一教育内容转化成受教育者的思想，不能采用"一刀切"的教育方式，而必须遵循思想政治素质形成与发展的内在要求和规律，坚持统一性与多样性相结合、理论与实际相结合，引导受教育者自觉实现知、情、意、行的统一，才能真正发挥教育的功能。同样，高职院校思想政治教育教学需要关注人的精神与发展需求，引导受教育者紧跟时代发展步伐，站在时代的前沿，才能成为时代与社会的主人，这必须有适应时代需要的导向，即以人为本的价值导向，才能真正发挥思想政治教育规律的作用。

第二节 高职院校思想政治教育教学理念创新的基本要求

高职院校思想政治教育教学的发展是一种动态的、变化的过程，理念的发展亦是一个不断更新的过程。以灌输理念为代表的传统思想政治教育教学理念已经无法适应新形势的发展，理念的创新已经成为进一步加强和改进高职院校思想政治教育教学首先需要解决的问题。高职院校思想政治教育教学理念的创新具体有以下几点要求。

一、必须反映和符合时代特征

改革开放以来，高职院校思想政治教育教学理念逐渐深化，以适应时代发展的要求，从而使高职院校思想政治教育教学工作不断显现生机和活力。例如，党的十一届三中全会后，党和国家的工作重点实现了战略转移，为适应这一重大转变，高职院校思想政治教育教学理念也发生了转变，即由"以阶级斗争为纲"转变为对人才的培养和科学研究。此外，由于社会主义经济建设急需全面发展的人才，因此，邓小平同志提出了培养"四有"新人的思想，集中反映了社会主义制度对社会成员的思想意识、政治觉悟、道德品质和文化修养的全面要求。培养"四有"新人不仅体现了时代发展的要求，也体现了对学生寄予的殷切期望。习近平总书记在作党的十九大报告时庄严宣告："中国特色社会主义进入了新时代，这是我国发展新的历史方位。"关于新时代党的教育方针，2019 年 3 月 18 日，习近平总书记在主持召开学校思想政治理论课教师座谈会上强调，新时代贯彻党的教育方针，要坚持马克思主义指导地位，贯彻新时代中国特色社会主义思想，坚持社会主义办学方向，落实立德树人的根本任务，坚持教育为人民服务、为中国共产党治国理政服务、为巩固和发展中国特色社会主义制度服务、为改革开放和社会主义现代化建设服务，扎根中国大地办教育，同生产劳动和社会实践相结合，加快推进教育现代化、建设教育强国、办好人民满意的教育，努力培养担当民族复兴大任的时代新人，培养德智体美劳全面发展的社会主义建设者和接班人。总书记的重要讲话明确提出了新时代我国社会主义教育事业的总方向和根本方针，为办好新时代中国特色社会主义教育指明了方向、提供了根本遵循。

高职院校作为我国高等教育的一个重要类型，要结合高职教育的特点和规律，认真贯彻落实党在新时期制定的教育方针，坚持立德树人，牢固树立以学生为主体的教育教学新理念，引导学生树立共产主义远大理想和中国特色社会主义共同理想，增强道路自信、理论自信、制度自信、文化自信。要加强对学生的品德教育，培育和践行社会主义核心价值观，使之成为有大爱大德大情怀的社会主义建设者和接班人。

二、必须遵循学生成长成才的规律

高职院校思想政治教育教学只有坚持以学生为本，着眼于与学生生活实际相结合，与知识传授、能力培养、素质提高相统一，才能促进学生健康成长。例如，党的十一届三中全会开启了改革开放历史新时期，但与对外开放相伴的是西方各种现代理论思潮的传播，这迫切要求思想政治教育工作者对其予以阐释，并积极开展对学生思想特点及其发展规律的研究。建立社会主义市场经济体制的改革目标引起了一场深刻的社会变革。学生如何在体制转换过程中，坚持社会主义价值体系的主导地位，继承和发扬中华民族的优良传统，树立正确的世界观、人生观和价值观，在观念、知识、能力、心理素质等方面尽快适应新的要求，成为困扰学生的难题。而准确把握当前学生思想、生活、学习的特点，遵循学生成长成才的规律，创新思想政治教育教学理念，加快思想政治教育的基础建设，明确思想政治教育的定位，完善思想政治教育目标体系，是高职院校思想政治教育教学的应对之策。

进入21世纪，改革开放的持续深入使学生的思想活动表现出了明显的独立性、选择性、多变性、差异性。高等教育大众化阶段的到来、互联网等现代传媒的迅速普及，使得高职院校思想政治教育教学工作必须在理念、目标、途径等方面做出深刻变革。

三、必须坚持正确导向，引导学生健康成长

高职院校思想政治教育教学理念对学生的思想行为具有重要的导向作用，

理念是否科学，关系到思想政治教育能否自觉引导、动员和推动学生在社会实践中沿着正确的方向前进，直接关系到党的事业能否顺利进行，关系到高职院校思想政治教育教学的成败。高职院校思想政治教育教学理念创新，既要坚持正确的政治方向，引导学生全面理解和贯彻党的基本路线，又要坚持正确的价值取向，引导学生在社会主义市场经济条件下正确认识和处理社会价值与个人价值之间的关系，克服用社会价值否定个人价值或用个人价值否定社会价值的价值偏向，在实现社会价值的过程中实现个人价值。党中央提出加强社会主义核心价值体系建设，就是坚持正确的政治方向和价值取向的统一。只有坚持正确的政治方向和价值取向的统一，思想政治教育教学理念才能更好地发挥导向作用。科学发展观为推进高职院校思想政治教育教学理念创新提供了明确的理论指导和思想保证。科学发展观的核心是"以人为本"，以人为本是高职院校思想政治教育教学理念创新的核心，也是思想政治工作的出发点与落脚点。根据"以人为本"的要求，高职院校思想政治教育教学必须在教育中融入更多的人文关怀，从每个学生独特的个性和心理特点入手，有的放矢地对其进行引导，着眼于学生的全面发展。实现人的全面发展，高职院校思想政治教育教学要在理论和实践的层面帮助学生适应社会发展的全面性与丰富性，克服以往"政治人""道德人""经济人"的局限，真正按照人的本质属性实现学生的物质与精神、科技与人文、生理与心理、知识与能力等方面的全面发展。

四、必须注重贴近实际，满足学生的发展需求

高职院校思想政治教育教学理念创新要贴近实际、贴近生活、贴近学生，注重满足学生的实际需要。思想政治教育教学应从学生的实际生活出发，关注学生的现实发展需求，让学生在生活体验中理解思想政治道德要求，从而学会做人、学会做事。学生的生活世界是丰富的、多层面的。从生活内容看，包含物质生活、精神生活和政治生活；从生活形态看，包括感性生活、知性生活和理性生活；从理解程度看，还可分成可见的生活世界、可知的生活世界和可把握的生活世界。思想政治教育工作者应认识到学生生活世界的复杂性，并注重不断提升和丰富其层次和内涵，从而更有效地贴近学生的现实生活。

大学生是我国社会科学文化水平和精神文化需求最高的社会群体。学生的精神文化生活需要不断产生和发展，为适应这一新的形势和发展要求，高职院校思想政治教育教学不仅要维护学生的物质利益，而且应重视满足学生

日益增长的精神文化需要。

第三节　高职院校思想政治教育教学理念创新的构成

知识经济时代的到来，人们的思想观念的变化给思想政治工作带来极为深刻的影响。思想政治教育作为一项培养人、教化人的主体对象性的活动，应关注人的主体性发展，以时代的历史使命为参照系，在马克思主义关于人的主体性理论的推动下，努力创新思想政治教育观念，全面推进思想政治教育教学理念创新。具体来讲，高职院校思想政治教育教学理念创新包括价值观的创新、任务观的创新、主体观的创新、方法观的创新和质量观的创新等。

一、思想政治教育教学价值观的创新

创新思想政治教育教学价值观的目的主要是确立社会价值与个人价值内在统一的新价值观。思想政治教育工作者必须关心个人对合法利益的维护和追求，激发人的上进心和积极性，同时引导人们将个人利益与单位利益和社会整体利益结合起来，自觉遵纪守法。社会与个人是辩证统一的，一方面，社会的发展是个人发展的前提和基础。只有在国家这个共同体中，个人的才能和素质才可能全面发展，换言之，只有在共同体中才能存在个人自由。这就要求所有人都必须自觉地维护和服从国家和社会的利益，依据社会发展的需要，全面发展自身的才能和素质，在发展国家和社会利益的过程中发展自身的利益，在推动社会发展的事业中实现自身的价值。另一方面，个人的全面发展是社会全面进步的必要条件，每个人的自由发展是一切自由发展的条件。这就要求国家和社会尊重和兼顾个人发展的内在需要，保障个人的正当利益，尽最大可能为个人的全面发展提供和创造条件。因此，我们必须反对片面的唯社会价值观，同时，也要防止唯个人价值观出现，要确立社会价值与学生价值内在统一的新价值观，在满足社会发展要求的前提下，充分尊重和兼顾学生个人发展的内在需要，以促进社会价值与个人价值的协调发展。

二、思想政治教育教学任务观的创新

思想政治教育教学任务观创新的主要目的是确立灌输社会规范与培养能力和个性有机结合的新任务观。受传统教育思想的影响，在过去的很长一段时间里，思想政治教育教学的全部任务仅仅被归纳为"传道"，即向学生灌输

政治、思想和道德规范。传统教育思想的最大缺点是不重视培养学生的能力和个性，甚至存在着否定和抹杀学生个性的倾向，主要表现为学生仅仅被视为社会规范的"接收器"，因此，在思想政治教育中简单说教、硬性强迫的现象普遍存在，而学生往往也就被培养为缺乏个性和创造力的"标准件"。社会规范的灌输与能力和个性的培养是有机统一的。首先，在现阶段，随着市场经济的发展和知识经济的兴起，大众传播媒介日益发达，各种思想和信息纷至沓来，社会环境越加复杂。在这种环境下，需要着力培养学生辨别是非的能力、自主选择的能力和自我修养的能力，使他们能够在复杂的环境中始终保持清醒的政治头脑和坚持正确的思想政治方向，而具有这种意识和能力又离不开社会规范的灌输。其次，学生是共性和个性的统一，学生的发展既是一个社会化的过程，也是一个个性化的过程。没有社会化，学生就不能适应社会；没有个性化，学生也不可能成为独立的、自主的、富有创造性的生机勃勃的主体。因此，我们必须反对片面的唯社会规范灌输的任务观，同时也要防止忽视甚至否定灌输社会规范的倾向，而要确立灌输社会规范与培养学生能力和发展个性有机统一的新任务观。在改革教育方法，提升灌输效果的同时，着力培养人的能力和个性，促进学生的全面发展。

三、思想政治教育教学主体观的创新

思想政治教育工作者需要确立教育者的主体性与学生的主体性辩证统一的新主体观。长期以来，在思想政治教育教学中，思想政治教育工作者总是视教育者为唯一主体，而忽视教育对象在思想政治教育中的主体性，把教育对象仅仅视为消极被动接受教育的客体，这必然导致思想政治教育教学中的强制服从和单向注入，影响和压抑了教育对象的积极性和主动性。实际上，高职院校思想政治教育教学情境中的教育过程既是思想政治教育工作者按照社会要求积极组织、实施教育的过程，也是学生基于自身的认知水平和内在需要主动选择教育内容和自我教育的过程。学生的自我选择是必然的，这也正是其主体性存在的证明。教育者的主体作用是对学生主体性的激发、引导和培育作用。学生的教育只有通过学生的积极活动，尤其是学生的自我教育才能达到预期目标，两者是辩证统一的。思想政治教育教学工作只有在尊重学生主体性的基础上，唤醒和激发他们的主体意识，培养他们的主体能力和主体人格，才会使学生实现由自在主体向自为主体的转变，才会使其积极参与自身的发展与建构，丰富而和谐的主体性才有形成的可能。可以这样说，受教育者主体性的发展正是他们作为主体参与自身全面发展的基础和前提，

没有主体性的发展，学生的全面发展就无从谈起。人的发展其实是一个由他律走向自律的过程，即依赖性日益减弱，主体性日益强化，不断地扩大对现实的自由度的过程。自主性、能动性、创造性是人的各种潜能中最重要，也是最高层次的潜能。现阶段学生主体性的发展，从历史联系的角度看，它是学生全面发展过程中的一个承上启下的必要环节，是学生的全面发展在当前的现实化状态和现实化道路。因此，为了实现学生的全面发展，思想政治教育工作者必须反对唯教育者主体观，同时也要防止片面的唯自我教育主体观出现，从而确立教育者主体性和学生主体性辩证统一的新型主体观念。

四、思想政治教育教学方法观的创新

创新思想政治教育教学方法观的主要目的是确立教育者活动方式与学生活动方式有机结合的新方法观。由于受教育者主体观的影响，思想政治教育教学的方法被单纯地理解为教育者的活动方式，仅仅被视为教育者在对学生进行思想政治教育教学的过程中所采取的方式和手段。于是，思想政治教育教学方法的选择和运用往往也就从教育者自身出发，仅仅依照自身的条件、爱好而定，不考虑学生的兴趣爱好、思想水平和接受能力。因此，思想政治教育教学也就难以激发学生的积极性，结果收效甚微。

思想政治教育教学方法是教育者与学生双方共同活动的方法，它既包括教育者主动地认识、影响和培养学生思想品德的方法，也包括学生能动地反映和接受教育的影响，主动地认识和塑造自己思想品德的方法。同时，由于学生的活动是其思想品德发展变化的内因，而教育者的活动则要通过学生的活动才能发生作用，因此有效的思想政治教育教学方法，就应当是能够引起学生积极活动的方法，这就要求我们变革教育模式。首先，应充分发挥学生在思想政治教育教学中的主体作用，通过师生之间民主平等的交流，教学相长，促进学生自我教育、自主判断、自我选择，实现思想品德的自我发展和人格的形成；其次，应加强道德实践，即克服传统教学空洞、理论说教的弊端，为学生提供实践机会、交往环境和展示的平台，以交流合作、考察体验、躬行践履等方式形成自身的道德规范；最后，思想政治教育教学应同解决学生实际问题相结合，也就是要求教育工作者在思想政治教育教学过程中及时地解决学生在学习、生活、就业、心理等方面的问题和困难，以增强工作的实效性。

五、思想政治教育教学质量观的创新

创新思想政治教育教学质量观的主要目的是确立思想道德素质与科学文化素质全面发展的新教学质量观。现代思想政治教育教学坚持以人为本的原则，是指在思想政治教育教学活动中，坚持一切从人出发，尊重人、理解人、关心人，充分调动和激发教育对象的积极性和创造性，达到以人的全面发展为目的。高职院校思想政治教育教学坚持以人为本的原则，就是要把思想政治教育教学促进社会发展与促进学生全面发展的双重功能在教学实践中充分发挥出来，这既是我们对以往高职院校思想政治教育教学经验教训的深刻总结，也是由我们党的性质决定的，同时又是思想政治教育教学在新的历史条件下进一步发展的需要。高职院校思想政治教育教学作为培养人的思想品德的活动，其质量首先要看学生思想道德素质的发展。但是，学生的思想道德素质与科学文化素质是有机联系、互相渗透的。一方面，思想道德素质是提高科学文化素质的思想保证和精神动力。远大的抱负、明确的目的和顽强的毅力是学生学习和掌握现代科学文化知识不可或缺的精神条件。另一方面，科学文化素质又是提高思想道德素质的智力基础。科学的世界观和人生观、崇高的理想信念、高尚的道德情操、社会主义民主法治观念总是以一定的科学文化素质为基础的。因此，高职院校必须反对唯思想道德素质发展的质量观，确立思想道德素质和科学文化素质全面发展的质量观，要在着力提高学生思想道德素质的同时，着力激发和引导他们努力学习和掌握科学文化知识，促进学生素质的全面发展。

第四节 高职院校思想政治教育教学理念创新的策略

新形势下高职院校思想政治教育教学理念创新是随着实践发展的一个动态过程，需要坚持一切从实际出发，把握好继承与创新、坚持与发展、创造与引进的和谐统一，坚持以理念创新指导工作创新，用工作创新检验、巩固和发展理念创新。

一、更新教育教学理念，促进学生和谐发展

（一）更新教学理念，推动师生"共创共长"

高职院校思想政治教育教学工作者应遵循"三大规律"，即思想政治工作

规律、教书育人规律、学生成长规律，不断提高教育教学能力和水平，贯彻心灵上有触动、思想上有感悟、行动中有体现的教学理念，以生动的案例感染学生，触动学生心灵；以透彻的学理分析说服学生，感悟思想力量；以丰富的实践引导学生，促进知行合一。要让有信仰的人讲信仰，让信仰点亮教师，让教师点亮课程，让课程点亮学生。高职院校思政课教师必须具备政治要强、情怀要深、思维要新、视野要广、自律要严、人格要正的素养，要不断创新教育教学方式方法，适应学生成长发展的新需求和期待。只有通过以课程为载体的共创，才能触动学生心灵，把师生关系由传统意义上的教与学提升为"共创共长"。师生只有真正构建学习共同体，才能使高职院校思政课教学成为成就自我、生命丰盈、创造价值、引领成长的舞台。思想政治理论课教师要以宽广的国际视野和宏大的历史视野，把握时代脉搏，讲好世界之变、时代之变、历史之变及其本质，讲好新时代的故事，讲好中国式现代化的故事，讲好中国高质量发展的故事，引导学生运用正确的立场、观点、方法观察认识当代世界、当代中国，坚定"四个自信"，更加自觉地投身于以中国式现代化全面推进强国建设、民族复兴的伟业之中。

（二）凸显"职教特色"，构建教学新模式

推动思想政治理论课改革创新，要不断增强思政课的思想性、理论性和亲和力、针对性。《职业教育提质培优行动计划（2020—2023年）》要求遵循职业学校学生认知规律，建设体现职业教育特点的思政课程。高职院校的思政课只有体现职教类型特色才能让学生真切感悟思想力量。思政课应围绕高职院校学生成长成才的内在需求，注重职教特色与思政育人精准结合，准确把握高职教育对象的特殊性、教育内容的职业性、教育过程的实践性、教育环境的开放性的特点，突出高职教育特征，将德技并修、工学结合、铸魂育人三者融为一体，提升思政课的针对性和亲和力，切实加强立德树人实效。思政教学要构建"四结合"，即思政课程与课程思政相结合、理论与实践相结合、现实与虚拟相结合、校内与校外相结合，有效促进"大思政课"教学要素发生"聚合"与"裂变"反应，提升"大思政课"张力，使大思政课的阵地更宽、格局更大、教学资源更丰富、教学空间更宽广，推动"大思政课"高质量发展，增强立德树人实效。

（三）坚持"八个相统一"，创建思政课新体系

新时代新征程的思想政治理论课改革创新，要牢牢把握价值属性，依据"政治性和学理性相统一""价值性和知识性相统一""建设性和批判性相统

一"的原则，学理透彻地讲清政治，旗帜鲜明地引领思想。认真落实习近平总书记对上好思政课的"八个相统一"要求。即"坚持政治性和学理性相统一、坚持价值性和知识性相统一、坚持建设性和批判性相统一、坚持理论性和实践性相统一、坚持统一性和多样性相统一、坚持主导性和主体性相统一、坚持灌输性和启发性相统一、坚持显性教育和隐性教育相统一"。按照"八个相统一"要求，扎实推进思想政治理论课建设思路创优、师资创优、教材创优、教法创优、机制创优、环境创优。遴选名师大师参与思想政治理论课讲授。把新媒体新技术引入高校思想政治理论课教学，打造高校思想政治理论课资源平台和网络集体备课平台。加强课程体系和教材建设，持续提升教学的思想性、理论性和亲和力、针对性。要进一步完善以习近平新时代中国特色社会主义思想为核心的思想政治理论课课程体系，进一步强化"大思政课"建设，有效克服"硬融入""表面化"等问题，着力在实践育人机制、思路、模式、方法、评价等方面深化优化，引导学生了解社会、服务国家，加深对科学理论的理解把握，培养高素质技术技能型人才。

（四）推进数字思政建设，提升育人效果

随着现代数字技术的迅猛发展，网络空间已经成为广大青少年学生学习生活的"第一环境"。充分发挥好以大数据、人工智能等为代表的数字技术在思政工作中的作用，大力推进数字思政建设，以数字化赋能思想政治教育创新，是推进教育数字化转型、加快构建思政工作体系的重要内容和举措。

高职院校针对作为网络原住民的青少年，要正确和善于运用网络资源和数字手段，将网络育人与课堂育人相结合，将思政课变成学生真心喜爱、终身受益的课程。一是强化数字思维培育。数字思政因事而化、因时而进、因势而新，不断强化数字思维培育，让受教育者善于运用数据分析问题和解决问题。二是加强数字伦理教育。数字世界中，数字思政强化育人数据挖掘、数字动态跟踪和算法分析处理，引导受教育者遵循数字伦理规范，厚植对党的认同，升华家国情怀，遵守道德法纪，维护国家安全和民族尊严，积极营造数字空间正能量。三是促进数字技能提升。数字思政要观照数字技能，将大数据、元宇宙、虚拟现实等数字技术基础性知识纳入课堂，通过理论解读与实践体验，引导受教育者妥善运用数字化资源、工具和平台，积极开展探索和创新。

当前，除了充分利用传统思政内容、形式和方法外，推进数字思政建设要做好四方面的工作。一是推进方法体系创新。数字技术带来由归纳演绎向数据分析、由知识理性向计算理性、由人类认知向机器认知的知识范式转型，数字思政方法体系也处于不断的创新之中，既要秉承传统思政的谈心谈话法、典型案例法、榜样选树法等，同时也要拓展思政工作的方法工具，依托人工智能、大数据等技术实现定性方法与定量方法相统一，计算思维和思政思维相融合。依托全息投影、虚拟现实、增强现实，将"单向度、讲授式教育教学"升级为"声、光、电多维度教育教学叙事"，从平面到立体、从静态转动态，实现沉浸式场景驱动教育教学。二是加强数据治理。构建思政大数据中心，建设思政数据集成调控的中枢"驾驶舱"，将数据接口辐射至校园生活不同场景，从日常思政工作、思政课程和课程思政中采集受教育者思想动态数据。制定标准化数据管理流程，将庞杂的育人数据资源进行聚合分类、分析研判和动态调配。三是加强算法治理。将算法嵌入学生入学至毕业离校全周期，植入思政课教学、志愿服务、社会实践、就业创业指导、心理健康教育等各类场景。合理调控算法梯度和维度，优化动态识别、分类标签、个性推送、信息留痕的算法运行全流程，着眼现实空间、虚拟空间的深度融合和自由转换，实现技术与情感的有机结合。四是加强平台建设。打造集多系统于一体的思政数据监测与信息服务平台，如日常思政层面，创建第二课堂成绩单管理、综合考评与评优评奖、一站式社区育人服务、心理育人智慧系统、志愿服务认证等多维平台，贯穿学校师生的各类互动场景，建强思政金课网络数据系统、"沉浸式"大思政课平台，建设精品课程思政案例库平台。

二、转变教育教学理念，促进学生自我教育

在重视人自我主动发展、张扬个性的时代，高职院校思想政治教育工作者要转变教育教学理念，立足于学生身心发展规律，正确看待教育对象，灵活地选择最佳的教学活动和教学方式，充分发挥学生的主体作用，体现学生的主体意识和主体行为，进一步培养学生在教育教学活动中自我教育的主动性、积极性和创造性。

（一）深刻领会教育真谛，树立重视自我教育的教育教学理念

所谓"教是为了不教"就是要培养学生"自我教育"和"自我管理"的能力。从这个意义上说，"自我教育"的理念，在教育改革上具有重要意义。我们强调自我教育是教育的理想境界，并不是否认教育的作用，更不是削减教育者的责任，而是对思想政治教育工作者提出了新的更高的要求，强调教育工作者要深刻领会教育的真谛，即尊重人的主体意识，弘扬人的主体性，

充分发挥教育对象的主观能动性。教育工作者要积极引导学生自觉按照党的教育方针和培养目标进行自我规范、自我修养，将自我教育不仅作为一种教育方法、教育途径，更要作为一种教育模式、教育理念贯穿教育的全过程，坚持教育和自我教育相结合，充分发挥学生的主体性和创造性，努力为国家培养建设者和接班人。

为了适应当今时代对德才兼备、素质全面的新型人才的需要，为了满足对当代学生全面发展的殷切期望与迫切要求，在教育过程中应着眼于学生综合素质的全面发展，高度重视学生的科学文化素质、身体素质和心理素质的共同提高和发展。不仅要向学生传授知识和技能，更重要的是要"唤醒"学生的自主意识，培养他们自我学习的主动性及学习的能力。既注重学生知识量的多少，又注重内在的组织状况，促使学生形成良好的认知结构，学会对知识的分析和理解，形成自己独特的个性和判断。因此，自我教育必须以理想信念教育为核心，以爱国主义教育为重点，以基本道德规范为基础，指导学生自主、自发、自觉地树立正确的世界观、人生观和价值观；同时也要以学生的全面发展为目标，深入进行素质教育。德与才缺一不可，自我教育必须坚持"两手抓""两手都要硬"。

（二）增强高职院校思想政治教育工作者自我教育的意识，提高受教育者自我教育的积极性

高职院校思想政治教育工作者在教书育人的工作中，对受教育者有着巨大影响。教育工作者的教学水平和人格风范直接影响受教育者世界观、价值观和人生观的取舍及精神世界的构建。因此，如何提高思想政治教育工作者水平，增强他们自我教育的意识，使受教育者能够进行充分的自我教育，是每个思想政治教育工作者必须思考的问题。在此过程中，教育工作者更要努力提高自身素质，在人格和精神上，为受教育者树立一个具体而鲜活的形象，使学生"见贤思齐"。

此外，教育工作者尤其要树立自我教育意识，处理好教育与自我教育、引导学生自我教育与鼓励学生自主进行自我教育的辩证关系。一方面，教育工作者"必须有更强的组织协调能力，引导、帮助受教育者自我发展，设定正确的、具体化的、切合实际的、与社会发展相一致的自我教育目标"，并通过体制建设使自我教育保持正确的方向和轨道；另一方面，教育工作者还要让受教育者发挥主观能动性，尽可能放手让学生在活动中自己管理自己、自己教育自己，鼓励他们大胆去做，不包办代替，也不自由放任，加强辅导、

指导、支持，充当好导师、参谋、顾问的角色。多教方法，多给关怀，多些引导，提高他们对自我评价的自信心。

自我教育关注的是人的自觉行为，其本身就是"以人为本"的教育理念，只有不断随着学生群体情况的发展而发展才能具有生命力。所以，思想政治教育工作者必须贯彻以人为本的思想，以"贴近"的姿态，更及时地了解学生群体的发展情况，要在贴近实际、贴近生活、贴近学生的教育过程中，随时发现新情况，解决新问题，调整教育思路，改进教育措施，切实增强思想政治教育工作的实效性。

（三）完善自我意识，提高学生自我教育的能力

（1）培养学生的主体意识，建立学生自我教育引导机制。人的主体意识并非从一出生就具有，它必须通过后天的培养和引导才能逐渐形成，是在自我意识的基础上形成的。自我意识是主体自我对客体自我以及自我与外部世界关系的一种认识。我们必须努力引导学生加强对思想政治教育的自我认识，使他们能够明确思想政治教育对其成长成才的意义，并内化为他们的自觉需要，从而促使他们积极主动地进行自我教育。

（2）创新学生组织，完善学生自我教育组织机制。自我教育是有强烈主体色彩的教育方式，与其他教育方式一样，它也需要受教育者之间互动、切磋，也需要集体环境的推动。传统的学生组织，如班级、学生会、学生社团等都是以"自我教育、自我管理、自我服务"为目的的学生群众组织，是推进学生自我教育的重要组织力量。在此基础上，我们应结合新形势努力进行组织形式和组织内容的创新，例如，根据高职院校后勤社会化、学生宿舍公寓化的情况，建立以公寓为中心的学生组织；根据学生党建特点，建立党团协调组织，并结合学生的工作性质将一些重要的基础性工作（如心理工作、学生安全稳定工作等）纳入其职责范围。应积极鼓励他们自主开展形式健康的组织活动，推进批评与自我批评互动教育机制建设，不断完善集体教育与自我教育、主动自我教育与集体自我教育相结合的"自我教育"组织，保障自我教育的顺利实施。

（3）加强校园文化建设，形成学生自我教育的坚实平台。校园文化是以学生为主体，以教师为主导的，在特定的校园环境中创造与社会和时代密切相关且具有校园特色的人文氛围、校园精神和生存环境。校园文化与学生群体的创造分不开，它反映了学生群体的共同愿望和内在需要，最贴近学生的生活实际，对学生也最具感召力。校园文化作为一种文化形态，具有独立性，

能够以其历史积淀对学生群体产生潜移默化的引导和规范作用，具有思想引导、素质培养、感知协调、人心凝聚等重要的育人功能。将内在需要与引导教育相结合的校园文化是学生自我教育必需的文化生态环境和氛围，同时也为学生进行自我教育提供了坚实的平台。

三、推动互动教育，加强和改进高职院校思想政治教育教学

高职院校思想政治教育教学的互动教育观就是在思想政治教育工作中，教育者和受教育者共同参与，互相启发、收获的一种教育过程。教育者和受教育者双方有着更直接、更充分的信息交流和情感交流，工作方式由传统的、单向灌输的、被动的"完成任务、解决问题、防范型"转变为主动的、着眼于"人的全面发展"的双向互动式，以适应新形势下高职院校思想政治教育教学工作的要求，提高思想政治教育教学工作的实效。

高职院校思想政治教育教学工作是做"人"的工作，其实质是个互动的过程，它是教育的主体之间、主体与环境之间相互作用、相互促进的过程。

（一）构建互动式思想政治教育教学工作的运转模式

（1）主体互动。高职院校思想政治教育教学工作的主体是教师和学生，其互动的效应不仅有师生之间的互动，还应有教师之间的互动、学生之间的互动，他们的互动对学生思想政治教育也有很大的影响。在这些互动类型中，师生互动是基础的、起决定作用的，教师之间、学生之间的互动对学生的成长有示范作用。一方面是师生互动。教师是培养德、智、体、美等方面全面发展，有社会主义觉悟，有文化的劳动者的关键，是对学生在思想政治和专业知识方面进行言传身教和施加潜移默化影响的重要力量。师生互动式的教育活动在于教师对学生产生巨大影响，使学生受益的同时，也促进了教育工作者责任心的增强和业务水平的提高。另一方面是学生互动。高年级学生与低年级学生之间的互动对学生思想政治教育也有很大的影响。高年级学生对低年级学生有很强的榜样、示范作用。高年级和低年级学生之间的交流，使他们容易进行思想、学习上的沟通，他们的互动在学生思想政治教育中也起到重要作用。同时，作为低年级学生的榜样，高年级学生就更要不断提高自己的素质，从而实现和低年级学生在成长过程中的相互促进。

（2）主客体互动。互动式思想政治教育教学工作的客体主要包括校园文化和社会环境。一方面是校园文化与思想教育的互动。校园文化的力量表现为它可以造就一种潜移默化的氛围，这种氛围构筑成一种文化效应场，有着

极强的思想教育内涵。校园文化是高职院校加强思想政治教育教学的良性载体，它集中体现校园主导群体的价值观，是对学生产生强大凝聚力和持久性影响的根源，是陶冶、融合学生的理想、信念、作风、情操的精神家园。每个学生都能在校园文化氛围中获得一种归属感、自豪感和依赖感，并不知不觉地受到一种特殊的熏陶，进而内化为激励自己奋进的动力。同时学生能动地作用于校园文化，既可以提升校园文化的品位，优化校园文化的氛围，又能升华精神和心灵，提高自己的人文素养，实现与主导文化的共振和共进。另一方面是社会环境与思想教育的互动。思想政治教育教学工作是在一定的社会条件下进行的，具有很强的社会制约性。因此，思想政治教育教学想要发挥最大的效力还必须建立与社会环境影响相一致的工作机制。与学校教育环境相比，社会教育环境本身及其影响客观上包含着两种相反的倾向，它既包含着积极的引导、促进和保障作用，也包含着消极的腐化、堕落的影响。

（二）实施思想政治教育教学双向互动的主要途径

（1）充分尊重学生的主体地位，增强教育的主动性。思想政治教育教学要尊重学生在教育中的主体地位，高职院校应强化三种意识。一是服务意识。思想政治教育教学作为高职院校一项重要的工作，其目的在于强化学生的理想信念，塑造学生正确的世界观、人生观、价值观。实现这一目的就要求高职院校辅导员必须强化以人为本的观念，积极主动为学生的学习、成长和发展服务，设身处地为学生着想，聆听学生心声，帮助学生解决实际问题。二是尊重意识。个人对尊重的需要是需要的较高层次，能否满足人的尊重需求是思想政治教育工作能否取得实效的重要前提。当代学生作为一个行为个体，具有强烈的人格独立意识，又有平等的愿望。因此，在思想政治教育的过程中，教育者要用平等态度对待学生。首先，要尊重学生的人格，一视同仁地对待每一位学生。其次，要尊重学生的成才愿望。对学生考研、入党等成才愿望，辅导员应结合实际给予正确引导。最后，尊重学生的创新意识。只有不断激发学生的创新能力，思想政治教育教学才能不断彰显其生命力和感召力。三是情感意识。无论多么先进的教育手段都不能替代面对面的思想政治教育工作。思想政治教育教学必须注重与学生的情感交流、沟通和融合，做到以爱动其心，在晓之以理、动之以情中达到润物细无声的教育目的。

（2）营造双向互动的教育环境，增强教育的交互性。营造双向互动的教育环境应抓住以下三点。一是要在教育中以互动教育为主旋律，教育者把教育过程看作一个动态发展的、理论与实践统一的、交互影响和交互活动的过程。在这个过程中，通过调节教育者与受教育者之间的关系及其相互作用，形成思想政治教育双方共同参与、积极互动、取长补短、优势互补的和谐教育环境，从而使教育者与受教育者在思想上产生共振，以提高教育效率，增强教育效果。二是要利用信息网络载体，营造开放、平等、高效的空间和环境，使双向互动式教育的功能得到发挥。随着信息技术的发展，互联网在人们的生活中占据着越来越重要的地位，成为人们获取信息的重要媒介，网络教育也在高职院校中逐渐兴起。相比之下，传统的思想政治教育方式，如课堂讲授、报告，就显得枯燥乏味，教育效果自然不佳。而通过利用现代技术，特别是网络技术和信息技术在收集、积累、传播教育内容上的及时性、互动性、生动性的优势，能分别为影响学生思想形成与发展的各个侧面设置可选择性的内容。例如，通过在网上开设领导信箱、心理诊所、论坛等，引导学生提问题、亮思想、提建议，帮助学生找答案、解困惑、受教育。三是要开辟互教共育途径。建立团体成员互助互教机制，发挥非正式组织和非正式途径在集体中的融合作用；组织学生、家长、社会开放日活动，使三方加强沟通，使学生和谐相处，融入集体。坚持把教育拓展渗透到学习、工作、日常生活和点滴养成中，开展富有特色的文化活动，寓教于乐。

（3）关注学生个性发展与全面发展的统一性，确保教学实效性。作为思想政治教育工作者，教师必须关注学生个性发展，促进学生全面发展。一是要关注学生个性发展。针对学生的个性特点以及性格、家庭背景、兴趣爱好、行为方式的不同，探索学生身心发展规律，因材施教，使学生的个体潜能、智慧、创造力得到发挥；建立积极向上的学生社团，通过学生社团的活动加大学生与社会的接触面，实现学生间接了解社会的需求，学生的个性得到张扬，才艺得到展示，身心得到调整，成才愿望得到满足，使思想政治教育教学效果在实践活动中发挥应有作用；开展心理教育与心理咨询活动，高度重视当代学生在心理排解、心理分析、心理素质发展方面的需求，关心学生的内心世界，不断消除学生在社会改革和自身发展过程中积累的精神苦闷和心结。二是要促进学生全面发展。充分发挥思想政治教育教学在学生全面发展中的导向、激励和保证作用，既要人乎其内，解决眼前的现实问题，又要出乎其外，着眼于学生未来的发展。要引导学生摆脱低层次的精神，树立为社会、国家、未来成长的信念。三是要正确处理个性发展与促进全面发展的关系。个性发展是全面发展的核心，全面发展是个性发展的基础，没有个性发展的全面发展不是真正意义上的全面发展，没有全面发展的个性发展很可能是一种畸形的个性发展，要实现两者的有机结合，确保教育取得实实在在的效果。

（4）建设一支先进的思想政治教育工作队伍，确保教学的质量。以人为本的思想政治教育双向互动结构模式的推行需要一支素质过硬、结构合理、相对稳定的思想政治教育工作队伍。辅导员作为高等学校教师队伍的重要组成部分，是开展思想政治教育教学的骨干力量，是学生健康成长的指导者和引路人。要坚持以人为本，通过各种途径加强辅导员队伍的整体素质，为其全面发展创造条件，营造教育氛围，充分尊重辅导员的主体性，强化其在学生工作过程中的导向作用。充分调动辅导员的积极性、主动性、创造性，顺应新时代的需求，建设一支素质过硬、结构合理、相对稳定的思想政治教育工作队伍。

四、创新思想政治教育工作，深入推进素质教育

21 世纪是充满竞争的世纪，综合素质高、创新能力强是 21 世纪对人才素质的基本要求，这些变化给思想政治教育工作带来了新的机遇和挑战。我们必须坚持解放思想、实事求是、与时俱进的思想路线，坚持"育人为本""德育为先""全面育人"的工作理念，努力增强思想政治教育的预见性和时效性，营造思想政治教育教学的良好环境，加强对思想政治教育教学组织领导和队伍的建设，使我们的工作更加贴近学生的思想、情感和实际，在创新中实现思想政治教育工作的新发展。

（一）创新思想政治教育教学工作思路

良好的工作思路是做好思想政治教育工作的基础，思路清晰，能保证思想政治教育工作有明确的方向。因此，要有战略高度，用前瞻性、发展的眼光研究新时期的工作，要认识到当代学生主体意识和独立意识的增强，过去传统教育模式的效果已经不明显，必须坚持以人为本的原则，尊重、理解、服务学生，引导、教育、相信学生，从而提高思想政治教育工作的实效性。充分发挥第二课堂在思想政治教育教学中的主阵地作用，深入开展社会实践活动，探索实践育人的长效机制，建立学校特色的校园文化，把握网络思想政治教育教学的主动权。同时还要重视加强心理健康教育，帮助学生处理好成长过程中出现的各种具体问题。

（二）创新思想政治教育教学工作内容

一方面，高职院校要以科学正确的理论来武装当代青年学生。坚持以马克思列宁主义、毛泽东思想、邓小平理论、"三个代表"重要思想、科学发展

观和习近平新时代中国特色社会主义思想为指导，坚持党的基本路线和基本方针，要以科学的理论武装学生，以正确的舆论引导学生，以高尚的精神塑造学生，以优秀的作品鼓舞学生，培育"有理想、有道德、有文化、有纪律"的社会主义新型学生。做好思想政治教育教学工作，必须完成四项主要任务：要以理想信念教育为核心，深入进行树立正确世界观、人生观和价值观教育；要以爱国主义教育为重点，深入进行弘扬和培育民族精神教育；要以基本道德规范为基础，深入进行公民道德教育；要以学生全面发展为目标，深入进行素质教育。另一方面，在思想政治教育教学中要加强法治意识、纪律观念的教育。当代学生往往个性都比较强，违反校纪校规的现象时有发生，个别学生甚至做出一些违法的事情，因此，增强学生的法治意识、增强学生的纪律观念显得十分必要。

（三）创新思想政治教育教学工作手段

要充分发挥"两课"教育的主渠道作用，加大党的思想理论"进课堂、进教材、进头脑"的步伐，提高"两课"教育的实效，真正使党的思想理论成为当代学生强大的精神支柱，把学习和掌握党的思想理论作为提高学生全面素质的重要环节。主动运用信息网络开展思想政治教育工作。网络思想政治教育是传统思想政治教育在互联网上的延伸和发展，是思想政治教育与信息网络相结合的产物，是思想政治教育的一种现代方式。高职院校网络思想政治教育教学是指根据学生的身心特点，利用网络，并在网络空间进行的用符合一定社会发展要求的思想观念、政治观点、道德规范对学生施加影响，以提高现实社会和虚拟社会中学生的思想政治素质、网络信息素养和引导学生成长成才为目标的一种双向互动的虚拟实践活动。网络思想政治教育需要思想政治教育工作者利用网络速度的优势，及时地公布健康、科学、正确的思想政治信息，把校园网络建设成开展思想政治教育的重要思想阵地；需要注重从网络上捕捉时代热点，与学生进行网上交流沟通，及时解答他们就学校管理方面提出的各种问题，通过这种互动式、引导性的教育，提高思想政治教育工作的效率，使思想政治教育更具有生机和活力。

（四）创新思想政治教育教学工作方法

第一，情与理相结合。"动之以情，晓之以理"是思想政治教育工作的一项原则，"情"是血肉，"理"是灵魂、统帅，情在理中发展，以情感人是手段，以理服人是目的。"感人心者，莫先乎情"，通过情感的沟通和道理的阐明实现学生思想的转化。第二，教育与管理相结合。有效管理能够给思想政治教育工作带来意想不到的效果。把思想道德融入管理中，自律与他律相结合，内在约束与外在约束相结合。因此，学校在完善各项规章制度的同时，要加大对规章制度的执行力度。将学生的在校表现与学生的考核结果挂钩，也是提高学生思想道德素质的有效办法。学校对每个学生进行综合素质测评、学期末汇总排名，测评成绩与学生评奖学金、各类荣誉称号、择业范围等联系起来，特别是德育考核采取量化的办法，使学生明确什么该做，什么不该做。第三，务虚与务实相结合。在思想政治教育教学过程中要坚持把解决思想问题同解决实际问题结合起来，切实解决一些学生在学习生活中存在的困难。第四，思想政治教育与心理咨询相结合。新时期思想政治教育工作必须加强学生的心理健康教育，如果不了解学生的心理，就无法做好学生的思想教育工作，更难以引导学生健康成长。因此，要加快实施学生心理健康教育的步伐。一方面，学校要开展学生心理健康普及教育，另一方面要加强心理咨询工作。心理咨询是对学生生活、发展、择业等方面的问题提供直接或间接的指导帮助，解决学生存在的心理问题；优化学生心理素质，提高其心理健康水平，促进人格成熟及全面发展。第五，课堂教学与社会实践相结合。课堂是学生获取知识的主要场所，学生往往被任课教师高尚的人格、严谨的态度、渊博的知识所吸引，他们比较容易受任课教师的感染，接受教师的理论观点和思想观点。因此，教师在传授知识的同时要多做学生的思想政治工作，真正做到既教书又育人。

五、贯彻以人为本，运用网络推进思想政治教育教学

（一）抓好平台，树立运用网络进行教育教学的新观念

互联网的发展，开拓了思想政治教育教学的新空间，为思想政治教育教学提供了新的教育载体，也为学生主体性地位的发挥提供了网络平台。一是互联网使学生的自我教育能力有所增强。有了信息网络，学生可以从传统被动地接受教育和学习，转变为主动地利用互联网提供的教育资源自觉学习、自我发现、自我教育，增强了自我学习、自我教育的能力，开发了自身的教育潜能。二是互联网使双向互动的教育成为现实。网络的交互性、开放性、即时性等特点，可以营造一个开放、民主、平等、高效的环境，使教育主体的能动作用得到充分发挥，双向互动的教育格局成为可能。运用这一现代化手段开展思想政治教育，可以使学生以平等的身份参与教育，使其从被动接受教育转变为主动接受教育，使交流方式由"面对面"变成了"点对点"。

三是通过网络教育更能了解学生的真实想法。网络是一个虚拟的世界，学生在这个世界里尽情地展示自己真实的精神世界及其心理、情感，这使网络成为学生表达思想、交流心声的载体，通过"键对键"，实现"心对心"。所以，网络教育满足了学生自我教育的需要，其积极性、创造性受到激励，使学生的主体地位和创造精神受到尊重；实现了民主、平等的交流，使学生的人格得到尊重。因此，在教育中贯彻以人为本这一理念，要树立运用网络进行思想政治教育教学的新观念。

（二）充分利用和占领网络阵地，扩大交流渠道和空间

信息技术的空前发展和互联网的迅速普及，正极大地改变着人们的思维方式和生活习惯，也为我们开展思想政治教育工作提供了现代化手段，拓展了思想政治教育工作的空间和渠道。与传统的教育方式相比，网络的优势十分突出，主要表现在：信息量大、传递速度快；较少受时空限制；学生选择的余地大，主动性得到发挥；可以更好地实现资源共享，而且与课堂传授相比，网络教育更能够做到潜移默化、春风化雨。利用网络开展思想政治教育工作，关键是打好主动仗，高职院校必须主动占领网络思想政治教育阵地，全面加强网络建设，建设集思想性、知识性、趣味性、服务性于一体的主题教育网站，积极开展生动的网络思想政治教育活动，使网络成为弘扬主旋律、开展思想政治教育工作的重要手段，牢牢把握网络思想政治教育的主动权。

（三）建立以校园网络为载体的互动式思想政治教育体系

当今时代，网络与学生的生活和学习息息相关，密不可分，这为思想政治教育工作的开展提供了很大的机遇。

首先，网络拓宽了师生交流的空间。教育者不但可以通过网络及时了解学生的心理状况和现实需求，增进师生之间的情感交流，还可以在网上组织自主式、互动性的讨论，实现教育方式由"单向灌输型"向"双向、多向交流型"转变。

其次，网络上丰富生动的内容可以提高学生学习的兴趣，拓展学习的广度。但网络教育绝不意味着简单的理论灌输和思想教育，必须依托网络优势，整合教育资源，建立一个内容丰富多彩、形式多样的互动式思想政治教育体系。

依托校园网络建立互动式思想政治教育体系，需要注意以下几点。

第一，正面引导学生使用网络，树立正确的网络观。以让学生乐于接受的方式，教育引导学生正确、合理地使用网络。要让学生明白不能将网络作为玩乐的工具，更不能作为接受错误、低级、庸俗思想的途径，而要将网络

这种先进的工具作为扩展知识面、收集健康信息、提高学习能力、培养综合素质的好帮手。通过网络充分发挥学生的聪明才智，既为学生的成长成才服务，又为国家的建设和发展服务。

第二，建立思想政治教育网络信息平台。面对网络的客观情况，思想政治教育教学工作要开辟思想政治教育工作的新途径，充分发挥网络快捷、方便、低成本的优势，建立思想政治教育网络信息平台。一是可以建立网上班级、网上支部、网上社团、网上讲坛等，让学生在最短的时间内最方便地了解各种信息，参与各种网上活动，增强学生的归属感和集体感，培养其集体意识和参与意识，塑造其良好的人格。二是通过社区论坛、电子信箱、QQ群、博客等平台，让学生在广泛参与各种讨论交流的同时，学校也将正确、积极、向上的思想和理念传达出来，对学生形成潜移默化的影响，帮助学生树立正确的世界观和人生观、价值观。高职院校要通过网站，宣扬社会主义核心价值体系。

第三，培养学生自教自律能力。网络作为一个崭新的信息世界，相关法律法规和道德规范还不够健全，人们更多的是需要按照自己在现实社会中的人生体验约束自己。所以，帮助学生提高辨别能力，培养自教自律能力是思想政治教育适应网络时代的重要措施。学生要培养自学能力。大学的一个重要功能就是要培养学生学会自主学习，这是学生在大学期间需要培养的最重要的能力，也是为以后走向社会成为有用的人才打下坚实的基础。学生不仅要在教室、图书馆学习，还要提高网络学习能力，充分利用网络获取大量有益的知识和信息。学生还要培养自控能力。学生要学会保护自己的身心健康，不正确上网或过度上网都会对学生的身体和心理产生较大的影响，甚至出现严重的后果。因此，学生要学会克制自己，既能放松地走进网络，又能理智地走出网络。学生更要培养自辨能力。学生在进入网络空间后，面对眼花缭乱、错综复杂的信息，要学会自己辨析网络信息，抵御各种诱惑，使自己成为网络的主人，而不是网络的"奴隶"。

第四，提高思想政治教育工作者的网络德育能力。高职院校思想政治教育工作者要与时俱进，认真分析新形势下思想政治教育的新情况，明确互联网思想政治教育带来的机遇和挑战，把握互联网思想政治教育的新特点。这就要求思想政治教育工作者改进教育理念和工作方式，既要提高使用网络的能力，又要掌握网络最新信息，还要能够利用网络开展切实有效的思想政治教育。例如，通过微博及时传达学校的要求和个人的思想，及时了解学生的信息反馈，掌握学生的思想动态，与学生实现全方位的交流，有的放矢地做好学生思想政治工作。

第五章

高职院校思想政治教育教学方法的创新

思想政治教育教学是我国高职院校学生掌握马克思主义理论，提高自身道德修养的重要途径，对大学生的世界观、人生观、价值观的形成起着十分重要的作用。因此，创新思想政治教育教学方法是高职院校思想政治教师的一项重要任务。

第一节　高职院校思想政治教育的教学方法

任何教学目标的实现和教学活动的开展，都离不开一定的合理的方法。列宁指出："方法也就是工具，是主体方面的某个手段，主体方面通过这个手段和客体相联系。"[①] 毛泽东同志也指出："我们不但要提出任务，而且要解决完成任务的方法问题。我们的任务是过河，但没有桥或没有船就不能过。不能解决桥或船的问题，过河就是一句空话。不解决方法问题，任务也只是瞎说一顿。"[②] 方法是实现目标的载体，合理使用方法才能有效达成目标，没有方法的教学活动是不存在的。

高职院校思想政治教育的教学方法是实施思想政治教育理论教学内容，完成思想政治教育理论课教学目标，提升思想政治教育教学效果的核心和关键环节；要改革和构建思想政治教育教学方法体系，必须首先弄清高职院校思想政治教育教学方法体系的内涵与特点，明确高职院校思想政治教育教学方法体系的分类意义与标准，分析各种高职院校思想政治课程具体的教学方法的利弊得失，并随着高职院校思想政治教育教学实践的发展和人们对高职院校思想政治教育教学规律认识的不断深化，不断充实、丰富、发展和完善高职院校思想政治教育教学方法体系。

[①]　赵红全. 德育研究中质的研究方法探析 [J]. 思想政治理论教育，2004 (5).
[②]　毛泽东. 毛泽东选集 [M]. 北京：人民出版社，1951：139.

一、高职院校思想政治教育教学方法的内涵

所谓教学方法就是为了达到教学目的，师生进行有序且相互联系的活动的种种方式所构成的系统，它包括教师教的方法和学生学的方法及其相互之间的有机联系，是在教学的过程中教师和学生为完成教学目的和任务所采取的途径和程序的总和。从教与学过程的角度看，是指教师和学生在教学过程中，为达到一定的教学目的，根据特定的教学内容，双方共同进行并相互作用的一系列活动方式、步骤、手段、技术和操作程序所构成的有机系统，它包含着这样几个有机联系的层次或要素：一是必须有指明教学活动的目的方向；二是必须有达到目的方向所要通过的途径；三是必须有达到目的方向所必须采取的策略手段；四是必须有达到目的方向所运用的工具；五是必须有运用工具所必须遵照的操作程序。从教学活动的具体需求来看，教学方法的内在结构是由语言系统、实物系统、操作系统、情感系统等子系统构成的有机系统。教学方法得当与否，是教学内容能否得以有效贯彻、教学质量好坏的重要保证。

高职院校思想政治教育教学方法，是指在思想政治教育教学过程中，教师为提高大学生的思想道德素质和科学文化素质，培养大学生的马克思主义理论素养，站在马克思主义的立场，运用其观点和方法分析问题、解决问题，帮助大学生树立正确的世界观、人生观、价值观所采用的各种方式、手段、工具的总和。从广义上讲，思想政治教育教学方法是师生双方为了教学活动的顺利进行，实现思想政治教育教学任务和目的而采取的一切途径、方式、方法和手段的总称，它既包括教师对教法的选择和对教学程序的设计，又包括教学组织形式、教学语言、教学艺术风格；既包括思想政治教育理论课教学中的哲学方法、一般方法和心理学方法，又包括在教学过程中具体采用的教学方法；既包括教学过程各个阶段所采用的理论教学方法和实践教学方法，又包括思想政治教育教学工作各个环节的方法，如教学管理方法、教学评价方法、教学研究方法和教育技术方法等。从狭义上讲，思想政治教育教学方法是指思想政治教育理论课教师在教学过程中，为了完成教学任务而采取的对大学生进行世界观、人生观、价值观、道德观教育的具体教学方式、方法和手段。本章所说的思想政治教育教学方法和体系，都是从狭义上来理解的。

思想政治教育教学方法体系，不是从广义上而是从一般方法论上，阐释思想政治教育教学方法的基本特点、基本原则、基本要求，以及具体的教学方法和实施途径，重点是阐述思想政治教育教学实践中一系列行之有效的具

体理论教学方法和实践教学方法体系，是思想政治教育各种教学方法按照一定的标准和原则集合在一起构成的方法体系的总和。

二、高职院校思想政治教育教学方法的特点

思想政治教育教学方法体系是对思想政治教育教学实践规律的认识和总结，它与一般教学方法是特殊和一般的关系，是一般的教学方法在思想政治教育中的应用和继承。思想政治教育课程设置的特殊教育功能，要求其教学方法体系除了具备一般课程教学方法的特点外，还应具备适合思想政治教育承担的政治思想和品德教育的独有特点。

（一）理论与实际相结合的特点

理论与实际相结合是实事求是思想路线的要求，是马克思主义的体现。思想政治教育教学方法实行理论与实际相结合，是保持其生命力的关键，也是思想政治教育教学提质增效的根本要求。理论与实际相结合的科学依据既来源于认识与实践的辩证关系，也是由思想政治教育教学的性质所决定的，高职院校思想政治教育教学既具有理论性，又具有应用性。强调理论与实际相结合的教学方法，一方面是为了防止在思想政治教育教学中脱离实际讲理论的教条主义、本本主义倾向；另一方面也是为了防止在思想政治教育教学中以实际代替理论的经验主义、实用主义倾向。思想政治教育教学是以学习马克思主义理论为主要内容的教学，坚持马克思主义学风尤为重要。理论的"精"和"管用"是一致的，如果教给学生的理论"不管用"，就谈不上"精"。思想政治教育教学能紧紧把握"实事求是"这个精髓，也就做到了"精"和"管用"的统一，而把握"实事求是"这个精髓，必然要求理论与实际相结合。理论与实际相结合、理论与实际相统一并非一蹴而就、一成不变的，它是一个动态的发展过程。因为现实的实际情况总是在不断变化发展的，理论与实际的发展不同步、对不上号，理论超前或者滞后于实际的现象就会经常出现。因此，在思想政治教育教学方法的选择上，应始终坚持理论与实际相结合，把思想政治教育教学内容同历史上中国革命与建设的实际，同当代中国改革开放和现代化建设中的实际，同大学生世界观、人生观、价值观问题及其思想实际有机结合起来，引导学生对理论与实际情况不一致的问题进行客观分析、深入研究，以消除理论与实际的反差，提高学生用马克思主义理论说明问题和解决问题的能力。

从总体上讲，思想政治教育教学内容的讲授和教学方法的选择，要特别

注意联系五方面的实际。一要联系理论本身形成和发展的实际。要讲清楚理论产生和发展的背景、条件、根源和创新点，深刻认识与时俱进是马克思主义理论的固有品质，增强理论观点的说服力。二要联系当前国际国内的社会实际，帮助大学生了解国内外形势的发展，理解和掌握党和政府的路线、方针、政策。三要联系大学生身边的实际，帮助大学生正确处理生活中可能遇到的矛盾和问题。四要联系大学生的思想实际，帮助大学生解决思想困惑，提高思想认识，尤其是对大学生普遍关注的国内外重大现实问题，要做到心中有数，尽量结合讲授。五要联系教师本身的实际。教师只有真信、真懂、真用、真情，才能使思想政治教育教学既有现实性、时代感，又有感染力、说服力。

（二）灌输与启发相结合的特点

课堂教学法是高职院校思想政治教育教学的基本形式和主要方法。这种课堂讲授就是一种理论灌输方式。在高职院校思想政治教育教学中，进行系统的马克思主义理论灌输，是由思想政治教育的政治性和方向性原则决定的，也是符合世界观、人生观、价值观形成的基本规律的。

一段时期以来，我们一谈到"灌输"，就把它看作一种僵硬、死板的方法，其实这是一种误解。任何先进的思想理论并非人们天生具有的，而只能在后天的社会生活中通过一定形式的社会实践活动获得。作为马克思和恩格斯创立的代表人类先进思想的理论结晶的科学社会主义理论体系，重视对工人阶级的政治理论教育，是其一贯原则，并且这种教育只能在革命的实践中实现。

在高职院校思想政治教育教学中"灌输"马克思主义，并非要强"灌"硬"输"，它与那种"填鸭式""满堂灌"的教学方法不可同日而语。恰恰相反，要使灌输的内容同大学生产生心理上、思想上的共鸣，就必须采取灌输与启发相结合的教学方法，这是与马克思主义一贯主张思想教育只能贯彻疏导方针，不能搞强制压服是一致的。如果说，灌输式教学是思想政治教育方向性原则的要求，那么启发式教学则是其思想性与科学性原则的要求，也是符合学校教学目的要求和学生学习活动规律的。启发式教学是调动学生学习主动性，激发其学习潜能，培养其独立思考和研究能力的教学方法。启发式教学更能促进学生消化所学知识并使之向能力转化。在高职院校思想政治教育教学中，必须善于运用启发式教学，对一些较为抽象的理论采取由浅入深、环环相扣、层层深入的讲授方式，以便学生理解和接受。这种教学方式，是由具体事例引出抽象原理和普遍真理，使学生的思想认识由浅入深，逐步深入，因此能产生较大的启发作用和教育意义。

（三）原理阐述与案例形象具体相结合的特点

原理阐述是理论型课程教学的基本方法，是对课程体系中的基本概念、原理、定律、规律和基本理论观点进行逻辑推演、严密论证、系统阐述的方法。高职院校思想政治教育教学内容博大精深，是集科学性、思想性、阶级性、实践性于一体的逻辑严密的理论体系。其中包含许多基本概念、基本原理、基本规律和基本的理论观点。这些基本的理论内容，不仅需要全面地了解认识，而且应该准确地掌握运用。因此，在思想政治教育教学中采用原理阐述的讲授方法是非常必要的。这种方法注重概念的准确界定、原理的科学论证、理论的逻辑推演、体系的完整一致，其优点是培养学生严谨的治学态度，提高其逻辑思维能力，使其具有扎实的理论功底，便于学生准确完整地理解和掌握高职院校思想政治教育教学的基本理论内容。

但是，单纯运用原理阐述的讲授方法，注重的是运用抽象思维方法对概念进行界定和对原理进行论证，容易导致在思想政治教育教学中片面强调讲授内容的理论性、逻辑性、系统性，使教学内容远离现实生活，脱离实际运用，也使学生感到抽象和枯燥，难以引起学生的兴趣和思想共鸣，甚至导致教学目标的偏离。这不仅脱离了学生的思想实际，而且偏离了思想政治教育教学大纲的要求，违背了对马克思主义学习"要精，要管用"和实事求是的原则，因此有必要将原理阐述与案例形象具体相结合。

所谓案例形象具体的教学方式，就是通过选择具有典型性、代表性的具体实例，借助形象思维，帮助学生认识和理解某一基本原理或思想观点的教学方法。形象思维是通过生动具体的感性形象和观念形象，借助联想、类比、想象等方法，对形象信息进行加工处理，以认识和反映客观事物的思维方法。形象思维具有直观性、具体性、生动性、整体性和相似性的特点，能将具体事物的形象活灵活现地展现在人的脑海中，使人产生身临其境的感觉，能直接形成对事物整体形象的认知。形象思维大多以事物与事物、现象与现象之间的相似性为基础，展开联想、类比、想象，通过个别事物的形象，认识同类事物的共性特征，还能给人以美的享受，具有艺术感染力。运用案例从感性材料入手进行生动形象的讲述，有助于概念、原理和观点等抽象理论的阐发、说明和理解。采用案例形象具体的教学方式，能促使思想政治教育教学更多地关注现实社会和生活实际，避免脱离实际的本本主义；能加强师生间的双向交流，有针对性地解决学生的思想问题；教学形式灵活，便于学生参与；避免了传统的单向式的，有的甚至是照本宣科式的教学方法。

（四）以理服人与以情感人相结合的特点

"以理服人"是指以理性的态度，使用概念、判断、推理等逻辑的思维方法和辩证的思维方法表达思想观点或意愿态度。"以情感人"是指在表达思想观点或意愿态度时，要投入真情实感，与教育对象之间要有情感交流，使情与理自然地结合起来。从理智和情感二者的特性和作用看，理智具有控制情感、主导思维活动的作用。人的思维活动包含理性思维和非理性思维两种，理智属于理性思维范围，情感属于非理性思维范围。

我们强调思想政治教育教学要"以理服人与以情感人相结合"，就是强调不要人为地割裂理智与情感的辩证关系，要遵循其协调合作的规律，自觉地进行调控，充分发挥理智和情感综合产生的积极效应。在思想政治教育教学中，要正确处理理智与情感的关系，教师首先应自觉地以理性和理智为主导。这不仅是因为理智本身对于人的重要性，而且是由思想政治教育教学内容的科学性、思想性、理论性所决定的。没有理智的主导作用，教师就不能理智地表达教学内容，就无法使学生对思想政治教育教学内容有系统、深层的理解和把握，也无法使学生自觉地坚持和发展马克思主义，自觉地辨别和抵制各种错误思想。

以理性思维为主导，并不意味着人的非理性思维和人的情感无足轻重。丰富的情感和高尚的情操是一个人综合素质的表现，因此对大学生进行情感教育是素质教育也是思想品德教育的重要内容。在思想政治教育教学中强调情感投入，就是要充分发挥思想政治教育教学在情感教育中的作用。教师的情感投入实际上也是情感教育法的具体运用，它体现了多种形式的情感教育方式。情感教育是指通过创设各种情境，调动人的情感，使教育对象从中受到感染和熏陶的方法，它包括"以情动人""以情启情""以境育情"等多种形式。在思想政治教育教学中，教师若不投之以"情"，不仅无法调动和培养学生的情感，不能与学生进行必要的情感交流，而且不可能达到"以情动人""以情启情""以境育情"的教育效果。

但就高职院校思想政治教育教学应起的作用来讲，至少应注意发挥理性的力量和情感的力量，把"以理服人"与"以情感人"结合起来。这种结合要求思想政治教育教学既要充分发挥马克思主义作为科学的理论体系本身所具有的说服力，也要充分运用各种教学手段和表达方式增强其说服力；既要发挥教师对马克思主义的坚定信念和真实情感的人格感染力，也要发挥教师对受教育者真诚关爱和循循善诱的教育感染力。在思想政治教育教学中，采取理智表达与情感投入相结合的教学方法，就是为了发挥这种说服力和感染力，是具体实施"以理服人"与"以情感人"的结合。"理智表达"有利于讲清科学理论的真理性、价值性，展现科学理论的逻辑性、严谨性等特点，充分发挥其对人们理性思维和认知能力的引导提升作用。而"情感投入"则有利于使受教育者在声情并茂、生动活泼、情趣盎然的情境中理解抽象、高深的理论，增强对科学理论真理性和价值性的认同感、信服力。俗话说"情到理方至，情阻理难通"，就是这个道理。总之，把理智表达与情感投入结合起来，能进一步促进大学生按照"知、情、信、意、行"的变化规律，形成马克思主义的世界观和方法论。

三、高职院校思想政治教育的具体教学方法

关于高职院校思想政治教育的教学方法，无论是学术界还是思想政治教育理论课教学工作者对思想政治教育教学的具体方法的研究和探索都比较多。有的学者提出了高职院校思想政治教育教学方法中的哲学方法、一般方法、心理学方法、具体方法和应用方法等。有的学者总结了目前高职院校思想政治教育教学通常采用的讲授、讨论、案例、多媒体和社会实践等五种教学方法。任何一种教学方法，不管多么正确合理，如果长期不变，其效益也会递减，因此对公共教育教学方法提出了创新的新方法：案例教学法、问题教学法、背景透视教学法、参与式教学法、辩论式教学法、课内课外教学活动相结合教学法和师生对话研讨式教学法。

中共中央宣传部、国务院教育部在《关于进一步加强和改进高等学校思想政治理论课的意见》中特别指出：要切实改进高等学校思想政治教育教学的方式和方法，要充分发挥教师的主导作用和学生学习的主体作用。教学方式和方法要努力贴近学生实际，符合教育教学规律和学生的学习特点，提倡启发式、参与式、研究式教学。要研究分析社会热点，要多用通俗易懂的语言、生动鲜活的事例、新颖活泼的形式，活跃教学气氛，启发学生思考，增强教学效果。要精心设计和组织教学活动，认真探索专题讲授、案例教学等多种教学方法，大力推进多媒体和网络技术的广泛应用，实现教学手段现代化。要加强实践教学。高职院校思想政治教育所有课程都要加强实践环节，把实践教学与社会调查、志愿服务、公益活动、专业课实习等结合起来。通过形式多样的实践教学活动，提高学生思想政治素质和观察分析社会现象的

能力，增强教育教学的效果。要改进和完善考试方法，采取多种方式，综合考核学生对所学内容的理解和实际表现，力求全面、客观地反映大学生的马克思主义理论素养和道德品质。这里笔者仅仅从高职院校思想政治教育教学的具体方法上，探讨高职院校思想政治教育教学方法体系的主要内容。

（一）课堂讲授法

课堂讲授法是古今中外教学活动中最常用的教学方法，也是高职院校思想政治教育教学最基本的教学方法。课堂讲授法是教师运用语言向学生系统而连贯地传授科学文化知识的方法，又称口述法、系统讲授法等，是课堂教学中最常用的、最基本的教学方法。根据教学内容及其讲授方式的不同，讲授法可以分为讲述、讲解、讲读、讲演等方式。讲述是指教师用口头语言描述知识背景，叙述事实材料，适用于各种学科；讲解是指为帮助学生了解背景知识、理解知识本质、掌握知识特征而对知识的说明、解释、分析或论证；讲读是指进行语言教学和文章分析的方法，适合于自学能力与研究能力较差的学生；讲演适合于传授最新的学科发展知识，适合于抽象程度高、内容复杂的知识。

"讲授"在《现代汉语词典》中的解释是"讲解传授"。讲解和传授都离不开教师，是教师讲解、教师传授的方法。讲授的全过程是指大家跟着一位解说员朗读课文。从这些可以看出，讲授是在教师的领导下，通过语言传递和学习知识的。1988年出版的《教育百科词典》对讲授法的定义是：学校教学中广泛应用的一种教学方法，是指教师用学生能接受的简明的语言，系统地讲述教材、传授知识的方法。它是讲述、讲解、讲读和讲演教学方法的总称。

课堂讲授法最早可以追溯到雅典学院的兴起和柏拉图的学园，是古今中外教学活动中最常用的教学方法。在信息化高度发达的今天，课堂讲授法仍然是课堂教学中使用得最频繁、最普遍的教学方法。课堂讲授法之所以能够拥有这样旺盛的生命力，从古代一直延续至今，是因为讲授法具备其他教学法所不具备的独特优势，其主要体现在如下几方面。

第一，传授知识容量大。课堂讲授法可以有计划、有目的地借助各种教学手段在较短的时间内传授给学生较多的知识信息，教学效率相对较高。

第二，教学成本低。课堂讲授法主要靠教师对学生的口语相传，基本不受教学条件的限制，省时、省力，教学成本较低。

第三，有利于教师对课堂的掌控。在课堂讲授法中，教师是课堂的主导，教师合乎逻辑地进行分析、论证，生动形象地进行描绘，有利于发展学生的智力和对学生进行思想教育，能充分发挥教师的主导作用。

第四，系统性强。教师通过系统的讲授知识，有利于解决大多数学生面临的疑难问题，还可以通过增加或删减其中的某些内容，以适应教材或学生的变化。

第五，适用范围极其广泛。不管是在现代化信息技术高度发达的城市学校，还是在偏远落后的山区学校，教师都可以利用现有的条件进行较为有效的讲授。课堂讲授法不受学科、年级的限制，适用于各层次、各年级、各学科的教学。其他各种教学方法实际上都是在讲授法的基础上，或围绕讲授法进行的，并由讲授法居主导地位。例如，演示法必须伴有讲授法；实验法必须在教师讲授的指导下进行；体验式学习也需要有教师讲授和解说等。因此，课堂讲授法是教师运用教学方法的基本功，也是提高课堂教学质量的重要手段。

当然，课堂讲授法也存在着许多缺点和不足，其主要体现在以下三方面。

第一，不利于发挥学生的主动性。由于在讲授法教学中，教师占主导地位，教师对课堂有极强的控制力，学生很容易处于被动的地位。所以，教师与学生、学生与教材、学生与学生之间的交流极少，不利于发挥学生学习的积极性和主动性。

第二，不利于学生的个性发展。由于教师运用讲授法教学，面向全体学生，较难照顾学生的个别差异。所以，不利于学生的个性发展。

第三，操作不当容易走向注入式教学的误区。讲授法和注入式教学有共同的地方，即教学过程都是教师讲、学生听。如果教师没能很好地把握讲授技巧，很容易造成机械讲授，久而久之，导致学生丧失学习的主动性，依赖于教师传授，最后，走入注入式教学的误区。

（二）启发式教学法

启发式教学法是教师根据教学要求和学生的实际，灵活运用各种教学原则，充分调动学生的学习积极性，启发学生积极思考，提倡学生自己动脑、动口、动手获取知识，引导学生分析问题和解答问题，使学生既能理解知识又能开发智力的一种教学方法。启发式教学法是调动学生学习主动性，激发其学习潜能，培养其独立思考和研究能力的教学方法。

启发式教学法自古以来就受到教育家的提倡和重视。孔子在进行启发式教学时采取的是"不愤不启，不悱不发。举一隅不以三隅反，则不复也"《论语·述而》的方法，其意思是说，不到学生对思考的问题想懂而又未弄懂、想说而又说不清的时候，不去启发他；对不能举一反三的学生，不再重复教他。说明孔子强调教师要在时机成熟时对学生进行恰当的启发。他还要求学生能在教师的启发下做到"举一反三""闻一知十""温故知新"；要求教师能在教育学生时做到循循善诱、诲人不倦、因材施教、以身作则。这些传统经验都值得思想政治教育教师运用和发扬。

启发式教学法符合学校教学的目的要求和学生学习活动的规律。学校教学的目的是通过教师的"传道、授业、解惑"，提高学生终身自我教育的能力，要求教师应"授人以渔"，而不只是"授人以鱼"。而启发式教学法，更能促进学生消化所学知识并使之向能力转化。激发学生的学习潜能，培养学生独立自主思考问题的能力，调动学生参与研讨、交流思想的积极主动性，是实施启发式教学法的关键。

在思想政治教育教学中，许多教师都很重视对学生进行启发引导，对一些较为抽象的理论，往往采取由浅入深、环环相扣、层层深入的讲授方式，以便学生理解和接受。这种教学方式由具体事例引出抽象原理和普遍真理，使学生的思想认识由浅入深、逐步深入，因此能产生较大的启发作用和教育意义。

启发式教学法要求教师有扎实的理论功底、深厚的知识底蕴，对现实社会和大学生思想特点有一定程度的了解和研究，有引导学生思维和驾驭课堂讨论的能力，有敏锐的感悟力、洞察力和较强的说服力，能与学生平等交流、坦诚相待。在实施启发式教学法的过程中，要明确教学目的和要求，教学形式要和课程内容紧密统一，注意学生与环境的和谐互动，激发学生的求知欲；充分认识学生主体的不完备性，充分做好课前准备，及时总结经验。在问题的引导下要灵活运用各种教学原则，使用分析与综合、演绎与归纳的方法进行启发。常采取的方法有直接启发、反面启发、观察启发、情境启发、判断启发、对比启发、扩散启发等。

启发式教学法的对立面是注入式教学法。要提倡启发式教学法，废止注入式教学法。教师如果经常采用注入式教学法，学生必然要采取死记硬背的方法，从而导致学生缺乏主动性、独立性、创造性，就很难培养出一批勇于思考、勇于探索、勇于创新的人才。教学中的具体方法有很多，但不论采用什么方法，都必须坚持以启发式教学法为主的指导思想。

（三）参与式教学法

参与式教学法最初是英国的社会学理论，其目的是吸引受国际援助的当地人最大限度地参与援助项目中，使国际援助获得成功。后来被引进教学领域，形成现在比较盛行的一种新型的教学法，它对于充分调动学习者的积极性，培养学习者的创新精神起着重要作用。

参与式教学法是指在明确教学目标的前提下，以教师为主导、学生为主体，采用灵活多样的教学手段，运用一定的科学方法，鼓励学生积极主动地、创造性地参与教学过程，充分发挥教师"教"和学生"学"两个主体的作用，达到"认知共振、思维同步、情感共鸣"，师生在互动过程中顺利完成教学任务，实现教学目标的一种教学方法，它是一种合作式或协作式的教学法。

参与式教学法的核心理念主要有以下三个。

一是突出学生学习的主体地位。参与式教学法强调学生要通过各种途径参与教学活动中来，发挥学生学习的主体地位，实现"教"与"学"的互动，突出"学"的中心地位。体现了师生在"教"与"学"之间相互参与、相互激励、相互协调、相互促进的和谐关系，为学生内在潜力和创造力的激发提供了前提条件。

二是强调体验是最有效的学习手段。参与式教学法就是强调学生要亲自参与教学活动，而不能满足于作为一个"看客"或"听客"，在参与中通过自身体验尽快增长知识、提高能力和素质。

三是以学生的能力培养为核心，在参与式教学法中，更侧重于知识的运用和学生能力的培养，而不仅仅是学生的知识增量。学生不再是被动接受知识的容器，而是知识的主动探索者。在参与过程中，学生收集资料与分析资料的能力、逻辑思维能力、写作能力、口头表达能力、独立思考能力等都将得到锻炼与提高。

参与式教学法具有传统教学法无法比拟的优越性和特点，主要体现在以下几方面。

一是主体参与性。注重发挥学生的主体作用，让学生积极参与教学中。在传统教学法中，学生处于被动接受教育的地位，课堂上学生的主观能动性难以发挥；而在参与式教学法中，学生处于主动参与的地位。

二是师生的互动性。通过师生互动，学生得到多方面的满足，教师的创造才能和主导作用得到充分发挥。传统教学方法中教师唱独角戏的形式在参与式教学法中得到改变。

三是民主性。民主最直接的体现是在课堂实施中学生能够平等地参与。教师与学生之间的交流是平等的，教师尊重学生独特的认识和感受。

四是合作性。参与式教学法提倡分组活动的形式。这种形式为教师与学生、学生与学生之间提供了更多的合作机会，智慧经验在合作中得到共享。

五是开放性。开放的教学环境，使学生的思维活跃，能充分发挥学生的想象力和创造力，对开拓学生的视野很有帮助。

六是激励性。参与式教学法注重发挥学生的潜力。没有失败，只有不断探究。对学生的回答，不论答案如何，都要给予充分肯定，这种无标准答案的回答，大大激发了学生的学习热情。

七是发展性。参与式教学法期待每一个学生的发展，只要学生努力探究，在他人的帮助下进步了，在学习中获得了自信的体验，他（她）就获得了发展。

八是反思性。参与式教学法的最高境界在于反思，在于顿悟，在于通过不断发现自身以外的知识世界构建新的经验体系。这种反思既有学生的反思也有教师的反思，他们在思考中开发智力、挖掘潜能、积累知识、增长才干。

在高职院校思想政治教育中实施参与式教学法，使用的方法通常有分组讨论、主题讲演、案例分析、双向提问、观看录像带、创设情境、角色扮演、座谈、设问、小组社会实践调查、课堂诗词朗诵等教学模式。

思想政治教育教师实施参与式教学法，要注意处理好以下几个问题。

一是教师"主导"地位与学生"主体"地位的关系问题。在参与式教学过程中，教师应处于"主导"地位，学生应处于"主体"地位。

二是形式与效果的关系问题。参与式教学，要避免纯粹为了课堂热闹、学生高兴而盲目采取某些形式；也要避免虎头蛇尾，任务布置不具体详细，完成之后草草收尾，要找好教学形式与教学内容的结合点。

三是要做好合理设计。参与式教学法通过合理、多样化的教学活动，不断激发学生学习过程中的主动性和积极性，使学生顺利产生符合教学需要的内在动机，强化学生的内在激励。

（四）探究式教学法

所谓探究式教学法，就是以探究为主的教学，又叫"研究式教学"。这种以探究为主的教学，是在教师指导下学生对于知识的自我探究。"探究式教学"一词是在 20 世纪 50 年代由美国芝加哥大学的施瓦布（Joseph J. Schwab）教授在"教育现代化运动"中首次提出的。施瓦布认为，学习科学"不在于占有信息，而在于拥有探究能力"①，探究作为人的一种天生本性，也是人类能够发展前进的生存方式之一，高职院校在思政课教学中，教师只有对探究

---

① 蔡旺庆 . 探究式教学的理论、实践与案例［M］. 南京：南京大学出版社，2015.

式学习方法加以应用，才能提高学生学习的积极性。与此同时，也要突出学生的主体性地位，给予学生足够的自由，让学生自己通过阅读、观察、实验、思考、讨论、听讲等途径去主动探究，学生在教师的启发诱导下，主动地探索，掌握认识和解决问题的方法和步骤、研究客观的属性、发现事物发展的起因和事物内新的联系，从中找出规律、形成概念，建立起自己的认知模型和学习方法架构，并将自己所学知识应用于解决实际问题中去，这样才能培养出创新型社会所需的高素质人才。

高职院校思想政治教育探究式教学法，就是使学生在教师的引导下通过自己的探究成为有知识、有智慧、有能力、有素质、有社会责任感的人。因此，思想政治教育教学探究式教学法除具有可操作性、简约性、针对性及整体性等教学模式的一般特征外，还具有以下特征。

第一，问题性。探究式教学法是以问题为导向的教学。问题是探究的基础和前提，探究是解决问题的手段和必经过程。因此，发现问题是起点，解决问题是终点；没有问题，也就没有探究式教学法。授人以鱼，不如授人以渔。学生在发现问题、解决问题的过程中，通过调查、收集、制作、观察等方法得出结论，学到了问题解决过程的要点和方法，不断获得新的顿悟和理解。这对学生终身受用，同时也是培养创新人才的本质目的所在。

第二，自主性。自主性是探究式教学法的主要标志。学生在教师的指导下，根据自己的学习和社会生活自主选择合作伙伴，自由选择如何搜集查询资料，如何通过自己的研究方法和研究过程获取知识，得到自己想要的结果。

第三，平等性。探究式教学法是提出问题的过程，是解决问题的过程，是科学探索的过程。因此，探究式教学法需要强烈的科学精神和平等意识。

高职院校思想政治教育探究式教学模式的基本思路是：遵循学生的认知规律，以素质教育思想为指导，教师因势利导为条件，学生主动参与为前提，自主学习为途径，合作讨论为形式，培养创新精神和实践能力为重点，构建教师指导、学生学的教学活动程序。现阶段对探究式教学模式概括为"三段五步"，即将整个探究式教学过程分成了三个大的阶段：设疑、质疑、释疑；对不同的教学内容，应采用具体的适应实际环境的探究式教学法，但基本可将具体步骤概括为以下五步：创设问题情境，提出问题，主动探究，生生、师生合作解疑，反思。首先，由教师创设问题情境，然后提供开放的环境让师生共同探讨，提出问题，围绕问题，在教师的指导帮助下由学生进行自主探究，在探究中产生的疑问由师生合作解答，最后进行反思总结。高职院校思想政治教育探究式教学模式需要通过具体的教学实施策略来体现。有效地实施探究式教学法需要教师审慎地处理好四方面的工作，即确立探究主题、提出探究问题、引导探究过程和评价探究活动。而要做好探究式教学法的这几项工作，教师就需要讲究一定的策略。

（五）专题式教学法

专题式教学法是指教师改变按章节进行授课的习惯，立足于实际，从学生的思想实际和社会的现实问题出发，提炼和确立教学专题进行讲授。这种方法融多种功用为一体，即系统传授马克思主义理论与思想政治理论，透析社会热点、难点问题，介绍前沿成果，传播社会信息，弘扬社会主义主旋律，帮助学生答疑解惑并引发其深入思考，从而提高学生理解、认识、分析问题的能力。它能够较好地协调马克思主义理论体系与"公共教育"教材结构之间的关系，既有对学生进行理论灌输的强制性，又使这种强制性在一种潜移默化中进行。这一方法以社会实际、学生思想实际为切入点，紧紧把握时代脉搏，每一个专题都是现实的、活生生的、社会的一个侧面的浓缩。

专题式教学法的主要特点是"深""实""活"。"深"即要求教师专题讲授内容所涉的知识领域要广，理论层次要深，传输给学生的理论信息要深入。"实"就是教师在结合社会实际、学生思想实际、教材结构实际的基础上进行选题，以帮助学生解决思想上亟待解决的问题和提升教学效果为宗旨。"活"一方面指教师选题一定要动态地适时调整，保证选题的新颖；另一方面指教师课堂教学组织方式比较灵活多样，目的是达到专题式教学的预想效果。

专题式教学法的优点是：问题集中，重点突出，抓住学生中存在的热点、难点问题进行深入和透彻的分析；围绕一个主题在理论与实践两方面扩展，知识量、信息量大，感染力强；改变照本宣科的讲授方式，课堂气氛活跃。在运用专题式教学法的过程中应做到以下几点。

在教学内容的组织方面，专题式教学法应改变常规教学中按章节讲授教材的传统，要求教师在课堂教学中，以思想政治教育理论课程的学科体系和任务目标为基础，围绕我国社会主义现代化建设中政治、经济、文化和社会生活的重大问题设置专题，结合学生关注的焦点和他们的思想动态进行科学的、系统的、具有说服力的讲述。

在教师的组织方面，应改变过去某门课程由一位教师一讲到底的教学惯例。例如，成立教学小组，分别由在各个专题涉及的领域有学术专长的教师轮流教学，既能照顾和发挥各专题教师的专业特长，又可通过合理分工、相互协作，形成一种集体智慧的综合优势，使学生受到不同学术背景和思维方式的训练和熏陶。

在教学组织形式方面，坚持以课堂讲授为主，辅之以社会实践、课堂讨论、演讲比赛、辩论赛、多媒体教学等多种教学活动形式。

在专题的选材方面，可以由各教研室组织牵头，在开课前对学生进行调查，摸清他们的思想动态、关注的社会热点，了解他们对课程教学的要求和建议。调查形式除了问卷、座谈等外，还要重视借助网络信息，因为网络已成为快速、准确掌握学生思想与社会热点的晴雨表。在调查的基础上，根据课程教学内容的要求，通过整理、归类、筛选、提炼等工作，确立和设置教学专题。专题的设置，既力求涵盖课程的基本内容，注意各专题的内在逻辑，又要反映学生与社会的实际，具有针对性。安排负责各专题教学的教师，成立教学组，并制订教学计划，明确各专题的教学目标、教学课时和教学地点等。各专题教师进行集体和单独备课，具体包括列出各专题的教学重点、难点、疑点和热点，并将其问题化；收集整理教学资料尤其是各种典型案例，以及制作多媒体课件等。

（六）案例教学法

所谓案例教学法，又称情景教学法、情景仿真法。案例教学法是为了达到一定的教学目的，学生在教师的引导下围绕着教师所提供的案例进行阅读、分析、评判和讨论，得出结论或解决问题的方案，深化对相关原理的认知和对科学知识的系统掌握，进而归纳并领悟出适合个人特点的有效的思维路线和思维逻辑，获得处理新问题和解决新矛盾的有针对性的综合技巧的一种教学方法。案例教学法发源于古希腊哲学家苏格拉底的"问答式"教学；作为一种现代教学方法，它起源于哈佛大学法学院，1871 年哈佛大学法学院院长克里斯托弗·哥伦布·朗德尔（Christopher Columbus Langdell）最早使用于哈佛大学的法学教育中。案例教学法鲜活性、启迪性、针对性、直接实践性的鲜明特点，使其在法学、管理学、部门经济学等教学中被广泛应用。20 世纪80 年代，案例教学法被引入我国，逐渐在我国经济管理类、法学类、医学类，以及其他许多应用学科的教学中被广泛应用，并取得了突出的成效。随之开始在我国思想政治理论课程教学中推广。

案例教学法具备其他教学法所不具备的特点，主要包括以下几点。

第一，明确的目的性。通过一个或几个独特而又具有代表性的典型事件，学生在案例的阅读、思考、分析、讨论中，建立起一套适合自己的完整而又严密的逻辑思维方法和思考问题的方式，以提高分析问题、解决问题的能力，进而提高素质。

第二，客观真实性。案例所描述的事件基本上是真实的，不加入编写者的评论和分析。案例的真实性决定了案例教学法的真实性，学生可以根据自己所学的知识，得出自己的结论。

第三，较强的综合性。原因有二：一是案例较之一般的举例内涵丰富，二是案例的分析、解决过程也较为复杂。学生不仅需要具备基本的理论知识，而且需要具有审时度势、权衡应变、果断决策的能力。

第四，深刻的启发性。案例教学法不存在绝对正确的答案，目的在于启发学生进行独立自主的思考、探索，注重培养学生独立思考的能力，启发学生建立一套分析、解决问题的思维方式。

第五，突出实践性。学生在校园内就能接触并学习到大量的社会实际问题，实现从理论到实践的转化。

高职院校思想政治教育教学中采用案例教学法，能促使思想政治教育教学更多地关注现实社会和生活实际，避免脱离实际的本本主义；能加强师生间的双向交流，有针对性地解决学生的思想问题；教学形式灵活，便于学生参与，避免了那种传统的、单向式的甚至是照本宣科式的教学模式。

高职院校思想政治教育案例教学的操作模式是一个具有内在逻辑的理论体系，包括教学内容的提炼，教学案例的选编，思考讨论题的设计，教学案例的呈现，课堂讨论的组织、点评和总结，案例分析报告的撰写，课后教学反思等层层递进、环环相扣的一系列教学环节。由于思想政治教育课程性质的特性，在具体运用和组织实施案例教学法的过程中，操作模式也应当多样化。既可以从阐述原理开始，在原理阐述过程中，通过分析具体实例对原理加以论证说明，引导学生学以致用；也可以从列举具体实例出发，经过引导学生分析案例，启发学生思考，把接下来所要讲授的内容引出来，推导出要阐明的理论原理。教无定法，不同课程门类和章节内容、不同授课阶段可采用不同的操作方式，由任课老师根据教学主题灵活掌握。过分追求操作模式的规范性和程序化，只能是事倍功半。

（七）实践教学法

在高职院校思想政治教育教学中，实践教学法有不可替代的作用。加强高职院校实践育人工作，是全面落实党的教育方针，把社会主义核心价值体系贯穿国民教育的全过程，深入实施素质教育，大力提高高等教育质量的必然要求。党和国家历来高度重视实践育人工作。坚持教育与生产劳动和社会实践相结合，是党的教育方针的重要内容。坚持理论学习、创新思维与社会实践相统一，坚持向实践学习、向人民群众学习，是大学生成长成才的必由之路。进一步加强高职院校实践育人工作，对不断增强学生服务国家、服务人民的社会责任感，勇于探索的创新精神，善于解决问题的实践能力，具有不可替代的重要作用；对坚定学生在中国共产党领导下，走中国特色社会主义道路，为实现中华民族伟大复兴而奋斗，自觉成为中国特色社会主义合格建设者和可靠接班人，具有极其重要的意义；对深化教育教学改革，提高人才培养质量，服务于加快转变经济发展方式，建设创新型国家和人力资源强国，具有重要而深远的意义。

在高职院校思想政治教育实践环节的教育教学中，实践教学、军事训练、社会实践活动是实践育人的三种主要形式。

第一，要强化实践教学环节。实践教学是学校教学工作的重要组成部分，是深化课堂教学的重要环节，是学生获取、掌握知识的重要途径。思想政治教育所有课程都要加强实践环节。教师要把实践育人纳入学校教学计划，系统设计实践育人教育教学体系，加强实践教学管理，提高实验、实习、实践和毕业设计（论文）的质量。确保实践育人工作全面开展。要深化实践教学方法改革，重点推行基于问题、基于项目、基于案例的教学方法和学习方法，加强综合性实践科目的设计和应用，加强大学生创新创业教育。

第二，要认真组织军事训练。通过开展军事训练和国际形势教育、国防教育，使学生掌握基本军事技能和军事理论，增强国防观念、国家安全意识，弘扬爱国主义、集体主义和革命英雄主义精神，培养艰苦奋斗、吃苦耐劳的作风。

第三，要系统开展社会实践活动。社会实践活动是实践育人的有效载体。社会实践活动的形式主要有社会调查、生产劳动、志愿服务、公益活动、科技发明和勤工助学等。要倡导和支持学生参加生产劳动、志愿服务和公益活动，鼓励学生在完成学业的同时勤工助学，支持学生开展科技发明活动。要抓住重大活动、重大事件、重要节庆日等契机和暑假、寒假，紧紧围绕一个主题，集中一个时段，广泛开展特色鲜明的主题实践活动。

实践育人特别是实践教学依然是高职院校人才培养中的薄弱环节，与培养拔尖创新人才的要求还有差距。要切实改变重理论轻实践、重知识传授轻能力培养的观念，注重学思结合，注重知行统一，注重因材施教，以强化实践教学有关要求为重点，以创新实践育人方法、途径为基础，以加强实践育人基地建设为依托，以加大实践育人经费投入为保障，积极调动整合社会各方面资源，形成实践育人合力，着力构建长效机制，推动高职院校实践育人工作取得新成效，开创新局面。

高职院校思想政治教育理论课教师在运用实践教学法的过程中，一定要以正确的思想理论指导实践，不应盲目行事和搞形式主义。实践教学法的形式既要丰富多彩、引人参与，又要因地制宜、讲求实效。例如，学校中常用的社会调查、公益活动、勤工俭学、咨询服务、教学实习等都是有效的实践教学法的方式。在实践教学法中使理论与实际相结合，使思想政治教育教学内容与社会实践有机结合。

（八）多媒体教学法

多媒体教学法是以多媒体计算机、多媒体制作软件、投影仪和音响为主体教学工具，在教学过程中通过教学设计，运用多媒体计算机处理文本、图形、动画、视频和音频等多种教学信息，把教学内容整合起来的一种现代化教学方法。运用现代科技手段于思想政治教育理论课教学中，是当前高职院校思想政治教育教学方式、方法改革的新途径，也是思想政治教育主动适应社会发展需要、迎接信息时代挑战的重要措施之一。

多媒体教学法具有其他教学法无法替代的优势和特点，主要包括以下几点。

第一，多媒体教学法利用多媒体影像客观真实的特点，拓展教学空间，丰富教学内容，扩大知识领域。多媒体教学法可以最大限度地调动尽可能多的有用的资源，利用视、听、读、写等功能补充大量教材中没有的资料信息，把最新的科研成果引入教学过程。

第二，多媒体教学法能调动和培养学生的学习兴趣。多媒体教学法利用课件直观的特点，使一些利用传统教学手段很难表达的教学内容或无法观察到的现象，通过利用计算机，更形象、生动、直观地显示出来，从而加深学生对问题的理解，提高其学习积极性。

第三，多媒体教学法利用信息传递高效的特点，大大增加了课堂信息量，提高了课堂教学效率，更好地实现了德育知识和信息的即时同步。在网络时代，德育教学知识、资料信息与时代脉搏同步，从而能有效地解决教学内容、资料信息滞后的问题。

第四，多媒体教学法能增加师生交流的机会，有利于师生的互动及主体作用的发挥。把网络及多媒体技术直接引入德育课堂教学，建立德育教学过程的即时交互教学或网络化教学新模式，可以实现师生之间知识、资料和信息的双向交流与互动，从而有效地克服在以往德育教学过程中，以教师、课堂为中心的灌输式、简单说教式教学方法的弊端。它能通过网络拉近学生与社会现实的距离，使学生更好地关注社会，增强学生的社会责任感，提升学生解决实际问题的能力。

多媒体教学法和网络教学形式的出现，向传统的教学手段、教学方法提出了尖锐的挑战。教学方式的更新迫切需要教学观念的更新。现在，计算机技术被应用于教育课堂教学，对每一个教师都提出了新的要求。它要求教师不仅要掌握一定的计算机操作技术，而且必须更新教学观念，即必须改变过去传统的教学方式的思维定式，以适应教学方式转变的要求。教学方式的更新也迫切要求教师素质的全面提高。计算机多媒体技术在教学中的应用，向广大"两课"教师提出了新的要求。它要求"两课"教师必须进一步提高自己的科学文化素质，尽快学会运用和掌握现代化的教学手段，了解、掌握计算机的操作技术和多媒体的特点，并在教学和科研中加以运用。

在运用多媒体进行教学时要注意适度，切不可使教室成为电影院，不可使课件成为影片，不能让学生成为观众，更不能让教师成为放映员。课件设计要根据教育对象的特点和教学内容制定，优质的课件应是内容与形式的完美统一，不能华而不实，哗众取宠。要选取那些理论性强，用口述、板书难以表达清楚的内容；选取教学目标高、教材内容少、现实材料多的内容，注重课件的整体性、层次感，合理规划。

（九）高职院校思想政治教育教学的心理学方法

高职院校思想政治教育教学的心理学方法是心理学理论和方法在思想政治教育教学中的运用。高职院校思想政治教育教学作为对大学生进行德育教育的教学活动，与大学生心理活动关系密切，自然也有应用心理学理论和方法的客观需求。

在高职院校思想政治教育教学活动中，教师与学生总是在进行着有意识或无意识的心理互动和思想交流，双方在心理互动和思想交流的过程中，自然会显现出已经存在的各种心理问题。由于思想政治教育教学对象是整个大学生群体，这是一个正处于身心发展重要时期的特殊群体，其心理正处于由不成熟逐步走向成熟的发展阶段。大学生心理发展尚未成熟稳定，心理承受能力和调适能力还较弱，而其成才愿望又普遍强烈，自我定位往往偏高，当其面对现代社会不断增多的各种压力时，就很容易产生心理困惑和情绪困扰，甚至产生心理障碍。因此，在现代社会，大学生的心理问题日益凸显。同时，作为高职院校思想政治教育教学任务的承担者，教师的思想观念、心理特征、情感情绪、知识能力以及人格品质也都会在思想政治教育教学中比较直接地表现出来，并且会直接影响到高职院校思想政治教育教学的效果和学生的学习情况。因此，在高职院校思想政治教育教学中运用心理学的方法，就显得更为重要，更有价值。

在高职院校思想政治教育教学中，学生表现得比较突出的心理问题主要有以下两种：一是厌学心理，二是逆反心理。

教师所表现出的比较有代表性的心理问题，主要体现在以下两方面：一是在教学方面重知识传授，轻品德培养；二是在科研方面重学术价值，轻教育价值。

要解决教师和学生的心理误区问题，需要遵从心理活动规律，提高他们对思想政治教育重要性的认识，采取丰富多彩的教学手段，充分调动师生双方对"两课"教学的注意力，增强"两课"教学效果。

第二节　高职院校思想政治教育的方法创新

方法创新是实现高职院校思想政治教育目标的必要条件，更是影响思想政治教育效果的重要因素。在全球化时代，知识爆炸，信息网络技术高度发达，无论是知识的获得路径，还是人们的行为方式和生活方式，都越来越趋向多样化。这样的时代条件，客观上要求高职院校思想政治教育方式方法必须实现从单向灌输型向双向交流型转变，从显性型向显性与隐性结合型转变，从单一型向综合型转变，利用信息网络等新技术，实现高职院校思想政治教育方式方法的现代化、多样化。

一、方法创新的内涵

方法是主体把握客体的手段、方式与途径的总和，是主、客体相关联、相结合、相统一的中介条件。方法是由目的、主体能力、客体形式、工具等因素共同组成的结构，这种结构决定了人的活动方式，即方法样式。方法与理论同属主观认识范畴，都是对客观事物的反映，但二者的认识对象有所不同。理论是对客观事物及其规律的认识，客观事物是理论的客观原型；而方法必须以客体的规律为依据，但又不同于对规律反映的理论，而是客体规律与主体因素的统一，是主体为更有效地把握客体而创造出来的规则、手段。

也就是说，一方面，方法并不是任意的、主观性的东西，必须以客观规律为依据；另一方面，它又是人主观创造的产物。方法帮助人实现自己的目的，人借助方法及其工具接近或作用于客体，以使客体能够满足自己的各种需要。方法扩大了人生存与活动的范围，动物只能以有限的、不变的方式生存，而人总是能够通过方法、工具、技术革命，进入新的活动空间，体验新的生活方式。方法给人以多种选择，同一目标可以采用不同的途径实现，这使人可以权衡利弊，比较优劣，以多样化的方式从事自己的活动，显示自己的存在。

方法创新是属于以人的活动方式、程序为对象的创新，它直接创造的是新的方法，它所导致的活动结果的改变、活动对象的增值是派生的。人们往往注意既成的、物化的、易观察的创新，而没有充分重视方法的创新及其作用。实际上，很多的对象化创新都离不开方法创新，方法创新推动了对象化创新，因为方法创新选择了新的活动方式，开辟了新的活动途径，也就自然进入了新的活动区间，产生了新的活动结果。方法创新不像物化创新那样具有直观的、凝固的形态，而是一种操作性的、过程性的形态。因此，界定方法创新要在动态中把握，从方法使用与运行的过程中区别出其发生的变化；在结构中把握，从方法要素的改变引起整个方法模式的转型；在样式中把握，从方法类型的整体转变判断方法的根本变革；在输出端把握，从方法的效果变化，由果溯因分析方法创新。例如，黑格尔所说的"理性的技巧"，方法创新是人不断增强中介性活动的能量，利用新的工具性因素，放大自己的体力与突破自己的生理极限，提高自己的活动效率，扩大人的世界的范围。"君子生非异也，善假于物也"，说的就是这一道理。

方法创新是人类文明进步的基石。正是依靠生产方法、生活方法和社会运行方法大大小小的不断创新，才形成了如此丰富、复杂、多样的现代文明世界。英国教育家阿弗烈·诺夫·怀特海（Alfred North Whitehead）指出："19世纪最大的发明就是找到了发明的方法。一种新方法进入人类生活中来了。如果要理解我们这个时代，有许多变化的细节，如铁路、电报、无线电、纺织机、综合染料等，都可以不必谈。我们的注意力必须集中在方法的本身。"[①] 由此可见，教育的创新也必须从方法入手，以实现教育主题的创新。

二、高职院校思想政治教育方法创新的原则

创新不是无源之水、无本之木。创新必须是建立在过去的经验和成果基

---

① 金吾伦. 当今时代的思维方式与人才培养 [J]. 中国人才，1999（12）：2.

础上的继承与发展。创新的过程，是对思想政治教育规律性进行认识和把握的过程，认识和把握思想政治教育规律又是对过去的经验和成果进行分析、总结的结果。也就是说，创新是思想政治教育的必然之路，但是创新不是随意的、盲目的，而是要根据思想政治教育环境、条件、对象的变化，遵循思想政治教育规律和原则的创新，是在建设中国特色社会主义前提下的创新。从宏观上说，一是坚持社会主义方向不动摇，二是坚持解放思想、实事求是、理论联系实际的原则。从微观上说，就是要体现"以人为本"，坚持主体性、实践性、前瞻性、激励性、疏导结合的原则。

（一）实事求是原则

实事求是是马克思列宁主义的精髓，是毛泽东思想的精髓，也是邓小平理论的精髓。关于"实事求是"的含义，毛泽东明确指出，"'实事'就是客观存在着的一切事物，'是'就是客观事物的内部联系，即规律性，'求'就是我们去研究"，"我们要从国内外、省内外、县内外、区内外的实际情况出发，从其中引出其固有的而不是臆造的规律性，即找出周围事变的内部联系，作为我们行动的向导"。① 我们党依靠实事求是的思想路线，取得了革命和建设的伟大胜利。

邓小平理论强调实事求是，要求我们不仅要从实际出发，而且要在新形势下解放思想。解放思想则要求主体能够打破习惯思维和主观偏见的思想障碍。客观世界的内在发展规律要求主观与客观相符合、相一致。只有解放思想，才能达到实事求是；只有实事求是，才能不受主观偏见的束缚，才是真正的解放思想。

解放思想、实事求是、理论联系实际原则，要求教育者立足于客观存在的社会实际情况，立足于思想政治教育的实践情况，立足于教育对象的思想实际状况，研究、发现实际生活中的新情况、新问题，做到有的放矢，对症下药，增强思想政治教育的实效性，避免"假、大、空"式教育。应该说，多年来思想政治教育教学中虽然一直强调理论联系实际，但往往是在课堂上进行各种案例的堆积，只注重了学生对某些问题的认知和理解，而忽略了对学生逻辑思维的训练。思想政治教育教学只是知识的填充，而缺乏思想的启迪。我们强调理论联系实际，就是要让学生成为"联系"实际的主体，而老师是向导，引导学生尊重客观实际，学会辩证地分析问题、思考问题，形成

---

① 李洪峰. 共产党员要始终在党爱党在党为党 心系人民情系人民 [N]. 光明日报，2016-04-09 (1).

独立的思想品质。

（二）以人为本原则

以人为本是思想政治教育方法创新的基本原则。尊重人、理解人、关心人是社会主义新型人际关系的重要表现和基本方法。

中共中央、国务院印发《关于进一步加强和改进大学生思想政治教育的意见》明确指出："以大学生全面发展为目标，解放思想、实事求是、与时俱进，坚持以人为本，贴近实际、贴近生活、贴近学生，努力提高思想政治教育的针对性、实效性和吸引力、感染力。"高职院校思想政治教育工作者在做思想政治教育工作时，要动之以情，让思想政治教育多一些人情味。这种人情味，绝不是不讲原则，放松管理，不再批评而一味迁就、迎合教育对象，也不是迁就不合理要求或容忍不守纪律的行为而对其放任自流。它要求在开展思想政治教育时要发扬民主精神、民主作风和坚持民主的方法，平等待人；尊重人们的人格和民主权利，让教育对象充分表达自己的思想观点和意见，在平等、宽松的氛围中做好教育工作。同时，在思想政治教育工作中要讲究真情互动，注重加强思想政治教育的艺术性、思想性、知识性、趣味性和娱乐性。在实施中淡化训诫成分，增强沟通交流，淡化单向灌输，增强双向互动，淡化权力意识，增强平等氛围，使思想政治教育收到实效。坚持以人为本的教育原则，具体来说就是要体现学生的主体性。

在全球化时代，网络的崛起促使年青一代的自我意识、民主意识以及成长意识快速发展，表现出理性、自信、自主、自觉的崭新精神风貌。他们在处理人与人之间的关系时，表现出一种与单向度的、主客体关系不同的、更加重视主体人际关系的崭新态度和行为方式。也就是说，在教育者主动建构的教育情境中，教育者是主动施教的主体，受教育者是参与活动、接收信息的客体。而在受教育者主动建构的自我教育情境中，一方面，受教育者是主动学习的主体，教育者则是具有辅助、服务功能的客体；另一方面，受教育者还是自我教育的主体。于是，教育者和受教育者在具体的思想政治教育情境中实现互动，形成了具体而并非抽象的、运动而并非静止的主客体交替重叠、相互作用的运动过程。这一新型的思想政治教育主客体关系的形成正是大学生主体意识迅速发展和逐步成熟的结果。因此，网络环境下高职院校思想政治教育工作，必须确立主体性的教育理念和教育原则，顺应大学生主体性发展的趋势和特点，尊重并提升大学生的主体意识，在满足大学生成才需要、服务辅导大学生成长发展的过程中，实现思想政治教育的目标。具体应做好如下两方面的工作。

（1）加强调查研究，充分了解大学生作为受教育者在成长方面的各种需要，根据大学生使用网络目的的不同，以及接受网络影响状况的差异，做到在网络思想政治教育工作中抓住大学生思想和行为发展阶段中的主要矛盾，满足其成长、成才的需求，提高他们接受网络教育的能动性，从而实现对大学生思想发展的有效引导。教育者在工作中要尊重大学生的主体意识和参与热情，注重对高年级学生民主参与观念的引导，规范其民主参与的行为方式。在教育方法上，要积极发挥正面宣传教育阵地的桥梁和纽带作用，建立规范化的沟通渠道，并与现实中的沟通渠道密切结合。引导大学生树立良好的法治、民主观念，形成合理、有序的民主参与行为。

（2）充分调动大学生作为自我教育者的主体的能动作用，从而提高网络思想政治工作的实效性。网络条件下的年青一代在自我意识、民主意识以及成长意识等方面快速发展，表现出了理性、自信、自主和自觉等崭新的精神状态，因此我们要充分发挥大学生自我教育的作用。引导他们在网络环境下积极参与对理想信念、社会热点、大学生思想道德和心理人格成长等问题的讨论、探索；引导他们在网络上交流马克思主义理论和时事政治的学习心得和体会；帮助大学生在发现问题、独立思考、交流与辩论，以及总结提高的过程中实现自我教育。

（三）循序渐进原则

循序渐进，就是按一定的顺序、步骤逐渐进步。也就是说，人们对客观事物的认识，是一个由简到繁、由低级到高级、由直观到抽象的循"序"过程，人们对任何事物都不可能一步就能做到对其本质的认识。人们思想认识的形成过程，往往也是从浅层次的心理感受层面，提升到思想体系和世界观层面的过程。

现代教学论认为，教学要循序、系统、连贯地进行，是由于教学中传授和学习的科学知识本身具有内在的逻辑联系；学生的认识活动也是由已知导向新知的顺序；学生的智力和学习能力的发展也是有顺序的。南宋理学家、教育家朱熹就曾说过，学习要"循序而渐进，熟读而精思"，"未得乎前，则不敢求其后；未通乎此，则不敢志乎彼"。① 捷克教育家 J. A. 夸美纽斯也强

---

① 刘忠全. 人民日报有所思：读书宜循序渐进 [N]. 人民日报，2018-05-29（19）.

调："秩序是把一切事物教给一切人们的教学艺术的主导原则。"① 教学不相应地按照一定的顺序进行，就违反教学的客观规律。现代思想政治教育学认为，人的思想存在一种"自身免疫效应"，当与人自身固有的思想体系相区别的外界思想进入时，人自身的原有思想就会形成一个"防护层"，阻止外界思想的"侵入"。这种外界思想被人感知的程度越高，它所受到的触动也就越强烈。因此，思想政治教育要解决人们的思想意识问题，转变人们的思想观念，就应该从浅层面生动、活跃的心理感受入手，逐步达到解决深层次思想体系方面的问题。这就要求高职院校思想政治教育工作不仅要渗透到学生的日常生活和学习中，而且要渗透到全体教职工的工作、生活和业务学习中；与各项具体的活动有机结合起来，把教育内容融入教育对象日常的工作管理、学习指导、生活帮助中；以服务于人的形式开展教育工作，形成日常化、经常化的思想政治教育，达到春风化雨、润物无声的教育目的和教育境界。

具体到高职院校思想政治教育来说，坚持由表及里、由浅入深和循序渐进的原则不仅体现在教育方法的创新，还涉及课程内容的设置，其核心问题就是要考虑到受教育者的心理承受能力和知识结构的接受能力。就教育方法的创新来说，作为教育者首先要考虑教育的意图、观点和理论在多长时间、多大范围、多深程度上能够被受教育者所接受，才不会引起他们心理上的紧张、恐慌、厌倦和对立情绪。这就需要教育者主动深入学生中，了解和掌握他们的心理需求及学习的实际情况，及时把握他们的思想脉搏和动向，围绕大学生的思想实际开展思想政治教育。把党和国家的路线、方针、政策的宣传教育与社会的发展，以及学生个体的发展和利益结合起来。教育者用潜移默化、循序渐进、寓教育于"无形"的方式，寓教育于活动，寓教育于娱乐，寓教育于其他管理工作的过程。通过感情感染，动之以情，晓之以理，激起大学生心理层面的激荡，由情入理，站在思想政治教育的高度解决问题。就课程内容的设置来说，坚持循序渐进的原则，就是既要考虑受教育者的知识结构状况，又要考虑不同课程内容之间的逻辑关系。因为，每门课程自身的内容有一个内在逻辑结构，不同课程之间也有一个内在逻辑结构。例如，目前高职院校开设的思想政治理论课程有"马克思主义基本原理概论""毛泽东思想和中国特色社会主义理论体系概论""中国近现代史纲要""思想道德修养与法律基础""形势与政策"。就思想政治理论课程的内部结构来看，"马

---

① 杜颖玉. 把一切事物教给一切人们的全部艺术——读《大教学论》有感［J］. 法制与社会，2009（23）：305.

克思主义基本原理概论"课是对"世界是怎样的""如何认识和改造世界""未来世界如何"这三个紧密相连的内容的描述,全面解答了"什么是马克思主义"和"怎样坚持马克思主义"的问题,从整体上科学地把握了马克思主义的科学内容和精神实质,是了解和把握"毛泽东思想和中国特色社会主义理论体系概论"课所讲的马克思主义中国化的理论成果的理论基础;而"中国近现代史纲要"课主要通过展示近代以来一代又一代的中国人民探索中国出路、寻求民族独立和人民解放,以及走向国家繁荣富强和人民共同富裕的历程,回答了中国人民为什么选择马克思主义、选择中国共产党、选择社会主义道路和选择改革开放等一系列问题,是了解和把握"毛泽东思想和中国特色社会主义理论体系概论"课所讲的马克思主义中国化的理论成果的实践基础。以这样的逻辑结构,就应该先开设"马克思主义基本原理概论"和"中国近现代史纲要",再开设"毛泽东思想和中国特色社会主义理论体系概论",而"思想道德修养与法律基础"与"形势与政策"从大学生入学就可以开设。这样,既符合历史的逻辑结构,也与大学生的知识结构相契合,学习才能事半功倍。如果课程安排顺序颠倒,不仅违背课程内容的内在逻辑,也不符合学生的知识结构,无论是学生学还是教师教都将事倍功半,很难达到预期效果。

（四）疏导结合原则

疏导结合原则是高职院校思想政治教育工作的一个重要原则,体现了思想政治教育工作"合目的性"和"合规律性"的统一。"疏"的要求是,从人们思想实际的发展趋势出发,以相信群众、依靠群众为出发点;采取百花齐放、百家争鸣的方针,放手让各种意见和观点充分表达出来,经过观察和研究,做出引导的决策。"导"的要求是,教育主体在疏通的基础上对正确的意见和思想观点,旗帜鲜明地表示肯定和支持,促进其进一步发展;同时,对于错误的意见和思想观点,通过民主讨论、说服教育、批评与自我批评的方法,以理服人,化消极因素为积极因素。

疏通与引导是密切联系、不可分割的关系。疏通是解决问题的前提,是引导的必要准备;引导是疏通的必然继续,是疏通的目的所在。如果不遵循疏导结合的原则,错误的思想观点得不到纠正,正确的思想观点得不到支持和鼓励,势必影响思想政治教育的效果。因此,在思想政治教育实践中,必须又"疏"又"导","疏""导"结合。只"疏"不"导",就会失去正确的方向;只"导"不"疏",就会没有引导的根据,没有引导的条件,使引导成为空谈，从而失去思想政治教育的意义。在思想政治教育的过程中坚持疏导结合的原则，就要求我们全面掌握疏导的内涵，发扬民主，广开言路，创造畅所欲言的气氛；坚持平等的原则，教育者和受教育者互相尊重，互相理解，在尽可能和谐的交流氛围中进行教育；不迁就错误的意见，不放弃批评和自我批评的武器，以实现思想教育的目的。

疏导结合原则的落实主要有两种方法：一是先"疏"后"导"，二是既"疏"又"导"。先"疏"后"导"的方法主要用来发现问题，释放现实生活中的问题和矛盾所形成的张力。特别是在网络时代，大学生往往把他们在现实中受到抑制或是无处发泄的心理情绪宣泄在网络上。因此，基于情绪化表达的非理性言论往往是校园论坛的显著特征。在校园论坛上，经常可以见到许多偏激的观点、强烈的情绪发泄，以及相互争吵。这些情绪化的表达是一种有助于缓解紧张感、压力感的自我心理"释放"。可以说，网络成了现实冲突和思想问题集中展现的平台，也是解决这些矛盾和问题的重要场所。对此，思想政治教育工作者必须坚持疏导结合原则，通过充分讨论、说服教育、正面引导相结合的方式解决大学生的思想认识问题。在突发事件发生之后，校园论坛上往往会出现大量的言论，随着意见的扩散也会形成一定规模的舆论。在这个时期，多样的意见和观点、复杂的思想和心理状况、模糊的发展形势是网络舆论形成初期的主要特征。面对这种情况，思想政治教育工作者不能堵塞和压制言论，采取"捂盖子"掩盖问题的做法，因为这样往往会压制大学生表达思想的自由，从而激化矛盾。实际上，任何堵塞和压制言论的做法不仅不能奏效，反而会引起学生的严重反感，导致德育环境进一步恶化。因此，要采取疏导结合的方法，尊重学生的主体意识与参与热情，让各种意见和观点得以表达。在大学生的意见得以充分表达，思想观点得以真实展现的过程中，教育者要耐心观察、认真研究，密切观察在事件发展过程中学生思想发展的动态；发现事件背后存在的深层次矛盾，抓住主要思想症结，展开有针对性的德育教育，促使大学生思想和行为沿着正确的方向发展。

（五）言传身教原则

所谓"言传"，就是摆事实，讲道理，以情感人，以理服人；所谓"身教"，就是身先士卒，以身示范，以行感人，以德服人。

实施思想政治教育，必须坚持言教、身教并举，身教重于言教的原则。这是做好新时期思想政治工作的根本，也是加强和改进思想政治工作的保证。叶圣陶先生曾经说过："身教最为贵，知行不可分。"思想政治教育要真正说服人，一靠真理的力量，二靠人格的力量。所谓真理的力量，就是教育者讲的内容必须合乎实际，反映事物的本质和进步趋势；所谓人格的力量，就是教育者教育别人的道理必须表现为自己的行动，言行一致，以身作则，率先垂范，要求别人做到的，自己应该首先带头做到，努力塑造自己的美好人格，做教育对象的表率。

身教胜于言传。有了人格的力量，真理的力量才能得到发挥。在思想政治教育中，人们不仅看教育者说什么，更重要的是看他们如何去做。通过教育者的"做"认识他们的"说"，判断"说"的真实可信性，决定是否接受教育者的"说"。只有立说立行，严于律己，率先垂范，教育者才会产生巨大的感召力、凝聚力。坚持身教胜于言教的原则，就是要发挥教育者的人格力量，以教育者积极健康的人格作用于教育对象，对被教育者的思想、观念、行为产生积极的影响。在开展思想政治教育工作时，无论人前人后、公开私下、有无监督，教育者要求教育对象做到的，自己首先要做到，要求教育对象不能做的，自己坚决不做。事事、时时、处处都要严格要求自己，不做思想的巨人、行动的矮子；保持言行一致、表里如一，以自己完善的人格、高尚的思想道德品质示范于教育对象，使教育对象在教育者的人格力量熏陶和影响下，提高思想道德水平和政治觉悟，不断成长和进步。

（六）系统性原则

系统性原则又称"整体性原则"。从管理学的角度看，系统性原则要求把决策对象视为一个系统，以系统整体目标的优化为准绳，协调系统中各分系统的相互关系，使系统完整、平衡。从教学论上讲，系统性原则要求教学必须循序、系统、连贯地进行。

思想政治教育是一项系统工程，有其复杂的结构程序和运动规律。思想政治教育主体（教育者）、教育客体（教育对象）、教育介体（教育内容、载体、方法、设施等）和教育环体（教育环境）等各种要素构成了思想政治教育的有机系统。系统性原则要求教育者在拟定和选择教育方法时，要从思想政治教育系统的角度进行系统分析，系统设计；要根据思想政治教育过程中内外部各个要素的相互联系，全面地、联系地、完整地、发展地看问题；反对片面的、孤立的、简单的、静止的形而上学的观点。

坚持系统性原则，创新教育方法，必须从系统的整体出发，既要考虑教育对象的思想特点与需要，又要考虑思想政治教育任务、内容的要求，还要考虑教育队伍的状况和客观环境的变化。就教育内容而言，进行思想政治教育，要让教育对象知道某些概念、原理以及整个思想体系的创立背景和适用范围。断章取义地引用，生搬硬套、生拉硬扯，都是唯心主义的，而非唯物主义的；无视新情况、新问题的出现，一味照本宣科，则是教条主义的，是不可取的。就教育对象而言，由于学生所学专业不同、年级不同，其思想发展状况也不同，在实施思想政治教育时不能"一刀切"，而要根据不同教育对象的思想状况和具体特点，有选择地运用合适的方式开展教育。思想政治教育是系统工程，在开展思想政治教育时，不仅要从整体把握，而且要从个体入手，根据不同的教育对象和不同的问题，不断寻找新的角度，适应不同对象的思想特点，灵活地采用各种教育方法，充分调动教育对象的思想感情，形成教育者与教育对象之间的双向互动，从而使教育主体、教育客体、教育介体和教育环体等各种静态结构要素形成动态的有机整体，以提升思想政治教育的效果。

思想政治教育方法创新还要遵循激励性原则、实践性原则、前瞻性原则。这些原则体现了时代气息，反映了思想政治教育对象的思想新特点。只有掌握并坚持这些原则，才能真正做到思想政治教育方法的创新，也才能更好地提高思想政治教育的针对性和实效性。

第三节　高职院校思想政治教育教学方法的创新探索

政治教育的本质目的就是"教育者通过各种形式对受教育者进行有关政治、思想以及道德、心理等方面的教育，使其内化接受并进一步将教育内容外化付诸行动"。为了达到此目的，思想政治教育工作者就必须在教学方法的创新上下功夫。

一、借助信息技术实现教学手段创新

在经济全球化、政治多极化、信息网络化、文化多元化的时代条件下，传统的说教式、灌输式的教学模式已远远不适应时代的发展。借助网络新媒体等信息技术实现思想政治教育教学手段的创新成为一大趋势。

网络新媒体高超的技术特性，是传统思想政治教育的技术和手段无法比拟的。它能随时随地将文本、声音、图像等信息传递给设有终端设备的任何地方、任何人。网络中的每个人既是信息的接收者，又是信息源的提供者，这为新时期高职院校思想政治教育教学提供了一片崭新的天地，也带来了难

得的创新契机。可以说，在信息全球化的今天，过去的"体能型"思想政治教学模式和"以时间换空间"的思想政治教学模式，已远远落后于新时代。因此，充分利用网络等新媒体技术，实现高职院校思想政治教育教学方法的现代化，成为时代发展的必经之路。

（一）运用各种现代网络媒体阵地，有效开展思想政治教育教学

运用各种现代网络媒体阵地，有效开展思想政治教育教学，其关键在于思想政治教育工作者需要及时转变教学观念，紧跟时代发展的脚步，善于掌握新技术，适应信息时代发展的需求。网络的出现和发展，是信息时代发展的必然结果。网络所形成的是一个具有开放性技术架构的生存空间。互联网的关键概念在于，它不是为某一种需求设计的，而是一种可以接受任何新的需求的总的基础结构。正是由于网络基础架构的开放性和人需求的无限性，激发人们不断创造出新的网络应用技术。每一种网络技术的广泛应用，都会形成一个由网络技术媒介与相应的用户群体及信息内容组成的微观信息系统，这些微观信息系统实际上就是一个新的思想政治教育场域。随着网络技术的不断创新和发展，这些新的场域也是在动态的发展变化之中的。因此，在这个新技术革新的时代，思想政治教育工作者必须具有前瞻意识，把握科技创新的时代脉搏，发挥每一种新的技术力量的进步因素和教育价值，实现对技术力量的积极引导和网络教育场域的主动营造。这是当前高职院校思想政治教育工作发展的正确策略选择。

开放的信息传播环境在推动人们开阔视野、拓展素质的同时，也造成西方意识形态以及社会多元化思想的大量涌入，冲击大学生的理想信念。这就要求教育工作者在推进校园网络硬件建设的同时更要大力建设网络"软环境"，用积极向上、丰富多彩的教育内容吸引大学生，将大学生凝聚在网络马克思主义教育阵地。其一，教育工作者要真正进入现代网络媒体阵地，努力适应网络教育环境。教育工作者必须努力学习网络知识，掌握网络技术和操作技术；并且在日常学习、工作和生活中多接触网络、使用网络；最重要的是要培养自己参与大学网络文化生活的意识，加强与大学生进行网上交往活动的主动性，真正地融入网络生活，真切地感受网络文化；体验大学生在网络空间中交往、学习、娱乐的方式，以及他们思想、心理和行为的发展变化，真正做到与大学生在同一个环境下进行交流。其二，教育工作者要不断进行话语体系的创新，要熟悉和掌握网络文化，学会网络语言，采用大学生喜闻乐见的话语体系，做到在网络环境下能够与大学生实现有效沟通，以增强思

想政治教育的吸引力和渗透力。其三，教育工作者要转变观念，在与大学生平等对话的过程中引导他们思想和行为的发展。传统教育从文化意义上看是典型的"前喻文化"模式。教育工作者以权威的身份向教育对象灌输教育内容，两者之间缺乏平等的交流。而网络时代带有显著的"文化反哺"现象，大学生走在使用互联网的前列，是网络社区的主体力量和文化创造者。因此在网络信息传播的条件下，大学生在某些方面反过来变成知识的传授者和信息的传播者。这形成了具有典型意义的"后喻文化"色彩的文化场域。思想政治教育工作者要充分认识和把握教育文化的时代特征，在教育活动中转变教学观念，创新教学方式，充分重视与大学生在网络中的平等交流和沟通，积极引导他们发挥自主性和创造性，在教育和自我教育的结合中进步。

网络不仅改善了思想政治教育工作者的工作条件，增加了开展工作的工具和载体，更重要的是带来了新的工作方式、思维方式和价值观念。网络极大地促进了人的主体意识的成长。当代大学生在平等意识、自主意识、参与意识、选择意识等方面有了较大的发展和提升，民主参与的行为更为活跃。在思维方式方面，网络的便捷性、开放性、自由性、平等性、共享性使主体自身的自由个性和创造性思维能力、思维水平得到前所未有的充分发展，反映出信息时代条件下人的实践发展水平和科学文化水平的提升，进而在精神状态上呈现出自主、自立的精神状态和更加活跃、理性的独立思考的精神状态。网络时代带来了教育环境和大学生思想意识的显著变化，向思想政治教育工作者提出了新的要求。具体有以下几点。

第一，注重把价值观念教育渗透在知识性教育中。网络思想政治教育最为重要的工作就是使受教育者能够在网络信息的海洋中明辨是非，正确选择自己的立场并形成自己的观点，从而引导和帮助大学生树立正确的价值观体系。在这个工作中，教育工作者要运用"价值认识的形成依赖于相关真理"这一基本规律，把对学生的价值观教育渗透在知识、信息的传播过程中。在学校新闻宣传工作中，要积极地通过丰富多样的知识性信息发布、客观真实的新闻报道等渠道，实现对大学生思想发展的积极影响，努力让知识性信息或知识性认识发布和传播，服务并促进大学生正确价值观的形成。

第二，注重将教学理念和价值观念渗透在校园网络文化的建设中。大学生群体是一个同质性很强的特殊社会群体，他们在年龄、心理特点、兴趣爱好、行为方式等方面都比较接近，有着较为一致的文化需求，校园文化正是大学生文化需求的反映。作为应对社会大众文化冲击，在网络空间保持和发展校园文化的一种"防卫性反应"，大学生有着建设校园网络文化、在校园网营造自己的精神文化空间的积极性和创造性。在许多高职院校，大学生在校园网上建构出了属于自己的学习生活和交往场所，创造和发展了属于自己的网上精神文化空间。因此，高职院校思想政治教育工作者要主动参与和引导校园网络文化的建设和发展，把主流价值观渗透到承载着大学生归属感和文化认同感的网络空间中。

第三，注重把价值观渗透到技术创新和应用中。技术是蕴含价值的，技术的价值性包含在其知识、方法、程序、结果中，技术蕴含着丰富的内容。互联网出现本身就是开放、创新、共享、平等的体现，例如，开放的技术架构、公开的软件代码、自由创新和获取信息等。具体到每一种网络技术，都有其教育价值可以挖掘和应用。例如，点对点技术（简称"P2P"）推动了以信息的即时交互为载体的社会网络交往的发展。用户在交换信息资源的同时，主动地进行交流和互动，进而衍生出配套的管理规则和交互礼仪。针对此类技术应用的内在价值，思想政治教育工作者可以通过引导和支持大学生开发用于学生集体学习和信息资源共享的公共软件，在大学生网络实践中弘扬利他主义精神，这是加强集体建设、加强集体主义教育的有效途径。

（二）占领网络教育制高点，思想政治教育教学进网络

现代网络的发展为高职院校思想政治教育教学工作提供了新的工作载体和手段，开辟了新的空间和新的渠道，是大力弘扬主旋律的主要阵地。所以，思想政治教育教学必须积极占领网络教育制高点。中国互联网络信息中心发布的调查报告显示，截至 2021 年，在数以亿计的网民中，大学生是最活跃的群体。互联网带给校园文化的是丰富、庞杂的信息，这些信息正反交错、泥沙俱下、真伪难辨。互联网是一把"双刃剑"，既给高职院校思想政治教育工作增加了难度，又给高职院校思想政治教育工作提供了便利。不少大学生把网络作为在校园中发表言论、交流感情的主要场所，这对他们的学习、工作、生活和思想观念产生了深刻的影响。

网络使学生的社会化程度得到很大的提高，但许多学生对网络的负面影响缺乏足够的认识。因此，要加大思想政治教育教学进网络的力度。一方面，高职院校要加强大学生网络道德教育，加强国家有关互联网管理的法律法规的宣传教育，制定大学生互联网道德规范，开展大学生健康上网自律承诺活动，使其自觉遵守网络道德；另一方面，高职院校要建立思想政治教育网站，积极推进社会主义核心价值观进网络等活动，组织专门力量，制作一些兼具思想性、趣味性的优秀信息移植到校园网中，并针对一些社会热点问题提出

观点；同时，高职院校还可在校园网上开设网络互动栏目，开展互联网知识竞赛、网页设计竞赛等活动，用正确、积极、健康的思想文化充实和占领网络阵地，不断提高思想政治教育网站的点击率，扩大网站影响力。让思想政治教育内容在"进教材、进课堂"的基础上"进网络"，以拓展思想政治教育的渠道。利用网络平台，给学生提供一些与国家、民族或学生自身利益息息相关的热点问题，供学生讨论，增强思想政治教育的针对性和实效性。

（三）利用现代通信传媒技术，提高思想政治教育教学的实效性

微信已成为人们交往的一种便捷方式，它可以作为日常沟通交流的工具，弥补语言通话的不足，还可以传递新闻、服务信息，与广播、电视、互联网等其他媒体实现互动等。微信对乐于追求时尚和潮流的大学生群体来说，已成为他们生活的重要组成部分；对高职院校思想政治教育工作者来说，利用微信的独特优势，对开展思想政治教育工作也是如虎添翼。可以说，微信、微博等社会化信息网络的兴起，极大地丰富了大学生的业余生活，促进了大学生之间的交流和沟通。但微信中不良内容的传播也严重影响着大学生的健康成长。对此，思想政治教育工作者就需要有效利用微信及网络平台，趋利避害，及时帮助大学生在使用现代信息工具时自觉抵制其不良影响，净化校园网络信息环境。

其一，充分利用微信与大学生进行点对点的深入交流。微信交流的非现场性，可以使交流双方避免因面对面而引起尴尬。微信交流的形式使一些意见被尽可能地表达出来，使交流双方比较轻松随意。这种交流方式可以使高职院校思想政治教育工作者与大学生在交流时具有充分的思考时间，使教育工作者有一定的时间根据学生的问题慎重地提出解决方法，学生也有一定的时间进行反省、思考，认真考虑教育者提出的意见，进而在教育者的引导下努力向着积极的方向发展。微信交流有利于高职院校思想政治教育工作者更加深刻地把握学生的思想动态，了解学生的内心世界，发现大学生存在的思想问题，进而有的放矢地开展具体的心理辅导，增强思想政治教育的实效性，保证大学生能以积极健康的心态学习和生活。同时，大学生还可以根据自身的情况主动与高职院校思想政治教育工作者进行交流，将一些心理困扰通过微信及时与高职院校思想政治教育工作者进行沟通，以获得科学指导，避免在成长的道路上走弯路。

其二，积极开展校园微信文化活动，提升大学生微信文化品位。校园微信文化活动以创建文明健康的微信为宗旨。活动方式可以根据各高职院校自

身条件自主选择，如校园微信宣传活动、校园微信征文活动、校园微信创作比赛等。在校园微信文化活动的开展过程中，大学生可以更加深入地参与微信创作的过程，更加深刻地理解校园微信的内涵，更加自觉地接受校园微信文化的熏陶，从而有效地净化校园微信文化环境，提升大学生微信文化品位。大学生可以从根源上抵制不良微信内容，使不良微信内容失去生存的土壤。

其三，创建高职院校微信平台，弘扬"红色微信"文化。"红色微信"是指积极、健康、向上的微信，包括理想信念、社会主义核心价值观，以及古今中外的名人名言、中华传统美德和社会公德的励志箴言等内容。利用高职院校手机微信平台，传播校园红色信息的具体方法包括：一是需要组建红色微信创作队伍，选拔科学文化素质高、思想政治素质过硬的教师、政工干部、辅导员和学生党员等组成红色微信创作小组，搜集、编写内容科学健康、积极向上的红色微信并及时发送给学生。二是建立"多位一体"的工作机制，建立以校级、院级、年级、班级为单位的手机微信平台，层层联动，保证红色微信覆盖高职院校，取得红色微信的教育效果。三是建立高职院校双向交流工作机制，即除高职院校红色微信创作队伍专门创作的红色微信外，鼓励所有大学生参与校园红色微信的创作中，使大学生不仅可以对校园红色微信文化提出自己的意见和建议，还可以自己动手编写红色微信。四是建立校园红色微信数据库，高职院校红色微信创作小组可以根据学生创作的微信内容进行筛选，挑选优秀的微信纳入红色微信数据库，并及时更新，确保在校大学生都能够及时收到高职院校手机微信平台发布的红色微信。

其四，科学把握微信发布的时机，可以取得良好的教育效果。在恰当的时机发布有教育意义的微信，才能取得良好的教育效果。恰当的时机一般指重大节日、历史事件纪念日、特定大学生群体活动日等。在重大节日，发布节日祝福微信，并将思想政治教育内容融入其中，可以使大学生在接受节日祝福的同时积极地将思想政治教育的内容内化。例如，国庆节到来之际，高职院校思想政治教育工作者向大学生发送节日微信，在向大学生表达祝福的同时融入革命先烈通过浴血奋战才得以建立中华人民共和国的历史信息，让学生们深感建立中华人民共和国的艰难，从而更加珍惜现在的幸福生活。同时国内外重大事件（包括党的代表大会的召开、国际热点问题等）的发生也会引起大学生的广泛关注，高职院校思想政治教育工作者应及时把握时机，因势利导，提高大学生的思想认识。此外，在一些特殊时期，包括新生入学、学期期末考试、考研、毕业生择业，大学生都面临着不同程度的压力或困惑。高职院校思想政治教育工作者可通过手机微信对学生进行即时心理疏导，给予其鼓励和宽慰，做大学生前进道路上的知心人和引路人。

（四）综合运用现代科学研究成果，丰富思想政治教育教学工作方法体系

世界各国争相运用现代化信息技术加强和改进对外传播手段。高职院校必须适应这一趋势，更新和改造信息传播的手段，在高职院校思想政治教育教学中必须积极掌握和运用现代传播手段。高职院校思想政治教育工作者必须对新技术的发展变化具有一定的敏锐性，尤其是对新事物、新技术、新工具引发的大学生思想状况的变化，以及相应工作内容、规律、方法的变化。这既是思想政治教育工作者对自身的要求，也是高职院校应当尽力实现的工作要求。思想政治教育工作者只有提高自身的敏锐性，及时把握这些技术对思想政治教育带来的影响，加强相关技术业务培训力度，掌握大学生使用现代传媒的基本情况，并注重主动了解和分析微博对大学生的影响情况，才能早日占领和建设思想政治教育工作的新阵地，把握这方面工作的主动性。同时，高职院校对思想政治教育工作者运用微博等方式开展工作应该提出明确的任务与要求，要有针对性、有力度地开展这方面的学习、培训和交流，并利用新技术，建设思想政治教育阵地，积极吸引大学生的眼球和目光，凝聚他们的行动，让大学生朝着党和国家育人目标的方向成长。

综上所述，新媒体作为一种教育载体，具有不可替代的形式、作用和意义，但是绝不能让形式遮蔽或掩盖思想政治教育的目的或内涵。我们必须明确，一方面，思想政治教育的价值理念是新媒体条件下开展思想政治教育的前提和基础，如果缺乏思想政治教育的价值内涵，新媒体条件下的思想政治教育只会流于形式，不仅会走向现实思想政治教育的反面，而且还不利于大学生道德水平的提高；另一方面，新媒体化思想政治教育是传统思想政治教育在新媒体上的延伸和发展，传统思想政治教育作为基础性工程，必须占据主导和支配地位，对高职院校学生思想政治教育起着决定性作用。新媒体在虚拟的实践条件和环境中形成的判断和观念，必须经过现实社会实践的考察和检验才能最终被认可、接受和推广。正是新媒体在思想政治教育领域的介入，促进了教育手段的现代化，更促进了教育观念的现代化。在新媒体环境下，创新思想政治教育应以传统思想政治教育为基础，以新媒体化思想政治教育为拓展，建立新媒体化思想政治教育与传统思想政治教育相结合的有效模式，实现两者的互通与融合。

二、大力推行实践体验式教育

实践体验式教育作为一种教育模式，最早可以追溯到古希腊哲学家苏格拉

底的教学模式。他教导弟子的方法是情景教学和发问，这是体验式教育的雏形。常言道"实践出真知"，正确的认识，只能在实践中产生，没有实践的认识只能是无源之水、无本之木。教师在实践活动中不仅要引导学生用眼看，用耳听，而且还要动手做，达到情动、心动，入脑、入心的境界，进而帮助学生在所见所闻、所想所做中亲身体验、感悟，提高自身的思想道德素质，并外化为良好的道德行为。这里所说的实践体验式教育，包括实践教学体验式教育和社会实践活动体验两个层面，即"第二课堂"。前者是根据思想政治教育理论课程内容设置的，在教师指导下开展的实践活动，包括课堂实践教学和社会实践教学；后者是指学生社会活动的体验，多是没有教师指导的自主活动。

（一）推行实践体验式教育的意义

现代建构主义教育理论认为，思维起源于直接经验的情境中所产生的疑难问题。正是解决疑难问题的冲动激发人的思维活动，并经过解决疑问而获得经验。对以传授和学习间接经验为特征的教育教学活动而言，"回到"经验产生和获得的"情境"中，让被教育者重新面临情境以及情境中的疑问至关重要。只有这样，才能够激发被教育者解决疑问、积极学习的情感反应，并按照总结了间接经验的前人的思维逻辑和理论逻辑进行思考和理解，从而实现学习目标。

高职院校思想政治教育教学的目标是由对"科学理论和基本知识"的认知，到对观念和价值的认同，最后到行为自觉的育人过程和成长过程的统一，其核心是"使人成为人"。思想政治教育教学过程既是与学生"认知过程"的统一，也是与学生"人格养成过程"的统一。思想政治教育教学作为对科学知识的"认知过程"，主要着眼于事实判断，是一个求真的过程，体现的是科学精神，其学习过程是以"问题—探究"为主，"情境—体验"为辅。而作为育人的"人格养成过程"，主要着眼于价值判断，是求善的过程，其教学目标是使受教育者认识和理解、体验和认同价值体系的意义，并能够身体力行，这一学习过程以"情境—体验"为主，"问题—探究"为辅。在这一教育教学过程中，问题与情境紧密相连，往往表现为"情境中的问题"，问题存在于真实情境中，创设情境是其基础性要素。"基于情境的体验式"教学模式则侧重于情境的体验，其理论基础是建构主义的学习理论。建构主义学习理论把学习者与周围环境相交，让学习者到现实世界的真实环境中感受和体验，通过获取直接经验来学习，但是这种学习模式往往是以问题为前导的。"基于问题的探究式"教学模式和"基于情境的体验式"教学模式分别强调了同一个事物的两方面，问题和情境难以单独存在，只是侧重和强调的是"问题—

探究"还是"情境—体验"而已。"问题—探究"与"情境—体验"相互补充、不可分离，二者融合在一起可以构成"基于问题—情境的探究—体验式"教育教学模式。这一教育教学模式的建构除了包含以上所讲的"基于问题的探究式"和"基于情境的体验式"两种教育教学模式的含义外，还适用于思想政治教育理论"育人"目标的完成。

在这一教育教学模式下的知识学习过程，可以避免以传授系统知识、培养基本技能为目标的传统"传递—接受"模式的缺陷和不足，其教育教学目标是使受教育者认识和理解、体验和认同价值体系的意义、目标，并能够身体力行，形成自己的情感、态度、价值观，确定自己的理想、信念和人生目标，达至"强立而不反"的独立人格，并从中获得人生的精神支柱和力量源泉。这一学习过程以"情境—体验"为主，"问题—探究"为辅。置身于一定"情境"的"体验"不再仅仅是辅助"知识"和"问题"的理解和探究，其本身就是目的，具有独立的意义和价值。"辨志""乐群""亲师""取友"主要是在不断的人际互动中体验完成的。而通过对理论和知识的应用和理解，经由个体在观念和价值上的认同，从而实现在行为上的自觉的整体教学目标，还需要通过"问题—情境""探究—体验"教育教学模式在课内和课外进一步应用和拓展，形成完善的实践教学体系来完成。"问题—情境""探究—体验"教育教学模式由"围绕问题、由问题引领"的教育和"以体验为主"的教育组成。按照建构主义教育理论，学习者要想完成对所学知识的意义建构，即达到对所学知识所反映的事物的性质、规律，以及该事物与其他事物之间联系的深刻理解，最好的办法是让学习者到现实世界的真实环境中感受和体验，即通过获取直接经验来学习，而不仅仅是通过教师的介绍和讲解。因此，思想政治教育要进一步实现学生对马克思主义、中国特色社会主义理论体系的理论认同、政治认同和感情认同，并将科学理论的内涵、精髓转化为内心的政治信念和思想素质，形成积极主动参与理论建设与创新发展的观念，将科学理论转化为行动自觉的终极目标，就必须与实践教学活动中的参与、体验和行动相结合。

（二）实践体验式教育教学的方法步骤

第一，提出问题，创设情境。通过提出问题和创设情境，让师生或置身于一个寻求解决问题的理论和方法的情境；或面对冲突和问题，体验解决冲突和问题过程中的意义追问和价值选择。例如，思想政治教育理论课中的"马克思主义基本原理概论"和"毛泽东思想和中国特色社会主义理论体系概论"两门课程更侧重于理论体系的知识传授，更适合基于一定情境中的问题，然后寻求解决问题的理论和方法的学习。所谓问题，一方面是基于大学生在现实生活中产生的问题和困惑，以大学生的现实世界作为课程展开的背景和资源；以现实的重大问题为载体，建立实践教学活动与"生活世界"的联系，建立实践教学"意识"与"对象"之间的关联。另一方面是设计的问题，为了引发思考，设计冲突性场景呈现问题，进行分析和思考。但无论哪一种问题的呈现，关键还在于"智慧"地提出问题，其"智慧"体现在提出的"问题"是存在于真实情景中的，存在几种可能的解决方案或者缺乏解决问题所需要的信息的问题，即劣构问题，而不是学生已有标准答案的问题；还体现在问题的提出既符合理论逻辑，又符合现实逻辑，使学生能够在总结前人的思维逻辑和理论逻辑的基础上进行思考和理解，让学生产生问题意识，在已知与未知之间出现矛盾，形成困惑，从而激发学生探究的欲望和主动学习思考的内在动机，为下一步在理论和现实的逻辑中寻求答案打下基础。而"中国近现代史纲要"和"思想道德修养与法律基础"两门课程则更多地触及作为国民的责任感和作为个人的情感，涉及意义的追问、价值的选择。因此可以更多地选择让大学生面对冲突和问题，充分体验其解决冲突和问题过程的意义，关键在于有策略地创设情境。其策略在于冲突的呈现和问题的提出，要贴近民族或个体生命的命运，能够激发学生的情感，使学生产生共鸣，为进一步引领大学生形成正确的政治立场和相应的情感、态度、价值观打下基础。

第二，驱动探究，引发体验。在前一个教学程序所设置的问题或情境下，及时引导学生带着探究的欲望和主动学习思考的动机投入实践活动，进行理性的理论思考和辨析；激发学生带着个人情感，关注民族和国家的命运，自己与同胞的命运；思考人生，进行意义的追问和价值的选择。这一环节的学习使大学生形成独立思考、合作探究的意识；注意培养大学生分析问题、解决问题的能力；锻炼培养大学生的创新意识和批判性思维；形成能够使大学生身临其境、感同身受的氛围；使大学生的认知、情感、意志、行为习惯等要素产生有机联系和共同作用；注意培养大学生的爱国情感、政治认同、公民意识、法律意识和道德自律意识。

第三，总结认识，升华情感。在前一个教学程序中，一些大学生通过独立思考、合作探究使问题得到解决，并形成一定的理论和方法。教师应当及时对此进行指导，让学生对自己的实践和探索过程进行理论总结和学术整理，形成符合规范的研究报告、社会调查报告或学术论文。还有一些大学生通过体验，对冲突和问题解决过程中的意义和价值进行思考，形成了态度和情感。

教师应当及时帮助大学生进行提炼和升华，使其上升到世界观、人生观、价值观的层面，形成具有个性的体会、心得和认识。

第四，组织交流，梳理整合。教师需要在前一个教学程序完成之后，采取多种方式，认真组织交流，包括班内的小组交流与答辩；利用网络平台、板报宣传或择优发表等方式实现更大范围的交流互动，实现"零散经验的规范化、内在经验的外显化以及个人经验的推广交流"，使师生从中获得更大的启发和教益。在交流的过程中，教师要对大学生形成的结论、认识和感悟及时点评指导，梳理整合。因为每个学生的实际情况不同，所侧重的问题不同，观察和理解的角度不同，在实践过程中接受的介绍和引导不同，所以对同一个主题的实践活动所产生的看法和结论也不相同。要想使大学生形成一个基本的认识，达到实践主题设计的基本目的，就需要教师引导大学生回归理论，进行指导和矫正，既尊重学生学习和认识的个性，又体现思想政治教育理论课的政治性，即在大是大非和基本理论方面坚持正确的立场。

（三）有效推行社会实践教育

社会是高职院校思想政治教育的大环境，也是大学生展示人生的舞台。社会实践是大学生了解国情、认识社会的场所，是大学生增长才干、奉献社会、锻炼毅力、培养品格、增强社会责任感的重要途径。社会实践具有综合教育作用，其主要功能在于提供思想政治教育理论与实际相结合的基础，巩固、检验理论学习成果；提供与群众相结合的机会，培养热爱劳动与劳动人民的思想；选择、优化社会德育资源，强化德育实效。社会实践体验包括两方面：一是走出校门，走进社会，到物质文明、政治文明和精神文明建设的先进地区、先进单位参观访问；或就某种社会现象、社会问题进行专题调查；或到基层去，到群众中去，在火热的社会生活中互帮互学，共同进步。二是通过丰富多彩的党团和班级活动，在不知不觉中教育和影响大学生。社会实践随着社会多样化的发展，其内容与方式也不断发展，除了传统的生产劳动、社会调查方式外，还出现了科技发明、勤工助学、专业实习、志愿服务、公益活动、网络管理、虚拟实践等方式。多样化的社会实践方式给不同类型、不同专业、不同兴趣的学生提供了更多选择，有利于提升社会实践的质量和效果。

第六章

高职院校思想政治教育教学模式的创新

第一节 高职院校思想政治教育的教学模式

高职院校思想政治教育是高等教育的重要组成部分，是一切专业教育的基础和前提条件。改革开放以来，我国高职院校思想政治教育教学取得了长足的发展。随着国内外一系列新变化、新情况的不断出现，高职院校思想政治教育面临严峻挑战。如何适应形势的变化，探索高职院校思想政治教育教学的新模式，是每个思想政治教育工作者首要考虑的问题。

一、"两课"课堂教学仍是教学的主渠道

经过长期的教学改革，我国高职院校基本确立了"两课"为主的理论课体系，即以马克思主义理论课和思想品德课为主框架，在高职学生中进行系统的、基础性的理论教育，形成既相互独立，又相互联系的思想政治教育的有机整体。"两课"的学习，使学生系统地了解了马克思列宁主义发展的脉络，掌握马克思主义基本原理、毛泽东思想和邓小平理论的主要内容及精神实质，从而确立马克思主义的人生观、道德观、世界观，学会以马克思主义的立场、观点和方法分析、解决现实问题，从根本上奠定了高职院校思想政治教育的坚实基础。在这一学习过程中，课堂教育是最主要的手段。然而传统的"满堂灌""一言堂"的教学模式越来越不适应新形势的需要。为发挥课堂作为思想政治教育主阵地的作用，高职院校应从以下方面进行教学改革。

在教学方法上，要结合大学生思想活跃、求知欲强、善于接受新事物等特点，不断探索与之相适应的课堂教学模式，利用课堂讨论、师生辩论，就学生普遍关心的问题进行专题讲座等，活跃课堂气氛，调动学生学习兴趣和热情，引导学生积极主动地参与学习过程中。同时注重利用电视教学、幻灯片教学、多媒体教学等多种现代科技手段，通过大量历史资料，生动、形象、直观地对学生进行理论教育，从而丰富课堂内容和形式，使大学生在学习基

础理论的同时，可以获取大量信息，开阔眼界，活跃思维，又从历史、现实与理论的结合中，更深一步领会马克思主义理论。

二、丰富多彩的校园活动是教学不可忽视的辅助手段

校园是大学生的"第二课堂"，大学生的课余活动主要集中在校园。如果说课堂教育是知识的输入，那么利用校园活动进行思想政治教育就更具有因势利导的优势。校园活动从形式到内容丰富多彩，极受大学生欢迎，特别是在这些活动中大学生都主动热情参与，在形式上更易于接受思想教育。有些院校则经常请一些学者、专家、企业家做专题报告、讲座，吸引广大学生，内容涉及学生所关注的一系列国内外重大事件及问题。这些讲座具有很强的针对性、实效性，从不同侧面进一步解决了学生的思想困惑，开阔了视野，弥补了课堂教学的不足。此外，由院、系或学生会组织的大型演讲赛、辩论赛、征文比赛等活动频繁地开展，以多种形式和丰富的内容调动学生参与和学习的热情。通过上述校园活动，既提高了学生的综合素质，丰富了课余生活，又在课堂外潜移默化地接受了思想政治教育，无形中形成了课堂教育的延续，发挥了难以替代的补充和强化作用。

三、以"网络"和实践活动为纽带的社会"大课堂"越来越成为教学的重要舞台

思想政治教育是一个连续的过程，同时在空间上不可避免地涉及课堂、校园以外的社会。随着时代和科学技术的迅猛发展，高职院校已经逐渐摆脱了封闭的"象牙塔"，与社会发生密切的、广泛的联系，日益形成"校园—社会"的二元结构，高职院校思想政治教育也因此面临许多新挑战，在手段、方式上亟待改革创新，以适应这一变化。其中一个重要内容就是利用信息网络技术，在虚拟的网络世界中发挥正确导向的作用。近年来互联网蓬勃发展，对我国经济、文化、科技和社会发展起到巨大的推动作用，由于在信息传递、资源共享方面拥有无可比拟的优势，互联网正在日益改变着我们的生活。越来越多的大学生通过网络，以全新的方式同社会发生密切联系，随着这一变化，网络的负面影响也不可避免地出现，极大地影响了大学生的思想道德。因此，要重视和充分运用信息网络技术，使思想政治教育工作提高实效性，扩大覆盖面，增强影响力。高职院校应加强网络管理，加强对校园网络的监管。同时建立积极健康的校园思想政治工作网站，利用网络资源增进思想交流，在网络的虚拟社会中，坚持正面宣传教育，以正确的舆论和科学的理论

引导大学生，在实践中占领网络这一全新阵地，使网络成为思想政治教育的重要舞台。

大学生终究是要走向社会、服务社会的。因此，以丰富的社会实践活动让大学生在学习期间关注社会、接触社会，在社会实践中了解社会、认识国情，进一步强化思想政治教育，提高认识，是高职院校思想政治教育的重要环节，也是贯彻理论联系实际的重要手段。在方式上，可以利用大学生寒假回家之际，拟定考察内容，制定考察任务，使学生进一步了解家乡、了解社会、了解国情，也可以组织学生参观、考察各类企业或到经济文化落后的地区帮困扶贫等。大学生在教师引导下自觉运用课本中学到的理论知识，解决现实中遇到的问题，从而在实践中有效解决思想认识问题，提高分析和解决社会问题的能力。

总之，在"课堂—校园—社会"的思想政治教育教学模式中，思想政治教育一以贯之，环环相扣，互为补充，互相推动，形成了一个多层次、全方位、不间断的完整过程，过程中既运用传统教育手段，又大胆改革创新，运用多种现代科学技术，充分体现了思想政治教育实施过程的科学性、针对性和层次性，极大改变了传统思想政治教育的单一模式，更符合时代的要求，从而有力地推动高职院校思想政治教育教学的进一步发展。

第二节　高职院校思想政治教育教学模式
创新的目标和原则

一、高职院校思想政治教育教学模式创新的目标

高职院校思想政治教育教学模式创新应当实现四方面的转变，即单向灌输型向双向交流型转变，单一管理型向共情共感型转变，显性教育型向隐性教育型转变，教师教育型向合力教育型转变。为真正实现上述转变，在高职院校思想政治教育教学模式建构中必须始终将以下目标作为创新导向。

（一）教育主体的平等性与目标定位的准确性

1. 教育主体的平等性

平等作为人们的一种普遍要求，是建立在人们对自己和他人关系的基本看法基础上的，正如"任何心智健全的成人都不会自觉自愿地认为自己天生

地低于别人，不会自觉自愿地认为自己天生地应当屈从于别人"①。对大学生思想政治教育而言，平等性主要是指教育者和教育对象关系的平等。换言之，在思想政治教育沟通活动中，教育者和教育对象都是思想政治教育沟通活动的主体，享有同等的地位和相同的权利。教育者不是某种权威的象征，而是以平等的、互相尊重的身份与教育对象沟通、交流与交往，双方能够彼此理解与尊重、信任与接纳、关心与帮助。因此，大学生思想政治教育教学模式的创新也必须以实现教育者和受教育者之间的平等性为目标前提。

2. 教育目标定位的准确性

在当前的思想政治教育模式中，仍然存在着弱化教育的育人性和人本理念，忽视思想政治教育理应具有本体性价值的异化现象。就思想政治教育的目标定位而言，定位过高、过虚，注重政治理论的宣传教育而忽视受教育者同样作为教育主体本身的需要，使思想政治教育没有贴近大学生的实际需要和现实生活。具体来说，思想政治教育是在与个体密切相关的社会生活领域中展开的，理应介入社会生活领域，与个体的具体生活实际密切相关。因此，思想政治教育必须深入社会生活领域、贴近受教育者的生活现实、满足实际需要，才能打破思想政治教育的狭隘视野，使思想政治教育更具活力。美国教育学家约翰·杜威（John Dewey）就指出道德教育应该重视对社会生活领域的渗透作用，他认为"道德教育集中在把学校作为一种社会生活的方式这个概念上，最好的和最深刻的道德训练，恰恰是人们在工作和思想的统一中跟别人发生适当的关系得来的"②。因此，将教育目标准确地定位于贴近大学生的实际需要、贴近生活现实，是大学生思想政治教育教学模式创新的基本要求。

（二）教育内容的开放性与教育方式的多样性

1. 教育内容的开放性

高职院校思想政治课要适应新形势的发展，就必须由封闭性走向开放性，实现由教学理念到教学方式的根本性转变。大学生作为受教育者，与其他社会成员一样，不可避免地与社会进行着广泛的接触与联系。社会生活的广泛性界定了思想政治教育因素的开放性。教育者对受教育者施加的教育影响，同社会各因素对受教育者的影响，几乎是同时同地进行的，这就决定了思想政治教育因素和过程的开放性。思想政治课的开放性教学相对封闭式的教学

---

① 张恒山. 法理要论［M］. 北京：北京大学出版社，2002：288.

② 尹祖荣. 再读杜威的《我的教育信条》有感［J］. 广东教育（综合版），2019（4）：1.

而言，是一种全面发展的教学。教师必须充分利用一切有利于教学的积极因素，结合学生和教材以及本地的实际情况，开展教学活动，并在教学过程中根据实际情况，进行灵活运用。这样才能激发学生的学习兴趣，培养学生的自主学习能力，培养学生的创新精神和实践能力，使之成为社会所需之才。

思想政治课开放性教学旨在探讨加强教学和社会生活联系的途径，激发学生的创新精神，引导学生学会学习、学会生存。开放性教学主要包括以下四方面内容。

一是教学环境的开放性。教学环境的开放性包括物理环境的开放和心理环境的开放。物理环境的开放指教学时间和空间的开放；心理环境的开放指教学中创设出民主、平等、和谐、愉快的教学气氛，师生平等对话和交流，学生能充分表达自己的意见，有选择学习方法的机会。

二是教学内容的开放性。教学内容的开放是指教学中充分重视理论和社会实践的联系，重视学生的心理发展、实际需要、个性差异等。教学事例的选择体现时代气息，方法的运用科学合理，重视发挥现代化教学手段的作用。

三是教学形式的开放性。教师根据不同的教学内容和学生的实际情况，选择多种多样的教学方法，吸引学生积极主动地参与教学的全过程，在师生互动中完成教学任务。

四是教学评价的开放性。教学评价的开放性是指评价标准不是单一的考试成绩，而是更重视学生的行为习惯、学习方法的考查；重视结论，但更重视学习过程中的感受和体验，不用统一的标准去衡量每一个学生，而是重视学生个性的发展，重视了解学生自身的前后变化。

由此可见，思想政治课教学的开放性是教师教学的开放性和学生学习的开放性的统一，从本质上说，是教师通过教学方式的根本性转变来实现学习方式的转变，以此转变学生的思维方式，形成开放的世界意识，培养具有创新精神和创新能力的人才。

举例来说，大学生思想政治教育是综合科学。美国学者约翰·埃利亚斯（John Elias）曾指出："道德教育是一个需要多学科共同研究的领域，仅仅通过一门学科来探讨这一领域既是有限的，也是危险的。"① 因此，科学教育作为科学精神培育的重要载体也是思想政治教育的重要组成部分。具体来说，从内容角度看，科学教育是思想政治教育的重要载体。一方面，科学是思想政治教育内容得以产生的前提和基础，也是思想政治教育内容得以丰富和发

---

① 吕玉龙. 新形势下大学生道德教育的困境与对策探究［J］. 文学教育（中），2015.

展的条件；另一方面，科学教育是思想政治教育的原生形态，是思想政治教育展开的形式和必要环节，也是确保思想政治教育产生实效的重要保证。思想政治教育是科学教育的目的、导向和归宿。从功能上讲，思想政治教育是对科学教育功能的升华和拓展。正如爱因斯坦所言："科学虽然伟大，但它只能回答'世界是什么'的问题，'应当如何'的价值目标，却在它的视野和职能的范围之外。"①

2. 教育方式的多样性

当前的思想政治教育模式，重讲授、说教等较为单一的教育方式的现象仍然存在。这种填鸭式、灌输式的教育手段和教育方式，不能体现思想政治教育的人本观念与受教育者的主体思想。因此，为了实现大学生思想政治教育教学模式的创新，教育方式的多样性同样是重要的目标导向之一。具体来说，在思想政治教育过程中，必须承认思想道德的层次性，允许思想道德追求多样化，使具有不同思想道德层次（指与法治相容的道德层次）的人都能在社会中找到适合自己生存与发展的空间，找到激发自己不断向高层次的思想道德目标前进的动力，把思想政治教育工作保持在具有层次性的复杂阶段，从而保持思想政治教育工作蓬勃向上的青春活力。同时，就高职院校而言，思想政治理论课教育、社会实践能力培养、校园文化氛围营造、学生事务咨询等都是开展思想政治教育的重要手段，允许理论课育人、社会实践育人、文化育人与管理育人等多种形式共存，而且在最大限度上实现教育的合力是大学生思想政治教育教学模式创新所必须达到的目标。

（三）教育过程的统一性与评价机制的科学性

1. 教育过程的统一性

人的思想品德是在社会实践的基础上，在客观外界条件的影响与主观内部因素的相互作用、相互协调和主体内在的思想矛盾运动转化的过程中产生、发展和变化的。而这一过程既包括教育的外在干预环节，又包括受教育者对外在干预因素的吸收内化环节，是由外在干预到吸收内化的动态过程。在这一过程中，教育者的教育起引导作用，受教育者的自我教育起内化作用。任何教育只有通过受教育者自我教育才能发挥作用。受教育者思想政治素质的形成，既是教育者教育的结果，又是受教育者自我教育的结果。

此外，思想政治教育的过程同时还是一个塑造积极因素和改造消极因素的过程。在思想政治教育过程中，只讲塑造或只讲改造的单纯灌输式的教育

---

① 王修书. 地方公办高校要走可持续发展之路 [N]. 光明日报，2009-09-24（10）.

都是不全面的。这是因为每个人都有自己的价值观，并且能够按照个人的价值观行事。每个受教育者的精神世界都是由积极因素和消极因素两方面构成的。巩固和发挥已有的积极因素、培养新的积极因素，属于塑造性质的教育；矫正已有的消极因素，属于改造性质的教育。因此，塑造与改造是思想政治教育过程中经常进行的两个不可分割的有机过程。同时，在思想政治教育过程中，还应以塑造为主、改造为辅，实现塑造教育与改造教育的结合与统一。显然，必须实现教育干预和自我教育的主动内化相统一，而塑造教育和改造教育相统一是大学生思想政治教育教学模式创新的又一目标。

2. 评价机制的科学性

大学生思想政治教育的效果如何，直接关系到建设中国特色社会主义伟大事业，实现中华民族伟大复兴的中国梦的成败，关系到党和国家的荣辱兴衰。2015 年 1 月，中共中央办公厅、国务院办公厅印发的《关于进一步加强和改进新形势下高校宣传思想工作的意见》指出，要提升研究回答重大问题的能力，实施中国特色新型高校智库建设推进计划，定期开展师生思想政治状况调研，建立健全高校哲学社会科学研究分类评价体系，完善以质量和贡献为导向的评价机制。因此，大学生思想政治教育评估机制的科学性与否不仅直接关系到思想政治教育实效性能否实现，而且关系到高校办学质量的高低。这要求在考察思想政治教育效果时必须坚持实事求是，采用科学方法和技术手段进行整体考核和综合评定，实行动态与静态、个体与整体、定性与定量、短期与长期相结合的方式。显然，实现评价机制的科学性必然也是大学生思想政治教育教学模式创新的重要目标。

二、高职院校思想政治教育教学模式创新的原则

高职院校思想政治教育教学的基本原则，是指在高职院校思想政治教育教学过程中形成的客观规律，是实践总结的精华，是必须遵循的基本准则。它是在长期的思想政治教育教学实践中形成和发展起来的，具有实践和理论的双重属性。高职院校思想政治教育教学模式的创新要围绕以下五个基本原则来运行。

（一）"疏"与"导"相互结合的原则

"疏"就是广泛征求意见，疏通各种利害关系；"导"就是在疏通的基础上，对正确的元素加以肯定，对错误的元素进行否定，并引导相关主体向正确的方向前进。疏通和引导是两个相辅相成的个体，只有深入调查、分析个体需求，厘清各种错综复杂的关系，才能充分了解人们的想法，为"导"提供路径和方向；引导则为疏通提供基本的动力。二者相互结合是进行大学生思想政治教育的前提。

大学生思想政治教育教学必须以大学生的行为特点为直接依据，而决定大学生行为特点的思想特点则是开展大学生思想政治教育教学模式创新的根本依据。从模式创新的角度来看，教育者仅仅把握大学生的行为特点远远不够，还需要进一步掌握大学生形成这种特点的原因。一般而言，大学生行为是外显的，其特点可以通过观察法进行归纳，而要掌握具有内隐性的大学生的思想特点，关键就在于"疏"，就是让大学生"说话，说真话"。通过创造轻松的氛围、疏浚沟通渠道、搭建对话平台等一系列举措，让大学生原原本本地道出自己的真情实感，完完整整地表达自己的思想观念，从而了解学生的所思所想。在把握大学生思想特点的基础上，能够从更深层次分析和研究大学生的行为方式，全面掌握大学生的行为特点，并预测其未来发展趋势和发展方向，为开展大学生思想政治教育教学模式创新奠定基础。"疏"只是手段，"导"才是目的。思想政治教育工作者要特别注重在"导"上下功夫，导思想、导行为，通过选择、运用各种教育方法，引导大学生不断强化正确的思想观念和行为习惯，不断纠正错误的思想观念和行为习惯，以达到大学生思想政治教育教学模式创新的根本目的。

（二）理论与实际相结合的原则

理论与实际相结合是处理一切问题的基本方法。理论对实际具有重要的指导作用，实际反过来又对理论起到补充、修正的作用。理论与实际相结合的原则，正确反映了理论和实际之间的辩证统一关系。现代思想政治教育，就是要求人们运用科学的方法认识世界，这要求我们必须深化理论的指导力量，同时也要结合国情、时代背景等实际情况，开展思想政治教育，以达到知行合一的效果。

大学生思想政治教育教学模式创新是一项实践性很强的活动，必须有科学的理论加以指导。大学生思想政治教育教学模式创新是依据教育对象的实际情况、教育环境的不断变化更新教育方式和方法的过程，是不断将抽象的理论与具体的实际相结合的过程，是与思想政治理论教育相互配合、形成合力的过程，是加深和强化教育对象对理论的理解与把握，实现教育对象对理论的自觉接受和科学运用的过程。理论在大学生思想政治教育教学过程中发挥基础和保障的作用，是教育过程的出发点和落脚点。如果没有理论的指导和运用，大学生思想政治教育教学模式创新将失去依据、失去方向、失去价值。在大学生思想政治教育教学模式创新中，必须牢牢坚持理论与实际相结合这一原则。

（三）国际化与民族性发展相互统一的原则

随着全球化的发展，面向世界、放眼全球成为世界各国必须具有的思维方式和视觉维度。然而，全球化造成了大量的"文明冲突"，世界各国尤其是发展中国家，为了维护国家的主权和独具特色的民族文化，将坚持民族化发展的现代化取向作为应对全球化挑战的策略。事实上，民族化和全球化是相辅相成的，民族化是全球化发展的基础，全球化是民族化发展的条件。在全球化与民族化的交织中谋求发展，是每个国家、社会乃至每一个人都无法回避的现实。

置身于全球化的国际环境下，面对激烈的国际竞争，要消除错误思想对大学生的不利影响。对大学生思想政治教育工作来讲，自我封闭或者一味回避都是没有出路的。同时，大学生思想政治教育应当立足于中华民族传统文化，立足于中国特色社会主义现代化建设，进一步加强对大学生的民族精神教育和时代精神教育。

不难看出，大学生思想政治教育教学模式创新必须正确处理"外"与"内"、"他"与"我"的关系，既立足于本国又面向世界，坚持面向世界与立足民族发展相统一，培养既懂得中国又了解世界，既有民族气质又有国际视野的新型人才。

（四）主导性与多样性相统一的原则

主导性与多样性相统一，要求大学生思想政治教育教学既要坚持"一元主导"，又要允许"多样发展"；在教育目标、教育内容、教育要求、教育渠道、教育方法等各方面，既要体现主导性，又要体现层次性、丰富性、广泛性、多样性。对大学生思想政治教育教学模式创新而言，坚持主导性就是必须坚持用社会主义的意识形态、马克思主义的指导方针和中国特色社会主义理论武装大学生头脑。多样性则是根据不同教育对象的要求，丰富并发展主导性的要求，对主导性的发挥起配合和补充的作用。多样性包括内容选择的多样性，教育对象、教育环境的多样性。

主导性是实现多样性的前提，离开主导性的多样性必然导致教育活动的混乱，使日常思想政治教育失去目标和存在的价值基础；多样性是实现主导性的条件，离开多样性必然导致教育活动的僵化，不利于提高大学生思想政治教育的针对性和实效性。因此，创新大学生思想政治教育教学模式就必须注意主导性与多样性的紧密结合，二者缺一不可。

（五）自主性与社会化相统一的原则

大学生思想政治教育教学模式创新要坚持自主性与社会化相统一的原则，主要是基于开展大学生思想政治教育教学的组织而言的。随着社会的发展和进步，对大学生进行思想政治教育教学已经不仅仅是高职院校的责任，更是全社会共同的责任。因此，从这个意义上说，创新大学生思想政治教育教学模式就必须走出学校，走向社会，既坚持自主发展的独立性，又能够融入社会，充分利用社会优秀的育人资源和广阔的育人平台。

大学生思想政治教育教学是高等教育的重要内容。高职院校首先应充分发挥自主性，充分调动一切教育力量，充分利用既有资源，切实增强大学生思想政治教育教学的实效性。同时，高职院校应敞开大门，将大学生思想政治教育教学置于社会系统、环境和平台中，以社会生活的生动素材、经济建设的巨大成果、文化建设的优秀作品教育和引导大学生，努力推进大学生思想政治教育教学工作的社会化发展，充分利用社会力量和社会资源，开创大学生思想政治教育教学的社会化发展局面。坚持自主性与社会化相统一，既有利于高职院校、社会各方形成合力，又有利于直接推动大学生个人发展的社会化进程，这是当前以大学生思想政治教育教学为载体进行大学生人格养成教育的必由之路。因此，自主性与社会化相统一是创新大学生思想政治教育教学模式必须坚守的原则之一。

第三节　高职院校思想政治教育教学模式的创新策略

一、树立大学生思想政治教育教学的现代服务意识

随着改革开放的深入发展，社会经济、政治、文化以及人们的思想观念等方面已发生了一系列深刻变化，这就要求思想政治教育工作必须通过改革不断适应新的实践的发展。思想政治教育改革虽然取得了一点成就，但仍远远落后于时代发展的需要，出现了思路滞后、方法滞后、内容滞后、观念滞后等一系列问题，严重制约着高职院校思想政治教育的顺利开展和预期效果的实现。在建立社会主义市场经济体制的过程中，高职院校思想政治教育工作面临着前所未有的机遇和挑战。高职院校一方面要抓住机遇，另一方面要

主动迎接挑战，努力推动思想政治教育工作的现代化，特别是教育思想观念的现代化。在当前形势下，以市场为导向，树立思想政治教育现代服务意识显得尤为重要。树立现代服务意识就是自觉摆正思想政治教育的位置，从党的路线方针政策着眼，对大学生的思想政治教育要着眼于社会主义现代化经济这个目标出发，真正帮助当代大学生排除人生道路上的障碍，从而使他们积极健康地投入社会生活。大学生思想政治教育教学的现代服务意识应主要体现在以下四方面。

（一）服务于经济建设，服务于党的路线、方针、政策

服务于经济建设，服务于党的路线、方针、政策是思想政治教育工作的本质，也是其生命力所在。以经济建设为中心是党在社会主义初级阶段基本路线的中心，这就决定了思想政治教育必须为这个中心服务。思想政治教育工作不能游离经济建设这个中心，更不能搞"自我中心"、两个中心或多中心，妨碍和干扰经济建设的发展。思想政治教育工作者必须提高执行党的基本路线的自觉性，强化为经济建设服务的意识，自觉地服从和服务于经济建设。思想政治教育工作只有在经济建设和改革开放的过程中，找到适合自己的位置，才能发挥自己特有的作用，体现自己的价值。

思想政治教育要全力为经济建设服务，这是完全得民心、顺民意的。因此，思想政治教育在行为方式上，要从计划经济条件下的"一刀切、齐步走"中挣脱出来，强化自主性，提高因时因地的针对性。思想政治教育要站在服务于经济建设的位置上。在市场经济条件下，紧紧围绕经济建设大局和党的路线、方针、政策而开展高职院校思想政治教育工作，把先进的科学理论和党的路线、方针、政策传授给大学生，使他们牢固树立以经济建设为中心的思想观念，正确处理其他各项工作与经济建设的关系，在思想上同党中央保持高度一致，形成促进经济建设的强大合力。这就成为推动市场经济发展的强大动力和有力保证。

（二）服务于大学生基本素质的全面发展和提高

素质教育从人的全面发展出发，认为人的素质不是单一的，而是由多种具体素质构成的，如政治素质、思想道德素质、科学文化素质、能力素质、心理素质等。人的素质是具体素质的统一体，各种素质之间相互制约、相互影响。因此，素质教育要求全面发展和提高人的素质，反对只注意某方面素质而轻视或放弃其他素质的做法。事实证明，如果只注重科学文化素质而忽略思想政治素质，就很难达到真正提高大学生基本素质的目的。毫无疑问，

思想政治教育从本质上讲，就是运用科学理论和思想，用科学的世界观和方法论培育人的工作，其主要功能是提高大学生的思想政治素质，进而提高大学生的科学文化素质。充分调动他们学习的积极性、主动性和创造性，提高他们认识世界和改造世界的能力，从而充分发挥思想政治教育在推动大学生基本素质全面发展中应有的服务作用。新形势下，大学生的自我意识、平等意识、民主意识不断增强，这就要求高职院校思想政治教育要不断适应市场经济条件下大学生的心理变化，研究其个性差异，充分尊重大学生的个性，努力发掘大学生个性特征中的"闪光点"。在提高大学生思想政治素质的同时，以民主、平等的形式，创造生动、活泼的氛围，既使大学生的知识得到快速增长，又使大学生的心理健康发展。想要真正做好思想政治教育服务工作，高职院校思想政治教育工作者必须做大学生的朋友，转换角色，力求赢得大学生对思想政治教育工作者的信任和接受。同时，高职院校思想政治教育者要贴近实际，寓理于事，让大学生听有所思、学有所得，要善于营造平等交流、以情传理的心理氛围。要论之有据，以平等的态度交流思想，不要指手画脚，更不要将自己的观点强加给学生，以免使学生反感。在与重大原则问题保持一致的前提下，对一时统一不了意见的问题要给他们留有思考的空间。高职院校思想政治教育工作者应运用激励机制，最大限度地激发大学生积极向上的人生态度和用之不竭的智慧及创造力。市场经济中通行的竞争观念、人才观念、效益观念等被大学生所接受，为思想政治教育提供了新的契机。竞争观念的树立，有利于大学生形成比学赶超的风气；人才观念的强化，有利于大学生增强进取意识、自强意识，促进大学生提高自身素质；效益观念的增强，有利于大学生克服懒惰的心理，努力学习。

综上所述，思想政治教育要充分利用市场经济条件下的有利契机，服务于大学生基本素质的全面发展和提高。

（三）服务于大学生的求知欲和解答其思想上的疑惑

思想政治教育工作服务于大学生的求知欲和解答其思想上的疑惑，就是满足大学生掌握知识的需要和了解世界的渴求，解答大学生的各种困惑。随着改革开放的深入、市场经济的发展、科学技术的进步，面对大量的新鲜事物和复杂多样的信息，大学生的观念、要求、愿望、思维方式和生活习惯等不断发生变化，其求知欲更强，思想上的困惑也更多，这就需要用思想政治教育中包含的科学知识满足他们的一部分求知欲，解答他们的一些疑惑。为此，思想政治教育的手段、方法、机制、观念等必须转变，特别是教育者的思想观念必须跟紧时代的步伐，必须准确把握大学生的思想脉搏，否则就会与大学生格格不入，就难以做好他们的思想政治工作。当然，思想政治教育也要有预见性、主动性、超前性，及时纠正大学生思想中的错误认识和错误观念。对理论方面的重大问题不能总是低水平重复，要有走向前沿的勇气，要引导大学生研究前沿问题，通过大学生自己的探索，得出正确结论，从而提高大学生的思想认识和政治觉悟。

（四）服务于解决大学生的实际问题

思想政治教育是解决人的思想问题的，当前在新旧体制交替、碰撞的过程中，各种热点、疑点和难点问题不断出现，如果不及时解决，势必影响大学生的情绪，引起其思想波动。因此，思想政治教育工作者一方面要做好思想政治教育工作，帮助大学生正确认识和对待出现的矛盾，以积极的态度克服遇到的实际困难；另一方面，要关心大学生，千方百计为他们排忧解难，使他们感受到关怀与温暖。对一时解决不了的问题，也要做好解释工作；要把解决实际问题的过程变成提高大学生思想觉悟、调动其积极性的过程，以增强思想政治教育工作的感召力和有效性。

二、加强高职院校大学生思想政治教育工作队伍建设

（一）高职院校大学生思想政治教育工作队伍建设的重要性和必要性

首先，高职院校大学生思想政治教育工作队伍是保证高职院校坚持社会主义办学方向，全面贯彻党的教育方针，培养德、智、体、美等全面发展的社会主义建设者和接班人的一支不可缺少的重要力量，是学生思想政治工作的组织者和指导者。其次，这支队伍以马克思列宁主义、毛泽东思想、邓小平理论、"三个代表"重要思想、科学发展观、习近平新时代中国特色社会主义思想为指导，教育和引导大学生树立正确的理想信念，加强思想修养，使大学生成为有理想、有道德、有文化、有纪律的一代新人。最后，从国际国内的现实形势来看，建设好这支队伍也是非常必要的。一方面，随着时代的前进、知识经济的来临和经济全球化趋势，和平与发展成为当今世界的主题，但是，在国际上各地区、各国家之间的矛盾依然存在，斗争日趋复杂，表现在政治上实际上是霸权主义与国际政治多元化的对立。另一方面，争夺意识形态阵地的斗争日趋激烈。因此，高职院校大学生思想政治教育工作队伍建设无论从其职责任务，还是从现实形势上看都是一个不容忽视的问题。在高职院校，这支队伍的作用非同寻常，既有重要性，又有必要性，必须引起各

级党委和教育主管部门的高度重视。

（二）高职院校大学生思想政治教育工作队伍的建设

高职院校大学生思想政治教育工作队伍经过七十多年的建设，现已趋于成熟，在高职院校教学、科研、管理等工作中发挥了应有的作用。但是随着时代的发展变化，这支队伍出现了一些问题，主要表现在以下三方面。一是在思想内容上不适应当今世界政治、经济、文化、科技等方面发生的一些新动向。二是在方法手段上不适应目前网络媒体的迅速崛起所带来的新变化。三是从形成机制上不适应高职院校扩大招生、教育大众化趋势、自身发展所引起的一系列新问题所提出的新要求。这三个不适应归结在队伍建设上就表现出年龄偏大、知识不足且老化、人员不精更不稳、工作方法落后等问题。因此，对高职院校大学生思想政治教育工作队伍建设进行深入思考，有针对性地提出一些新要求是十分必要的。具体要求如下：

1. 物质要求

高职院校要从自身的实际情况出发，对大学生思想政治教育工作队伍的建设按照党中央的部署，明确思路、制订计划，其中包括人员选拔、使用、管理、培训以及经费保障、工作目标、设备、手段等各环节。从物质上确保高职院校大学生思想政治教育工作的正常开展。

2. 素质要求

对大学生思想政治教育工作队伍建设中从事这项工作的人员的素质要求，也就是说要从事大学生思想政治教育工作就要达到相应的要求，这个要求作为标准，必须明确。例如，从政治素质、思想作风、政策水平三方面规范要求，使之成为大学生思想政治教育工作者必须达到的条件。另外，还应从个人品行、事业心、责任心、敬业精神、文化修养等方面对高职院校思想政治教育工作者提出较高的要求，使之成为大学生思想政治教育工作者努力的方向和衡量自身工作的标准，从精神上对大学生思想政治教育工作者提出具体要求，以保证高职院校大学生思想政治教育工作队伍建设沿着正确的目标发展。

3. 业务能力的要求

这一要求实际是大学生思想政治教育工作队伍建设物质需要、自身素质需求的具体体现，也是对大学生思想政治教育工作者最重要的要求。如果在这个问题上对大学生思想政治教育工作者的要求不严，或者说没有保障大学生思想政治教育工作者不断提高业务水平的具体措施，那么高职院校思想政治教育工作在错综复杂的国际国内形势面前和现代信息科学技术飞速发展的情况下将显得软弱无力。在现阶段，大学生思想意识不断发生变化，高职院校大学生思想政治教育工作队伍的整体水平和业务能力并没有得到应有的提高，对现实中的热点、难点问题不能答疑解惑，对深层次的问题缺乏认真研究，工作没有实效，针对性不强。这都是大学生思想政治教育工作者业务能力不适应现实要求的表现。因此，不断要求他们加强对马克思主义、毛泽东思想、邓小平理论等党的理论的学习研究，提出符合高职院校大学生思想政治教育工作规律的目标要求，创造必要的条件，给予适当的物质保障，切实提高他们的业务能力和工作水平，在队伍建设中有特殊的意义。

（三）高职院校大学生思想政治教育工作队伍建设的专兼结合问题

在高职院校，进行大学生思想政治教育工作的专职人员一般是指分管学生工作的党委副书记、"两课部"教师、学团等有关部门及各院（系）部从事党团工作的人员。兼职人员是指既从事教学、科研、管理工作，又兼任学生思想政治教育工作的人员。例如，各院（系）部的主任、副主任，各教学班的班主任、年级辅导员、研究生导师等人员。

专兼职结合的大学生思想政治教育工作队伍是我国高等学校长期以来在人员结构方面形成的一大特点。实践证明，没有一支精干、高素质的专职大学生思想政治教育工作队伍是不能做好思想政治教育工作的，但是仅仅靠这支队伍完成繁重的思想工作任务又是远远不够的，因此兼职人员在高职院校大学生思想政治教育工作中的作用是不可替代的。发挥专兼结合的互补优势，对建设大学生思想政治教育工作队伍有至关重要的作用。发挥专职、兼职人员各自的作用应做到以下几点。首先，应当明确专职大学生思想政治教育工作者在高等学校中的地位，要把他们真正作为不可缺少的力量，在工作中使他们与专任教师、科研学术人员处于同样的位置，在政策上要一视同仁。应当创造条件，鼓励他们提高自己。要充分发挥选拔、使用、管理、培训等作用，加强对他们的培养力度。其次，发挥兼职人员的作用，调动这支队伍做好大学生思想政治教育工作的积极性也是非常重要的。要克服思想政治教育工作与教学、科研、管理"两张皮"的错误倾向，使思想政治教育工作渗透到教学、科研和管理中。因此，兼职人员在高职院校大学生思想政治教育工作中的地位和作用也是十分突出的，应当受到尊重。同时，要建立科学合理的工作量化机制，保证他们既做好教学、科研和管理工作，又做好学生的思想政治工作，使之成为既教书又育人的专家。

总之，专职队伍与兼职队伍在工作中实际上是相辅相成的关系，而不是主次关系，不存在谁轻谁重的问题。正确处理二者的关系，使二者结合起来，形成合力，不仅是高职院校大学生思想政治教育工作队伍建设中的一项重大课题，而且是做好高职院校大学生思想政治教育工作的组织保证，应当在实际工作中加以认真研究和高度重视。

三、新形势下的高职院校教师职业道德建设

我们必须全面贯彻党的教育方针，坚持教育为社会主义服务，为人民服务，坚持教育与社会实践相结合，以提高国民素质为根本宗旨，以培养学生的创新精神和实践能力为重点，努力造就"有理想、有道德、有文化、有纪律"的德、智、体、美等全面发展的社会主义建设者和接班人。实施素质教育，首先要建设一支适应 21 世纪社会发展需要的高素质的教师队伍，而建设教师队伍的关键在于加强教师队伍的思想道德建设，其中教师职业道德建设在新形势下无疑具有特别重要的意义。教师职业道德素质的高低决定着教师能否担当起振兴 21 世纪中国教育的历史使命，关系着"科教兴国"战略的实施和中华民族伟大复兴，也关系着我国社会主义事业的兴旺发达。

当今世界，科学技术突飞猛进，国力竞争日趋激烈。站在时代的高度，我们已经清楚地看到，综合国力的竞争越来越表现为经济实力、国防实力和民族凝聚力的竞争。但无论从其中任何一个方面的实力增强来看，教育都具有基础性的地位。教育是知识传播、应用和创新的重要基地，也是培育创新精神和"四有"人才的摇篮。无论在培养高素质的劳动者和专业人才方面，还是在提高创新能力和提供知识、技术成果以及增强民族凝聚力方面，学校教育都具有独特的重要意义。

振兴民族的希望在教育，振兴教育的希望在教师。教师在教育的发展中起着不可替代的作用，要从振兴民族、振兴教育的高度认识教师的地位和作用。各国之间的经济、综合国力的竞争，在很大程度上是人才素质的竞争，是教育的竞争。实现我国社会主义现代化建设的战略目标，从根本上说要依靠科学技术的不断进步和全体公民素质的不断提高，而发展科学技术和提高国民素质的关键还在教育。进入 21 世纪后，随着我国社会主义现代化建设和教育事业的新发展，教师职业的重要意义将会更加突出地显示出来。邓小平同志曾对教师在教育中的重要作用做出了高度评价，他指出："一个学校能不能为社会主义建设培养合格的人才，培养德智体全面发展、有社会主义觉悟

的有文化的劳动者，关键在教师。"① 教师是履行教育教学职责的专业工作者，是培养人才的园丁，是科学文化知识的传播者，是人类灵魂的工程师。在我国，教师承担着教书育人，培养社会主义事业的建设者和接班人，提高民族素质的重要使命。教师是党和国家教育方针的具体执行者，在教育教学活动中，教育方针能否贯彻，培养目标能否实现，教师起着主导作用。教书育人是教师的根本职责，教师要寓德于教，为人师表，使学生在德、智、体、美等方面得到全面发展。

新世纪的到来对教师职业道德建设提出了新的要求，如何进一步加强师德建设，使其适应新形势、新任务的要求，是摆在学校面前的一项紧迫而重要的任务。就高等学校教师队伍的现状来看，一大批青年教师正在成长，更可喜的是相当一部分青年教师已成为教学骨干和学科带头人，有些还担任学校各级领导岗位，他们具有美好的理想和崇高的信念，是 21 世纪中国高等教育发展的有生力量和希望所在。但也应当看到，青年教师也有某些弱点，他们实践经验较少，不大熟悉中国国情和中国人民奋斗的历史。其中，职业道德方面的问题在一部分青年教师中的表现比较突出，需要通过思想政治教育和师德建设的途径加以克服和改进。

我国古代著名教育家孔子说，"其身正，不令而行；其身不正，虽令不从"，"不能正其身，如正人何"。② 法国教育家卢梭也对教师的表率作用做出过精辟的论述，他说："你要记住，在敢于担当培养一个人的任务以前，自己就必须要造就一个人，自己就必须是一个值得推崇的模范。"③ 可见，作为一名合格的教师，除了要具有较强的业务素质外，良好的职业道德也是一个不可或缺的重要因素。爱因斯坦曾经说过："第一流人物对于时代和历史进程的意义，在其道德品质方面，也许比单纯的才智成就方面还要大。即使是后者，它们取决于品格的程度，也远超过通常所认为的那样。"④ 教师的职业道德水平，不仅影响着教师个人的成长和教育教学成果的取得，而且在总体上影响着一个国家教育事业的发展。

在我国改革开放和发展社会主义市场经济的新形势下，教师在学校改革发展和培养人才中起主导作用。培养高素质人才必须有高素质的教师，教师

---

① 中共中央宣传部. 毛泽东邓小平江泽民论社会主义道德建设［M］. 北京：学习出版社，2001：299.

② 徐恩恕.《论语》伴我行［M］. 长春：吉林出版集团股份有限公司，2017：210.

③ 过常宝. 立德树人，师范天下［N］. 中国教师报，2017-09-06（15）.

④ 钟登华. 培养具有家国情怀的一流人才［N］. 人民日报，2017-04-14（8）.

的职业道德水平不仅反映着教师队伍素质的高低，而且直接影响学校教风、学风、校风建设和教学质量的好坏。因此，要把加强教师特别是青年教师的职业道德建设作为师资队伍建设的重点环节。改革开放四十多年来，我国高等教育事业得到了前所未有的发展，形成了一支结构比较合理，忠诚党的教育事业，爱岗敬业、求实进取、乐教重教、热爱学生的教师队伍。

但是在市场经济相对开放的历史条件下，社会上一些消极的思想也影响了高职院校教师队伍，在一部分教师中存在着一些不容忽视的问题。

一是理想不够明确，信念不够坚定。在市场经济大潮的冲击下，有的教师淡化了对崇高理想的追求，对马列主义信念产生动摇，明辨是非的能力降低。因此，在向学生传授知识的同时，不能正确引导学生树立正确的世界观、人生观和价值观，甚至个别教师还在课堂上发表一些偏激、错误的观点，给学生思想造成混乱和困惑。

二是职业满意度下降，集体观念淡薄。人们称赞教师是"人类灵魂的工程师""太阳底下最高尚的职业"。可见，教师是一个崇高而神圣的职业。由于我国至今还存在分配上的不公现象，在市场经济条件下，部分教师职业满意度降低，职业荣誉感减弱，没有把全部精力投入教书育人中。

三是奉献敬业精神不强，价值观取向倾斜。在市场经济条件下，部分教师在付出与索取、理想与现实的矛盾中陷入误区，表现为片面追求个人利益的最大化。之前有的教师在校外兼课、兼职，未将全部精力投入本职教学，无力进行教学内容的更新和新知识的补充，严重影响了教学质量，缺乏爱岗敬业、无私奉献的精神。

四是自身缺乏修养，为人师表形象欠佳。众所周知，在教育教学活动中，教师的思想道德、治学态度、行为习惯，对学生有着直接影响和感染作用。一个品德高尚、学识渊博、以身示教的教师，不仅能直接为学生提供效仿和学习的榜样，而且对学生世界观、人生观和价值观的养成起着潜移默化的影响。但一些青年教师忽视了自身形象，治学态度不严谨，备课不认真，讲课时文不对题。这些有悖于教师道德的行为，严重损害了教师的职业形象。

所有这些问题的存在，影响了教师队伍素质的提高和高等教育事业的发展。因此，我们要从振兴民族、振兴教育的高度认识教师职业道德建设的重要地位和作用，要把教师，特别是青年教师的职业道德建设作为提高教师队伍素质，加强教师队伍建设的重点环节落到实处。

教师职业道德的特点，市场经济条件下经济成分、经济利益、生活方式、就业形式的多样化，以及社会生活中出现的自由主义、拜金主义、享乐主义、极端个人主义等腐朽思想的消极影响，决定了从事教师职业的知识分子必须具有较高的职业道德修养，热爱教育，献身教育，热爱学生，诲人不倦，教书育人，循循善诱，勤奋学习，钻研业务，以身作则，为人师表，团结协作，共同进步。

高职院校教师职业道德建设应着力抓好以下几个环节。

第一，加强马克思主义理论和职业道德基本知识的学习。学习马克思主义的科学理论和职业道德基本知识，是教师职业道德建设的理论基础。只有马克思主义的科学理论和职业道德基本知识，才能从理论上明确为什么这样做和应该怎样做的道理，加深教师对社会主义职业道德的理论、原则和规范的理解，使教师明确职业道德建设的目标，把握职业道德建设的标准，进而提高教师职业道德建设的自觉性。一是重点学习党的各代领导人对教育知识分子问题的论述，学会运用马克思主义的立场、观点和方法观察问题、分析问题和处理问题，树立正确的世界观、人生观和价值观。二是学习党的路线、方针和政策，加强对党的政策的理解，增强自己对培养社会主义事业接班人的责任感。三是学习《教师法》，正确处理待遇与工作态度的关系，发扬为社会奉献的精神，努力培养勤奋严谨、献身真理的治学态度和耐得住寂寞的优秀教育品质。

第二，积极参加社会实践活动，增强教师的社会责任感。社会实践是人的正确思想的源泉，也是孕育人们高尚品德的基础和检验道德修养好坏的唯一标准。因此，积极参加各种社会实践，在教育实践中磨炼自己的品德，是教师职业道德建设的根本途径和方法。为此，学校要为教师创造更多接触社会、了解民情、熟悉国情的机会和条件。例如，学校组织教师进行社会考察、参观访问，带领他们到工厂和农村参加社会实践等，使他们在社会的大课堂中开阔眼界，转变观念，使自身价值与社会价值相吻合，弥补自己的不足，增强社会责任感，并自觉地用正确的思想认识和自身的表率作用教育和感染学生。

第三，开展职业道德评价，严于剖析自己。所谓职业道德评价，是人们在职业生活中根据一定的职业道德标准，对自己和他人的职业行为做出的善恶判断。教师职业道德评价，是对教师职业行为是否有利于社会主义教育事业这一标准进行评价。只有通过职业道德评价，教师才能深入自己的内心世界，分清哪些职业行为体现了优良品德，哪些职业行为缺乏职业道德，并以此矫正自己的行为，养成良好的道德品质。经常开展批评和自我批评是教师进行职业道德建设的重要方法，教师应该善于剖析自己的思想和言行，清醒地认识自身存在的弱点，保持道德的纯洁性。

第四，提高精神境界，努力做到"慎独"。"慎独"就是在无人监督的情况下，自觉遵守道德规范的一种能力，它既是一种道德建设的方法，又是一种崇高的道德境界。教师职业的特点之一是个人独立工作，这就要求在职业道德建设方面自觉地遵守职业道德规范，防微杜渐，以对党和人民高度负责的态度，认真做好教书育人工作。

第五，学习楷模，不断激励自己。以革命前辈和英雄模范人物，特别是优秀教师为榜样，学习他们的高尚品德，学习他们身体力行、自觉提高修养的精神，这也是教师职业道德建设的有效方法。榜样的力量是无穷的，它给人以鼓舞，给人以教育，给人以鞭策。道德思想或思想人格是抽象的，它总是在伟大人物和先进分子身上表现出来。理想人格的表率作用和巨大感召力，起着其他教育形式起不到的作用。在新的历史条件下，高职院校教师应自觉地以老一辈革命家、英雄模范人物为道德楷模，从他们的身上汲取营养，通过消化和吸收，不断提高自己的职业道德水平，为习近平新时代中国特色社会主义教育事业的发展做出应有的贡献。

第七章

互联网与高职院校思想政治教育的优化路径

20 世纪 90 年代以来，互联网的迅速扩展和应用极大地影响了人们的交往方式、信息传播方式、思维方式和生活方式，深刻地改变了我国思想政治教育的环境。这些改变对于思想政治教育既是一个重大的历史机遇，也是一种严峻的挑战。互联网是思想政治教育必须面对的新环境，也是思想政治教育环境的一部分。

第一节　互联网环境下的思想政治教育

互联网的兴起，为人们提供了认识和改造世界的强大的现代化工具，基于互联网的信息生产、传播和交往活动，一个"互联网化"的生存空间形成，这是一个现实与虚拟相互交融的空间。

一、思想政治教育互联网的内涵

互联网是集通信互联网、计算机、数据库以及日用电子产品于一体的电子信息交换系统。它是当今世界最大的信息集合体。自 20 世纪 80 年代以来，它的应用已从军事、科研领域进入商业、传播和娱乐等领域，现已成为发展最快的传播媒介，是继报刊、广播、电视之后的又一新媒体——"第四媒体"，具有信息资源丰富、传播迅速、双向交互、服务个性化等特征，这是传统媒体无法相比的。互联网是现代信息技术不断发展的结果，由于其最大的特点是虚拟性，因此互联网也可以称为虚拟环境，是指人们通过计算机控制的输入输出装置进行交往、互动的一种场景或经验。人们在这里可以把信息移来移去，可以用电子的方式表现实际存在，也可以表现那些想象出来的世界。

互联网是现代信息技术的产物，互联网的发展依赖于现代信息技术，互联网的健康发展也依赖于现代信息技术的提高和完善。可以说，没有互联网，就没有这里阐述的针对特定的教育者和教育对象（高职院校师生）所创设的思想政治教育的新情境。

张再兴等认为，从技术维度看，互联网的基础技术架构由计算机、连接计算机的网线、网关、路由器等设备及其互联协议组成。① 作为互联网世界的基础，互联网的基础技术架构和互联网化逻辑对于互联网社会的运行方式和人们的生活方式、思想意识形成了一种深层次的规制。正是互联网技术架构的出现，才使技术要素在思想政治教育活动中显示出如此重要的地位和作用。互联网技术是一种价值观念资源、思想文化资源和教育资源。从社会维度看，互联网为人的社会交往提供了更为有效的途径，互联网技术的进步一方面使一种新型的社会关系和结构的出现具有了可能性，另一方面使某些处于社会边缘的特殊的社会结构走向社会中心地带。因此，互联网社会环境下的思想政治教育将是一个在多样化的互动模式和结构关系基础上的复杂行为系统。互联网社会的思想政治教育环境不仅是一种技术和关系的存在，更是一种以人为主体的文化存在。从文化维度审视思想政治教育环境，在一定程度上就是从互联网社会条件下人的价值观念和人格心理状况出发，明确思想政治教育实践的内在矛盾关系。这些矛盾主要包括技术性与人文性、知识性与价值性、开放性与凝聚性、主导性与互动性、自由性与控制性、传统性与创新性、社会性与个人性等。

思想政治教育互联网，是指围绕思想政治教育互联网活动并对其产生重要影响的一切外部因素的总和。

思想政治教育互联网以思想政治教育互联网实践活动为中心项，是影响互联网思想政治教育过程的互联网因素的总和。互联网中那些对思想政治教育活动及其教育对象的思想品德形成和发展不具有影响作用的因素，如私人之间有关日常事务的通信、一般的商业交往等，不应当归于思想政治教育互联网的范畴。或者说，思想政治教育互联网更多的是指政治思想、舆论、道德、文化等公共交往的虚拟社会场域。

思想政治教育互联网是以互联网技术架构为基础的。互联网空间是一种由计算机技术生成的维度，是信息互联网技术发展所建构的全球的、互动的、多媒体的综合信息平台，其为人类生存提供了新的可能的、潜在的空间或领域。因此，思想政治教育互联网活动必然会受到互联网技术架构和互联网化逻辑的制约和影响。但从现实性上看，互联网空间更多的是指一种虚拟的社会场景，它是技术工具与人、社会群体和组织相互作用的产物，具有明显的

---

① 张再兴. 网络思想政治教育研究［M］. 北京：经济科学出版社，2009：9.

属人性质。网络不是独立的存在。它之所以重要是因为人们把它作为一个互相交流、经营生意和分享见解的地方，而不是因为它是一个不依赖于外界的神秘的实体。在人与互联网的交互作用下，形成了互联网社会和文化空间，造就了人们的数字化、互联网化生存方式。思想政治教育所关切的仍然是在互联网中人的思想观念、行为方式的变化，是通过思想政治教育活动促进人的全面发展。

互联网社会环境是现实社会环境的延伸和拓展。一方面，互联网社会是现实社会的模拟和反映，现实社会中的各种社会关系、社会问题、思想观念、矛盾冲突等，必然要反映到互联网社会中。"人们的观念、观点和概念，一句话，人们的意识，随着人们的生活条件、人们的社会关系、人们的社会存在的改变而改变。"① 马克思主义关于社会存在与社会意识辩证关系的基本原理，仍然是我们认识互联网社会的基础。因此，仅仅把思想政治教育互联网看作一种直接作用于人的思想及其行为的"场景"是不全面的。人们的思想观念必然反映社会存在的状况，互联网空间不仅是互联网媒介生成的人们活动的模拟场景，更是与现实社会生活紧密联系的新领域，所以，我们也借用"场域"一词来表示思想政治教育互联网。由此可见，互联网社会场域与现实社会是相互交融、相互作用的，这种交互作用对思想政治教育产生了综合的影响。另一方面，互联网社会场域又是超越现实社会的一种拓展，它改变了社会结构和媒介环境，作为一种虚拟实在环境，它具有不同于现实社会空间的众多特性，这些特性必然改变人们的思想观念、行为方式和生活方式，对思想政治教育过程产生重大的影响。

二、思想政治教育互联网的特点

思想政治教育互联网作为思想政治教育所面对的一种特殊环境，与其他环境相比，有自己鲜明的特性。

（一）虚拟实在性

互联网是一种不同于真实的物质空间的虚拟现实环境。在现实世界中，原子是构成物质的基本单位，而在互联网这个庞大的虚拟世界里，万事万物都是以比特（bit）为单位来计算并且存在的。在这个数字化的电子空间里，你可以实现各种活动，但这些行为都是数字化的运动组合方式，不具有现实环境中的实体性，只具有功能上的实在性。凡是现实环境中存在的活动都可

---

① 李义天. 筑牢马克思主义伦理思想史基础［N］. 光明日报，2018-10-29（15）.

在互联网中虚拟存在，且可以不受时空束缚得以实现。

有"互联网空间哲学家"之称的迈克尔·海姆（Michael Heim）认为："虚拟实在是实际上而不是事实上为真实的事件或实体。"① 迈克尔·海姆总结了广义的虚拟现实的七方面，即模拟性、交互作用、人工性、沉浸性、遥在（以远程方式于某处出场）、全身沉浸，以及网络通信。

虚拟实在的互联网平台有益于提升人的主体地位，张扬人的个性，放大人的本质力量，有利于消除人们社会交往的时空障碍，使异地的"面对面"交往成为可能，改变人们的认知方式和情感体验方式，扩大人们的视野。但其也产生了虚拟与现实的矛盾，虚拟交往的匿名性和隐蔽性容易产生"蒙面狂欢"的效应，减弱人们的责任感，引发人们的道德失范行为。互联网社会场域是基于信息互联网技术平台的"虚拟实在"环境，思想政治教育互联网是互联网社会场域和现实空间的结合，其虚拟实在性客观存在。

（二）开放性

互联网空间的开放性把人们的视野拓展到全球的范围，扩大了人们的交往领域，但互联网社会场域打破了现实社会空间中各种"围墙"的阻隔，模糊了公共领域与私人领域的界限，使一些原本处于现实生活"后台"的东西走向了"前台"，融合了社会化的不同阶段，改变了人们的许多传统观念；互联网化逻辑的"非中心"结构影响到互联网社会场域的结构，使现实生活中处于边缘地位的一些亚文化走向了互联网社会场域的中心，削弱了现实社会中主流文化的主导地位；国外一些发达国家也通过互联网向全球传播其意识形态、价值观和生活方式，这对发展中国家民族文化的生存和发展提出了挑战。思想政治教育互联网的开放性给思想政治教育的顺利开展提出了诸多难题。

（三）多样性

思想政治教育互联网的多样性表现在：互联网扩大了社会公众的话语权，各种各样的思想政治观点、情感体验、道德生活方式都在网上得以呈现和传播，各种各样的互联网信息纷杂；在互联网社会场域中，存在着各种各样的"观众"，他们具有多方面、多样化的精神文化需求。互联网在提高公民的民主政治参与程度的同时，也使互联网空间变成了众声喧哗的公共领域，互联

---

① 迈克尔·海姆. 从界面到网络空间虚拟实在的形而上学 [M]. 金吾伦，刘钢，译. 上海：上海科技教育出版社，1997：111-112.

网社会场域实际上已经成为一个各种思想观念、文化形态激烈竞争的场域。异质性大大增强的互联网，一方面有利于提高社会公众的创新思维能力，另一方面又可能模糊了人们的价值观、道德观。

（四）复杂性

由现实到虚拟的场域转换，加剧了技术性与人文性、一元性与多元性、开放性与凝聚性、主导性与互动性、自由性与规范性、社会性与个人性、权威性与平等性、传统性与时代性、民族性与世界性等一系列矛盾，使互联网的发展呈现错综复杂的态势。

有人习惯用"知识爆炸时代""信息爆炸时代"来比喻当今世界，是有一定道理的。因为互联网时代人们的工作环境和生活方式都发生了很大的变化，一方面，这对于开阔人们的视野、更新知识技术有着极大的推动作用；而另一方面，海量化信息的呈现，不可避免会鱼龙混杂地包括一些不真实的、错误的甚至是刻意歪曲的数据。这些数据的存在对于人们的世界观、人生观、价值观定位难免会产生一定的影响。资源的共享与开放程度空前提升，如今的互联网作为一个全球性的开放系统，已经跨越了时间和空间的限制。可以说，互联网不独属于任何一个国家、任何一个民族或组织。在互联网领域，时间和空间的壁垒逐渐被打破，据权威部门统计，目前，世界上除了国家安保部门的网站为了防止非法入侵设置了层层壁垒以外，其他网站基本面向全球网民公平开放。当今世界充满了复杂性，表现在各个领域。全球化、技术进步、社会多样性等因素导致了社会、经济和文化的多元性和不确定性，这种复杂性使得我们的世界变得更加多元化，需要我们更具适应性和创新性地应对各种挑战。

（五）自由交互性

互联网是以平等为口号的自由交互空间，与报纸、广播、电视等形成的传统媒介环境相比，互联网更富有自由交互性。在这里人们可以随时随地进行一对一、一对多、多对一、多对多的信息交流，且不受时空的限制。不管你身处何方，身份如何，只要你能上网，就可以实现如下权利：其一，主动选择权，根据自己的需要主动对信息进行甄别，获取自己所需要的信息，而不再是被动接受；其二，发表意见权，通过互联网向信息输出者或他人提出建议，发表见解或文章；其三，即时参与权，可以自由平等、不受时空限制地参与网上各种活动，实现与互联网和互联网信息的互动，你既可以成为信息的接受者，也可以成为信息的发布者、传播者、评论员或反馈人。

各种信息以光速在互联网中进行传输，极大地拓展了人们的互联网互动空间，人们足不出户便可获取大量的信息，了解外面的世界，而且人与人之间的互联网互动在大容量、高速度的互联网支撑下也开始发展到不再需要时间和空间的支持便可时时面对面进行了，从而使现实环境中的人际互动行为过程所必需的时间和场所被大大压缩甚至被取消了。

（六）交融性

思想政治教育互联网的交融性主要表现在社会现实与互联网空间的交融，这对人们思想观念和行为的形成产生了重大影响，也使思想政治教育面临更为严峻的挑战。互联网媒介的开放，严重地削弱了传统大众媒介环境中国家和其他社会组织对社会舆论的控制，现实社会的各种矛盾在互联网社会场域中得到了充分的表现，对网民的思想意识、价值观念的形成造成了严重影响。同时，互联网媒介又以其在全球快捷传播的特性，放大了这些影响，反过来对社会现实造成严重的冲击。

思想政治教育互联网的这些特点，必然影响到思想政治教育者的思想观念、教育观念及其教育方法的变革，影响到受教育者思想品德的形成和发展过程，影响到思想政治教育的制度创新，影响到思想政治教育的效果。因此，全面地认识互联网社会场域对思想政治教育的影响，深入地调查分析我国思想政治教育互联网的状况，主动建设、开发和优化思想政治教育互联网，实现思想政治教育与各种互联网因素的良性互动，才能为有效开展互联网思想政治教育奠定基础和提供保障。

三、思想政治教育互联网的结构

根据不同的标准，可以把思想政治教育互联网划分为不同的类型。由于思想政治教育互联网环境涉及媒介、社会和文化几个层面的交互作用，因此可以从它的结构组成角度将其划分为三个主要构成部分。其一，思想政治教育的互联网媒介环境，主要涉及互联网社会场域中与思想政治教育相关的信息资源、媒介技术工具、传播途径和形态等状况，它们是进行思想政治教育的基础条件。其二，思想政治教育的互联网社会交往环境，主要涉及互联网舆论（舆情）状况、网民虚拟空间中公共交往的思想观念以及心理和行为状况等，它们对思想政治教育具有直接的重要的影响。其三，思想政治教育的互联网文化环境，主要涉及互联网思想文化的多样化发展状况和互联网制度规范的发展状况等。互联网思想文化多样化发展状况会对思想政治教育产生多方面的复杂影响，互联网中的法律法规建设、社会公德建设则会影响到思想政治教育的保障机制。

第二节　互联网对思想政治教育的影响

互联网为人们提供了一个虚拟但丰富多彩的全新空间，极大地改变了传统的社会结构，互联网社会与现实社会各有所长、相互补充、实现互动，共同构成了我们今天生存和生活的环境。如今，互联网已成为人们展示丰富生活的舞台，网上购物、网上交友、网上聊天，甚至网上恋爱都已不是什么新鲜事物。互联网给接触它的人们带来了很大的影响，对使用互联网较多的青年人来说影响则更大。

一、现状分析

思想政治教育互联网是基于互联网而形成的一种虚拟环境。与现实环境一样，积极与消极同在，良性与恶性共存。良性因素主要体现在以下几方面。

首先，有权威网站提供的学术信息、生活信息、娱乐信息等各类有益信息。如中国教育和科研计算机网不仅提供了丰富的互联网应用资源和便利的资源访问手段，而且为中国国民经济信息化建设提供研究和开发互联网技术的试验环境；"首都之窗"为公众提供了北京市的政治、经济、文化、生活等方面最新、最权威、最准确的信息和焦点、热点问题；"北京在线"为互联网用户提供个性化、专业化、多样化、高互动性的互联网娱乐产品和服务。

其次，国内各大知名媒体登录互联网，增加了互联网信息的严肃性和深刻性。如中央电视台互联网站，是国内最重要的新闻、影视、服务网站，栏目精彩，内容严谨而深刻；《人民日报》《光明日报》《中国青年报》等一批具有重大影响的全国性日报正式上网，获得海内外网民关注。此外，还有在线图书馆、资料库、出版社等特色网站，这些都是广大网民可以信赖的信息源。

最后，互联网中也有进行互联网思想政治教育的学术宝库。如马克思、恩格斯、列宁、毛泽东著作文库，这里收录了《马克思恩格斯全集》和列宁的经典著作，以及毛泽东的文集和诗词等。此外，还有有关高职学生的综合类、学习类、生活类网站，能对高职学生的学习、生活的各方面进行指导，内容丰富多彩，文化氛围浓厚。

互联网的"无国界"和其信息的自由传播，使思想文化信息可多向贯通，舆论多元表达，但互联网中也存在许多复杂的、不稳定的、消极的因素，主要体现在以下四方面。

（一）黄色信息、暴力信息侵扰互联网的各个角落

在互联网这个自由的虚拟环境中，色情传播、暴力传播也在迅速地蔓延，并呈泛滥之势。互联网中的"红灯区"引起公众的密切关注，尤其是青少年的家长对此深感忧虑。目前，治理互联网黄色信息、暴力信息的有效办法就是法律和行政手段，互联网的管理机构要及时对此类信息进行清理。然而，由于互联网信息自由化的特性和色情贩卖者的隐蔽性，色情信息仍将在很长的时间内活跃在互联网中。

暴力信息、邪教组织发布的信息也在互联网上蔓延。这些信息产生的不良影响也应引起社会的关注。

（二）信息垃圾的泛滥

随着互联网信息化进程的推进，信息垃圾开始越来越多地出现在互联网中。信息垃圾是指互联网中的冗余信息、盗版信息、虚假信息、过时信息、错位信息等，它们是静态的、无法自行激活的信息。

信息垃圾中除成千上万的毫无价值的信息外，还包括上万个已成为废址的网点。这些无价值的信息和诸多的"数字废墟"所形成的信息垃圾是造成互联网污染的又一重要原因。如果不清除，互联网信息污染等现象将长时间存在。

（三）互联网中信息垄断、语言霸权、文化冲突毕现，意识形态渗透加剧

互联网中有着丰富的信息资源，就世界范围而言，网上关于社会主义的信息很少，宣传西方价值观的内容占了主导地位。西方发达国家依据其信息、技术优势和互联网中的控制权，通过互联网大量传播自己的生活方式、历史观念、文化观念和价值观念，对发展中国家实施文化和政治渗透，侵蚀发展中国家的民族文化，威胁别国的稳定与安全。

（四）互联网犯罪与日俱增，互联网安全不容乐观

互联网犯罪就是利用互联网进行的犯罪活动。互联网成为犯罪行为的载体和工具，而犯罪行为所造成的危害则不仅仅局限于互联网，还有可能波及社会生活的各个领域，后果不堪设想。互联网犯罪形形色色、种类繁多，如互联网盗窃、互联网欺诈、互联网洗钱等，其中，互联网黑客的入侵活动及互联网病毒的制作与传播是互联网安全的最大隐患，其不仅扰乱、破坏互联

网环境，还会不断地威胁人们正常的工作和生活。

二、主要影响

（一）互联网提供了一个了解社会的窗口，增加了自主学习的机会

互联网世界包罗万象，浓缩社会百态，为人们提供了一个获得社会知识和多种信息的便捷途径，从某种意义上讲，接触互联网就是接触广阔的社会。同时，互联网的开放性使信息的获得突破了传统的限制，知识获取的途径大为简化，学习者的主体性得以彰显，自学的可能性和可行性都大大增加。

（二）互联网促进了政治、经济、文化的交流，加快了全球化的步伐

目前，全球政治、经济、文化的交流比以往任何时候都要快速和全面，这与互联网的广泛运用密不可分。互联网使人们突破时间和空间的局限，进行更直接的、跨文化的交流，并且将这种交流提升到信息化、知识化的水平，从而使政治、经济、文化的全球化交流展现出新的境界、新的层次、新的状态，为人们的行为、思维乃至政治、经济、文化结构注入了新的内容和形式。同时，互联网的发展加速了全球经济一体化的进程，进而带来了政治、文化、教育的全球化交往，加快了全球化的步伐。

（三）互联网的发展促进了道德的进步，提升了人们的思想境界

科学技术是道德进步的巨大杠杆，道德是科学技术发展的方向保证。科学技术的进步与道德的发展是相互促进的，人类历史上任何一次重大的科技革命都极大地推动了社会道德的进步，互联网的出现与发展也不例外。它不仅促进了人类文化的发展，诱发了人们价值观念、民族意识和社会文化心理的全方位变革，而且也为人类道德的进步提供了难得的机遇，形成了许多与时代共鸣的价值观念和伦理精神。

互联网已经改变了人们的交往形式，使交往不再基于血缘、地缘和业缘关系而进行，使交往过程不再受制于人的社会地位、社会身份和社会角色等因素，使交往超越了物理空间的限制并被赋予全新的内涵。互联网改变了人与人之间以及个人与社会之间的各种关系，拓宽了道德交往的领域，这不仅有助于形成新的道德关系，还将促进道德的发展和进步。同时，互联网也加快了社会信息的流动和加工，激活了传统价值观念、伦理机制的内部因子，进而促使人们新的价值观念和伦理精神的形成，如自主精神、奉献精神、自由和民主精神，以及权利意识、平等意识等。这些价值观念和伦理精神极大地丰富了人们的道德生活，提升了人们的思想境界。

（四）互联网中无政府主义泛滥，社会责任淡化

在互联网中，所有人都是互联网的一部分，都是自己的主人，没有政府机构，也没有完全意义的管理者，"互联网社会"是一个真正自由的场所，是一个无拘无束的王国。不论任何人，只要拥有电脑或手机等上网设备，掌握必要的上网技能，就可以在网上发表意见、发布信息等，无政府主义极易在此找到自己的市场。

在互联网环境下，人们很容易忘掉自己的社会角色、社会地位和社会责任，做出一些平时不可能做的明显不道德的甚至是违法的事情。互联网为人们提供的极大自由度，远远超出了人们社会责任的范围，由此引起的道德失范问题越来越多、越来越严重。这种情况是非常危险的，它破坏了互联网秩序，威胁到社会的正常运转。

（五）互联网中庸俗化和灰色化信息泛滥，道德冲突和道德失范现象严重

互联网仿佛是一个巨大的自由市场，在这里存在着信息多元传递和良莠共存的全息景观。它既能向人们提供有益的学术信息、娱乐信息、经济信息，同时也能向人们提供一些无用的、过时的、粗糙的、虚假的信息，或者是带有调侃、反动、迷信、色情、暴力、凶杀等倾向的庸俗化和灰色化的信息。由于网民的民族、国家、地位、角色不同，对同一件事的道德评价可能会有很大的不同，甚至截然相反。由于互联网技术的发展速度是超乎寻常的，现实社会的道德规范很难适应这种不断变化的新环境，即使有了互联网道德规范，也难以跟上互联网升级和换代的速度。所有这些，不可避免地会产生道德的冲突，道德的冲突必然引起道德的失范。

（六）互联网在一定程度上扭曲了对现实的认识，使个人主义膨胀，人际关系疏远

互联网的多媒体性，使互联网世界足以以假乱真，以现实为基础的互联网世界彻底模糊了幻境和真实的区别，以至于人们认为它比现实更真实。作为一种传播方式，互联网给人们提供的多是角色行为方式，却没有提供与之相适应的社会规范。当人们将虚拟的东西实质化时，对现实的认识也就开始出现扭曲，这种扭曲发展下去，就会将虚拟世界中的行为带到现实中来，必将搅乱现实生活。

尽管互联网无中心散布式的结构使平等自由的思想交流成为可能，但互联网中人际交往主要是通过人机对话来实现的，与现实生活中的人际交往相

比，它掩盖了许多丰富的内容，如眼神、微笑、手势、语调等。在网上，人与人之间很少有真实的情感交流，人们无法体验情感交流所带来的愉悦，人的个性发展和情感需求特别是其内在的亲和动机得不到较充分的满足，因此会逐渐失去对现实生活的感受力和参与感，整个人呈现电脑化、互联网化、非人性化状态，人与人的关系不断疏远。

互联网也使人们的生活方式产生明显改变。在互联网互动性、无主权性及互联网身份匿名性的情况下，个体容易摆脱传统权威的束缚，人们在对信息内容的选择上拥有更大的自主性。在互联网上无论是发出或接受信息，人们追求的是自己的个性，满足的是个人的兴趣，而淡漠的则是集体的精神。对个性和个人需求追求得太多，最终会导致个人意识的极度膨胀。

三、对受教育者的影响

（一）思想政治教育互联网对受教育者影响的表现

互联网对受教育者的影响具有双重性，呈现积极与消极并存、交替影响的状况。

1. 正面效应

（1）提升了受教育者的整体素质

互联网是一个空前开放的新环境，互联网信息充盈，信息的全面广泛性和使用便捷性拓展了受教育者的求知途径，为受教育者的知识更新和调整自身知识结构提供了不可忽视的客观条件。他们有机会享受更多的文化交流和娱乐服务，通过互联网超越时空的界限，与相识或不相识的人进行联系和交流，讨论共同感兴趣的话题；也可以阅读电子报纸、期刊和书籍，能发送自己新颖的见解及创造性的产品，信息采集、资料查询变得轻而易举，甚至能与自己崇拜的科学家交谈等。这些都极大地丰富了他们的精神生活，提高了他们的生活质量，不但大大开阔了受教育者的眼界，活跃了受教育者的思想，而且对受教育者的科学文化素质尤其是计算机知识和互联网技能提出了新的要求。互联网的发展掀起全民学习计算机的热潮，推动了计算机和互联网信息技术教育的普及，提高了受教育者的科技素质和信息意识，催生了受教育者的现代观念，如科学观念、效益意识、全球意识等，增强了受教育者对推进社会信息化进程的紧迫感和责任感。从某种程度上讲，互联网的开放性和全球性、信息的丰富性，不但便于受教育者认识社会、认识世界，而且为他们创造了一个自主创新的空间。

（2）提高了受教育者的主体性和自我教育能力

互联网为受教育者创设了一个可以自由探索的世界。它的自由交互性，一方面，使受教育者可以充分发挥自己的创造性、参与性和探索精神，培养其自信心和创造力，增强其主体性，而且互联网中虚拟的社会生活情境，也使受教育者的主体意识增强，为其进行种种价值选择实验提供虚拟体验，使他们在现实生活环境中更谨慎地进行价值选择，并对自己的行为负责；另一方面，使受教育者既可以自由选择信息，也可以创造、传播信息，而自由选择的主动性对受教育者的道德行为也提出了更高的要求。在任何时代，个人的道德行为都不只是个人的事。在互联网中，各种各样的信息传播起来更容易，个人的不道德行为会对现实环境产生消极的影响。互联网的虚拟性、互联网行为的高度隐蔽性和匿名性，要求受教育者必须具有更高的心理和道德上的可靠性、自觉性，这对于提高受教育者的自我教育能力很有帮助。

（3）促使受教育者终身学习的实现

受教育者的学习摆脱了以往教学中以教师、教材、课堂为主的接受知识的模式，他们在多元化的学习环境中获取更有用的、富有个性的知识。互联网扩展了教育者和受教育者之间以及受教育者相互之间的交流空间，并使之学到了传统课堂里学不到的东西。他们随时可以从网上调出丰富的信息，可以不受地域、时间等条件的限制聆听某一教育家的讲座，也可以通过互联网参与学术讨论，从而使互动式学习成为可能。互联网改变了传统教育的被动式教学方式，从根本上实现了教育平等，全体社会成员都可以投身互联网世界，去选择、去获取新知，使教育由学校扩展到家庭、社区、农村和任何互联网普及的地域，提高教育社会化程度。同时，受教育者还可以根据自身在不同时期的不同需要，通过上网，有目的、有计划地进行学习。这种学习不仅可以存在于学校或类似机构中，而且可以出现在办公室、娱乐场所、家庭和社会活动中，促使"学习即生活"的理想变为现实，帮助受教育者把生活化的学习作为一种常态，有利于促进学习社会化和学习终身化。

2. 负面效应

互联网对受教育者的影响从总体上看是积极的、有利的，但是其负面影响也不小，主要体现在以下方面。

（1）增加了受教育者的价值观念、思想意识形态的混乱性

与其他思想政治教育环境相比，互联网具有信息资源丰富的特性，信息传播区域更广、变化更大且不易控制。从空间存在上看，互联网的高度开放性和全球性，使互联网成为自由意识的乐园。从信息内容上看，从新闻报道、

体育赛事、股市行情、烹饪技巧，到科研领域的最新文献、数据、图表，以及天文观测照片，从政治思想到道德文化等无所不有，使互联网中的信息呈现政治、文化的多元化。从信息发布主体上看，国家、宗教、学校、个体，不分种族、地区、信仰、政治倾向和社会阶层，使信息传播手段呈现个体化和多样化。

（2）信息的丰富性伴随着信息的多元性和泛滥性

开放的互联网、超地域无障碍交流使西方资产阶级的社会文化、商业理想、价值标准、生活方式等充斥其间，暴力、金钱、色情、功利主义、享受主义、拜金主义等消极颓废的内容也被大肆宣扬。此外，西方发达资本主义国家利用国际经济、文化、科技的交流，加紧在我国书刊、影视、电子游戏、电子软件等精神文化产品中宣扬资本主义价值观。这些思想观念和信仰，每时每刻都使受教育者面临挑战与选择，使中华优秀传统文化的顺利延续受到严重干扰，与受教育者在现实生活中接受的中国传统文化、价值观念和生活方式形成冲突，诱发受教育者的思想混乱，乃至价值观的偏移。

（3）易导致受教育者道德法律观念淡化和道德行为的失范

互联网是虚拟的数字化世界，互联网的虚拟性、网上行为的隐蔽性和匿名性是导致受教育者道德弱化的主要原因。在互联网上，每个人的存在都是虚拟的，互联网行为以符号形式出现，使外界不易对其进行有效监督，导致互联网主体缺乏理性。由于有关互联网的政策法规不健全，受教育者上网主要靠道德自律。同时，建立在现实社会中的道德规范的约束力在互联网中相对弱化，而又一时没有形成新的道德规范，从而使大量的网上行为处于既不受旧规范的制约又无新法可依的真空状态。受教育者在此环境中摆脱了现实世界的管理与控制，有一种"摆脱压抑、无拘无束"的感觉和"为所欲为"的冲动，"快乐原则"支配着个人欲望，这使他们忘掉自己的社会角色、社会地位和社会责任，做一些平时不能做、明显不道德的行为。如在网上散布虚假信息，进行网上谩骂、人身攻击，访问色情、暴力网站等。另外，在互联网新的道德规范的建设过程中，会不断受到传统道德规范的抗拒，这种不同规范体系的并存与冲突，必然造成网上行为的两重性，而且在匿名情况下，人们更容易做出侵害性行为，这是一种责任分散效应。如现实生活环境要求人们遵守纪律、承担责任，而在互联网中，更强调言论自由，言论难受控制，两者并存导致大量不负责任的谩骂、网上展示他人隐私等行为的出现。这些影响一旦反馈到现实生活环境中，就易使受教育者不自觉地放松自我约束，导致道德法律观念淡化和道德行为的失范。

（4）互联网的虚拟性易导致受教育者对自我认知的不协调

互联网行为的超时空性、符号互动性给每个人展现真我的机会，正是这种机会使许多受教育者放弃了生活中的面具，也导致他们对自我认知不协调。第一，认知冲突。经常上网的受教育者，其浏览信息的数量不断增多，浏览信息速度提高，但接触媒体的种类减少，消化信息内容的程度降低，而且随着上网浏览信息时间的增加，其感受到的信息总值递减。将大量的时间用于网上遨游，会使他们对报刊、广播、电视这些传统的信息传播媒体的接触变少，而这些传统媒体目前仍然是我们进行思想政治宣传的主渠道，传播的信息具有权威性和深刻性。受教育者尤其是青年学生对主渠道信息的不接触或少接触，会直接影响思想政治宣传的效果。大量的网上信息以图像化、直观化的形式呈现，使受教育者没有足够的时间去进行真伪善恶的辨别。随着时间的推移，对信息的感受性减弱，使信息在其印象中处于似是而非的状态，这种未经消化的信息残留会在潜意识中干扰受教育者的思考和价值取向。第二，人格冲突。互联网是一个虚拟的空间，受教育者一旦沉溺其中，就易出现虚拟环境和现实环境的混乱。他们渐渐会产生自我怀疑，陷入困惑和孤独之中，而且与周围的人格格不入，产生人格发展障碍。同时，在虚拟的互联网中长时间漫游，易失去对周围现实环境的感受力和积极参与意识，可能导致一些受教育者患上互联网综合征、网癖等，会在情感上对互联网世界产生眷恋和过分依赖，不善于与人交流，产生人际关系障碍，也不利于良好道德观念的形成，进而引发情感冲突、社交冲突、意志冲突等，由此形成心理错位，造成行为失调，严重危害受教育者的身心健康，不利于健康人格的形成。

（二）思想政治教育互联网影响受教育者的方式

1. 相互影响方式

互联网的全球性和开放性，对受教育者的思想、行为具有广泛的影响。一方面，互联网信息的海量性和获取信息的快速便捷性丰富了思想政治教育的信息资源，拓展了受教育者的视野和思路，提高了受教育者的学习、生活质量，但互联网的复杂多变性、信息的良莠不齐等都不同程度地影响受教育者的思想和行为，也增加了受教育者选择信息的难度。另一方面，受教育者的科学文化素质尤其是信息素质的高低对互联网的健康发展也有一定影响。

2. 强化影响方式

互联网对受教育者的影响，主要是通过信息发挥作用，是一种信息强化影响。一是形象性强化，采用图文并茂、声像融合的多媒体手段增强趣味性，进行信息强化，从而形成良好的视听效应，增强感应力和吸引力；二是诱导性强化，选择令人赏心悦目的背景，或选择在社会上有影响力的人物，通过简洁易记或幽默诙谐的语言达到诱导强化的目的；三是综合性强化，围绕同一新闻或消息、观点，运用不同信息手段和方式进行强化，形成综合影响效应或强大的舆论攻势；四是持续性强化，利用互联网的高效化、即时性、全时性、广容性等特点，对同一内容或观念反复传播，造成持续性影响。

3. 潜移默化影响方式

思想政治教育互联网中的信息环境和娱乐环境具有形象、生动、直观的特点，使受教育者易于沉浸其中，从而受到影响。这种影响不是强制的，而是通过渗透、感染、熏陶，启发受教育者的思维，激发受教育者的情感，日积月累，进行潜移默化的影响，使受教育者在不知不觉中受到影响。良好的思想政治教育环境是互联网思想政治教育活动有效开展的基础，对教育教学活动的高效率、高质量开展具有促进和保障作用，同时使受教育者不断受到启发和熏陶。

（三）思想政治教育互联网对受教育者影响的特点

1. 多重性

互联网纷繁多变，互联网信息质量参差不齐，良性与恶性、积极与消极共存于一网之中，影响着受教育者的思想和行为，而且不同的受教育者对互联网信息的选择也存在很大的区别。有的受教育者具备良好的互联网道德和自律意识，能够汲取积极有益的互联网信息，从而克服不良互联网信息所带来的影响，获得良好的教育效果；而有的受教育者由于自律性较差，容易接受互联网中的负面信息，从而给自身带来消极影响。所以，不同的受教育者在面对互联网时，所受影响存在着很大的差异。

2. 高效性

互联网以惊人的能力储存信息，又以惊人的速度传输文字、声音、图像，且不受印刷、运输、发行等因素的限制，打破了时空界限，瞬间将信息展现给受教育者。同时，互联网还向人们提供电子邮件服务、文件传输服务、电子布告服务等。这些都大大提高了受教育者的学习效率和生活质量。

3. 渗透性

互联网作用于受教育者的方式具有渗透性。互联网信息的复杂多样、形象直观是其渗透的基础。受教育者上网是自愿的，而不是被强制的，受教育者在使用互联网的过程中不知不觉地就受到了影响。

四、互联网给高职院校思想政治教育带来的影响

（一）互联网给高职院校思想政治教育带来的机遇

互联网给高职院校思想政治教育带来的机遇是多方面、多层次的，简单归纳起来主要有以下内容。

1. 使思想政治教育的形象性加强

心理学研究表明，人们接收的外来信息有 83% 是通过视觉感官实现的。互联网语言具有声色俱全、图文并茂、声情融汇等特点，通过这种信息表述，可为人们提供真实的表现效果，感染力极强，特别是"多媒体"技术带来的多种感官感知，其影响效果明显优于单一感官感知的影响效果。这些虚拟现实技术的应用，为人们提供了色彩艳丽的图片、悦耳的音响、活泼的三维动画，以及其他多媒体仿真画面，使人在形象、生动、直观的教育中，思想得到升华，其效果是传统思想政治教育方法无法相比的。

2. 增强了思想政治教育的时效性

巨大的速度优势，是互联网最重要的特征。信息高速公路所架设的四通八达的互联网，使受教育者不必按传统方式在规定时间内到规定的场所接受教育，而是可以在任何一个设有终端的地方随时获取所需的知识，"聆听老师的教诲"，迅速了解国内外正在发生的政治、经济、社会生活各个方面的信息。

3. 使思想政治教育的互动性加强

互联网的交互性沟通，将吸引人们由传统的被动式接受"灌输"教育变为主动参与思想交流，在思想碰撞中自然而然地接受引导。在这个不论地位、身份、年龄的互联网中，一切交流都是交心讨论式的，交流的形式也是见字不见人，这就有可能使最内向的受教育者也毫无顾忌地敞开心扉、发表见解，人际心理距离缩到最短，各种观点和情感交流更具有真实性、直接性。在互联网中，教育者与受教育者是平等的。这种互动式、引导式的思想政治教育，可以大大提高思想"灌输"的有效性。

4. 使得思想政治教育范围更为广阔

一是由于互联网没有地理上的界限，交互式远程教育为思想政治教育提供了广阔的传播途径。不同地点的受教育者，既可通过互联网共享思想政治

教育资源，又可在网上自由地向教育者咨询思想问题，与其他人开展思想交流与讨论。二是对于学校思想政治教育而言，互联网使家庭与学校对学生的思想政治教育连为一体。通过互联网，家长可随时查询子女在学校的政治思想、学习生活等状况，学校也可随时与学生家长保持联系，做到家校结合，共同做好学生的思想工作。因此，互联网使我们的思想政治教育空间变得更为广阔、更为开放。

（二）互联网给高职院校思想政治教育带来的挑战

互联网作为一种新生事物，已经被各个国家、各个领域以及各种政治集团所利用，我国在互联网及其相关的诸多方面（如制度建设等）均起步较晚而且不是很完备，但互联网在我国的发展速度却十分惊人。极快的发展速度、极广的辐射领域与不完备的互联网管理和制度相矛盾，这些都给高职院校的思想政治教育带来了前所未有的挑战。主要表现为以下几个方面。

1. 冲击了教师的主导地位

传统的高职院校思想政治教育主要是在真实的课堂上进行，老师与学生在课堂上进行思想政治教与学的互动。互联网时代的到来正在逐步改变这种传统的教学模式，使高职院校的思想政治教育越来越互联网化。思想政治教育互联网化的弊端是冲击了教师的主导地位，教师不再是学生获取知识的源头。由于互联网信息的复杂性和开放性，传统教育者支配受教育者的局面不复存在，取而代之的是学生主体地位的实现。

2. 促进了西方思想文化的渗透

思想政治教育实质上是一种思想的灌输与教育，其目的是帮助学生树立正确的人生观、价值观与世界观，帮助学生正确地对待学习、工作和生活，并且帮助学生树立正确的思想意识。互联网时代的到来，使有些人利用互联网传播拜金主义、极端个人主义、主观主义、享乐主义，这些错误思想在一定程度上对高职学生的思想产生了消极影响，扭曲了学生的道德观和价值观。互联网文化加速了西方思想文化的渗透，在一定程度上给我国高职院校思想政治教育的开展带来了新的挑战。

3. 负面影响加大了思想政治教育工作的难度

互联网的开放性与虚拟性使越来越多的高职院校学生沉溺于互联网游戏与互联网交友中不能自拔，这严重影响了高职学生的日常生活和心理健康。互联网文化的负面影响在一定程度上加大了思想政治教育工作的难度，在新形势、新背景下，如何化解互联网文化的负面影响已成为高职院校思想政治教育工作者研究的课题。

4. 对思想政治教育工作者的综合素质提出了更高的要求

思想政治教育工作者是学生进行思想政治学习的关键因素，思想政治教育工作者教育水平的高低直接影响着学生学习思想政治的兴趣与能力。互联网这把双刃剑，既能带来正面的影响，也能带来巨大的负面作用，这就对高职院校思想政治教育工作者的综合素质提出了更高的要求。高职院校思想政治教育工作者应该接受互联网的挑战，迎难而上，攻坚克难，做好相应的思想政治教育工作。

第三节　思想政治教育互联网环境的优化

一、互联网的社会本质

互联网是什么，是技术，还是工具？对这个问题应从三个层面去理解：一是互联网的支撑与发展离不开互联网技术（互联网基础设施、互联网通信、互联网软件等），是互联网技术的不断进步带来了全球互联网的春天，使得互联网迅速进入我们的生活。二是互联网已经成为人们展现个性、互相交流、发布信息、网上购物、游戏与娱乐、聊天的舞台和工具，这是互联网的应用性。三是人们通过互联网对社会资源进行重组，推动社会资源的流动，从而引发社会全局的变革。只有从这三个方面客观地、科学地分析，才能把握互联网的社会本质，从而正确认识互联网对思想政治教育的意义。

从技术层面上看，互联网是以计算机技术、通信互联网技术和虚拟现实技术等为基础而建立起来的多维信息空间；从形式上看，它是虚拟的；从功能效应上看，它又是真实的，是人际交流的领域，只不过与现实世界相比具有不同的交流方式。互联网有自己的空间，这个空间有自己的构成因子；有自成一体的活动，如电子贸易、电子银行、电子邮件、电子论坛等。但这些都是人赋予互联网的，互联网终归是人的互联网，就本质而言，其无非是人利用的工具。它之所以绚丽多彩，正是因为人在其中起着不可估量的作用。

（一）人仍是互联网社会的主宰

互联网社会同现实社会相比有许多特别之处，互联网主要由电子元件和信息等基本元素构成。电子元件支撑起互联网社会的物理空间，由电子元件构成的互联网物质结构是互联网社会的骨骼，它是互联网存在的物质基础；在互联网中不断传递的信息则是互联网的主体内容，它的不断产生、传递和消亡为互联网社会运作提供了动力和活力，互联网是信息存储和传播的通道。从表面上看，互联网空间中似乎没有人的位置，但实质上，互联网社会同现实社会一样，都不能缺少人的存在。在互联网社会中，互联网和信息的操作都需要人来把关，通过互联网中的各个节点和终端来控制和使用互联网的人是互联网社会的真正支配力量。

人是信息和互联网的主宰，互联网运行的每一个环节无不是依照人的意志而运行的，正是因为人的主宰和操纵，互联网才获得了模拟现实社会的能力，从而成为互联网社会。"互联网人"不仅是互联网技术的创造者和控制者，也是互联网信息的"把关人"，他们既决定着互联网技术的质量，也决定着互联网信息的思想内容及性质。因此，"互联网人"的思想素质与其技术素质具有同等重要的地位，加强对"互联网人"的思想政治教育，提高其思想道德素质，是思想政治教育义不容辞的责任。

（二）互联网社会依然展现出人的社会本质

在互联网社会中，每个人面对自己的计算机工作，都充分发挥个体的主动性与能动性，展现自己的个性。但每个人又不是孤立的，而是通过互联网联结成一个整体，形成以互联网为中介的人与人的互联网社会关系。所以，互联网社会依旧是人与人构筑起来的集合，同现实社会一样，人在互联网社会中的交往具有鲜明的群体性与社会性。

当一个人在互联网中生存的时候，他可以虚拟自己的姓名、性别、年龄、籍贯等现实因素，可是一个人固有的、根深蒂固的个性特征尽管可以加以伪装，但在不经意间总会表露出来，因此是无法完全虚拟的。无论在现实社会还是在虚拟社会，每个人的个性化特征总会在与他人的交往中体现出来，人的这种社会属性，即使是在虚拟的互联网社会中，也是无法发生根本改变的。因此，在虚幻的互联网背后，隐藏着每个人真实的自我。人的这种社会属性的存在使人在虚拟与现实之间保持着一定程度的一致。

马克思主义的思想道德教育环境论的基本观点是：环境决定人的发展，决定人的思想道德面貌，人也可以通过实践活动改变环境，改变思想道德状况和风尚。这说明人接受环境的影响不是消极的、被动的，而是积极的、能动的过程，人能够通过实践活动变革环境，能够充分发挥主观能动性，创造一个良好的和谐的环境。马克思主义的思想道德教育环境论，既是唯物的，又是辩证的。它是我们优化互联网对思想政治教育良性作用的理论依据。因此，我们必须充分认识互联网对受教育者的正反两方面的效应，在积极发挥正面效应的同时，应进一步加强管理和引导，化消极为积极，营造健康、和谐的互联网环境。

二、思想政治教育互联网优化的原则

（一）教育性原则

教育性原则是指进行互联网优化的各个环节、各项工作都要具有教育性。互联网是一种特殊的思想政治教育环境，其对人们的思想政治品德的影响具有双重性，积极与消极并存。教育者在互联网的优化过程中一方面要充分发挥其积极影响，并有效利用互联网资源优势，激发受教育者的进取心，调动他们的积极性和创造性。另一方面，要通过各项规范约束和限制一些受教育者偏离思想政治教育目标的行为。要正确认识互联网对受教育者思想政治品德的消极影响，积极研究对策，采取措施，把负面影响降到最低，增强受教育者的"免疫力"，保持教育影响的一致性，促使受教育者思想政治品德始终朝着积极、健康、向上的方向发展。教育性原则要求教育者既要重视法治建设，又要重视环境的激励熏陶作用，发挥受教育者的主体性和能动性，防止见物不见人的偏向。要做到优化互联网的一切措施、方法都具有积极的教育作用，创设有利于进行思想政治教育的互联网氛围和环境。

（二）创造性原则

创造性原则是指教育者在总结原有经验的基础上，不断改进、探索新的经验和理论。坚持创造性原则，就是要把握互联网对受教育者思想政治品德影响的规律，并遵循这一规律来营造育人环境。首先，要求教育者要有胆有识，充满活力，富有创新精神；其次，教育者要重视互联网对受教育者思想政治品德的各种影响，实事求是地进行分析，善于总结，勇于突破；最后，要使开放思想和创新意识成为教育者和受教育者双方共同的价值取向和自觉行动。

（三）协同性原则

协同性原则就是优化互联网的活动及措施要保持协调一致，促使其各方面协同发展，实现整体功能大于局部之和。互联网是复杂的具有特定功能的系统，它的国际性和开放性的特征决定了互联网的优化是一个全球性的问题，是世界各国的共同责任。互联网使全球成为一个整体，其环境的优化就是对这个整体的优化，一切活动都是以追求整体最优为目标的，其实质在于实现互联网整体效益的最优化，局部优化不是最终目的。但是，目前对互联网的优化还未引起某些国家的足够重视，由于意识形态、价值观念等的差异，一些国家在采取措施和管理上存在分歧，而且互联网信息传播是超地域性的，只要一个国家游离于国际管理和国际合作之外，互联网的优化就难以达到预期目的，这些都影响了互联网的优化。

（四）趋利避害原则

趋利避害原则就是要努力创造或选择有利的互联网因素，避开或排除有害的互联网因素。趋利避害是互联网下个人发展和思想政治教育的共同要求，也是优化互联网的要求。为此，我们首先要确立"有利"和"有害"的标准，然后再根据标准对互联网进行整治、清理，兴利除害，净化互联网空间。

三、思想政治教育互联网的优化途径

（一）提高网民的信息素质，构建互联网道德，规范互联网行为

1. 加强网民的信息素质教育，提高网民对有害信息的免疫力

所谓信息素质是指人们所应具备的信息处理实际技能，对信息进行筛选、鉴别和使用的能力等，包括信息意识和情感、信息能力、信息道德和信息法律意识四个方面。信息意识是指对信息的敏锐度和捕捉、分析、判断、吸收信息的自觉程度；信息情感是指使用信息的态度和兴趣；信息能力主要包括信息获取能力、信息处理能力、信息表达能力和信息传递能力；信息道德是指整个信息活动中的道德，是调节信息创造者、信息服务者、信息使用者之间相互关系的行为规范的总和，包括信息交流与传递目标应与社会整体目标协调一致，社会责任感，良好的创作精神等；信息法律意识主要包括遵循信息法律法规，抵制各种有害信息，尊重知识产权，尊重个人隐私等。互联网的优化离不开广大网民的参与和支持，但网民的信息素质对互联网优化有着积极的能动作用。由于种种原因，我国网民的信息素质普遍不高。因此，优化互联网，要重视教育和科技事业，增加对教育和科技事业的投入，加强信息技术宣传及普及教育，提高网民的科学文化素质；要加强对网民的信息法律法规教育和信息伦理道德修养教育，帮助网民树立正确的互联网观，增强其信息法律意识，提高分辨能力，做知法、守法的网民，使网上言行符合法律法规的要求，并主动用法律来维护互联网安全，这样才能保证互联网的健康发展。

2. 加快互联网道德建设、宣传，规范互联网行为

首先，借鉴国外先进经验，构建适应中国特点的互联网道德规范体系。互联网道德规范是在计算机信息互联网专门领域调节人与人、人与社会的特殊利益关系的道德价值观念和行为规范。目前，国际范围内有关互联网道德规范还没有形成系统理论，但取得了一定成果。如著名的美国计算机伦理协会制定的"计算机伦理十戒"、南加利福尼亚大学针对互联网伦理指出的"六种互联网不道德行为"。这些互联网伦理准则都值得我们认真分析与借鉴。现在，我们应从中国的实际出发，在借鉴国外合理经验的基础上，加强互联网道德规范的可操作性研究，提出和制定适合中国特点的、行之有效的互联网道德规范，提高互联网专业和广大应用人员的伦理道德水准，为优化互联网提供道德保障。

其次，宣传互联网道德规范，倡导道德自律，强化互联网道德责任意识。互联网道德是由于虚拟互联网空间的出现而产生的新要求，它与根植于物理空间的现实道德虽有所不同，但互联网行为也是社会实践活动的一部分，是一种特殊的社会行为在互联网中的延伸。因此，互联网道德规范的建立和发展是在现实社会道德基础上形成的合理的互联网规范。同时，我们必须加大宣传互联网道德规范的力度，使人们明确互联网道德规范的价值和意义，把互联网道德规范和互联网技术置于同样重要的地位加以学习和掌握，培养人们自觉的互联网道德意识、道德意志和道德责任，遵守适合我国国情和社会发展要求的互联网道德规范。科学技术的不断发展，要求人的"道德自律"也要不断加强。由于互联网缺少他人干预、过问、管理和控制，因此互联网道德相对于传统社会的道德，应该是一种自主自律型的新型道德，要求网民有较高的自律性，自觉强化自律意识和责任意识，自觉遵守互联网道德，履行作为一个公民应尽的社会责任，使网民在互联网中无论作为信息的传播者、提供者，还是作为信息的接受者、使用者，都要自重、自爱、自律，保持"慎独"，文明上网，合理利用互联网，从而达到净化互联网空间的目的。

（二）提升互联网技术，构筑"信息海关"，堵截和控制互联网有害信息

互联网有害信息是指互联网中的虚假信息、色情信息、非法信息和破坏信息等，它们危害国家安全和社会安定，扰乱公共秩序，侵犯他人的合法利益，破坏文化传统、伦理道德，影响青少年的身心健康。优化互联网，就必须清除这些有害信息。首先，要提升互联网信息安全技术水平，控制互联网用户访问范围，管理非法代理服务器，严防黑客入侵和计算机病毒泛滥。要

加大人员、技术、资金的投入，更新互联网系统设备，对互联网安全技术进行升级，堵塞各种漏洞，提高抵御各种侵害的能力，如随时升级互联网"防火墙"和杀毒软件，频繁更改系统口令、密码，开发和研究反病毒技术等。其次，要运用技术手段，在国家内部网和外部网的界面上构筑"信息海关"，进行信息检疫，有效隔离和消除有害信息，从而堵塞危害国家安全和社会治安的有害信息进入，达到净化互联网空间的目的。最后，建立互联网在线投诉机构。政府出面组织互联网在线投诉机构，鼓励和倡导所有的互联网用户都来参与，一旦发现不正当的行为，立即连接互联网在线投诉的网页，报告情况，工作人员全天候听取用户反馈的投诉信息，发现问题及时解决。

（三）完善制度，强化管理，依法治网

技术必须与管理相结合才能发挥作用，优化互联网要有一系列的法律和规章制度，需要社会方方面面的协作配合。

第一，政府要加快建立互联网信息审查制度。信息审查是把在互联网上发布的各式各样信息，在符合各项原则和规则的前提下，通过分析过滤，去除糟粕，留下精华。由于互联网固有的特性，很多对于传统媒体行之有效的审查原则到了互联网上就成了明日黄花。加强互联网信息审查是维护互联网空间纯净的基础，也是规范互联网运作的一大原则。我国已于1997年12月30日颁布实施《计算机信息网络国际联网安全保护管理办法》，这是我国互联网信息审查的一个雏形。

第二，实行互联网分级制度。信息审查是为了过滤有害信息，而网站分级则是为了判定互联网的出口信息，是保障互联网信息安全的一个有效手段。目前，美国的"Internet内容选择平台"委员会根据网站提供的信息内容，按各种指标对网站进行了分级。但由于存在技术难度，这项工作仍未完善。网站分级一方面可以封锁那些"邪门歪道"，另一方面也保护了那些高品质网站，使正气在互联网上畅行无阻。这种机制可以促进优秀站点创新内容，将网站做得更出色，在网站级别上占领制高点，如此就能有效促进国内互联网信息服务朝健康的方向发展，走上良性循环的道路。

第三，加快互联网立法，打击各类互联网犯罪，维护互联网安全。相对于现实世界，互联网世界基本上处于一种无法可依或少法可依的局面，而随着互联网逐渐走进人们的生活，与互联网有关的诉讼越来越多，形形色色的互联网犯罪与日俱增。因此，加快互联网立法，打击互联网犯罪，是维护互联网健康发展的有力保障。我们要加强和完善互联网立法，不仅要制定管理性的法律规范，制定促进信息技术和信息产业健康发展的法律法规，制定促进信息互联网从业单位行业自律的规定，还要建立和完善信息互联网安全保障体系的法规及有效防止有害信息通过互联网传播的管理机制，加强国际交流与合作，积极参与国际信息互联网方面规则的制定。我国已颁布实施了一系列有关计算机及互联网的法规、条例，内容涵盖国际互联网管理、信息安全等多个方面，如《计算机信息网络国际联网安全保护管理办法》《互联网信息服务管理办法》等，而且增加了对非法侵入重要领域电脑信息系统行为追究刑事责任的法律规定，这对打击互联网犯罪、优化互联网环境提供了法律保障。

（四）匡正互联网舆论导向，营造健康、积极向上的舆论氛围

互联网作为一种大众传播媒体，具有极强的舆论导向功能，它所营造的舆论环境对受教育者的影响会直接体现在思想政治教育的实践中，也使教育效果受到影响。舆论是公众对社会的评价和对社会事件、人物所表达的意见，具有一定的一致性、强烈性和持续性，并对社会或事态的发展产生影响。它反映了某种共同的社会心理和社会思潮，同时也是实现社会调控的一种制约力量。由于舆论是自发产生的，带有非理性成分，它在表达公众意志时，也带有一定偏见。这种情况在互联网中尤为突出。在虚拟的互联网中，"言论的绝对自由"腐蚀着互联网，也腐蚀着无辜的人们。因此，要适度引导网民的言论，建设互联网精神文明。作为互联网思想政治教育工作者，应注意发送信息的方向性和针对性，要有意识地组织、传递某些信息，并帮助受教育者分析、理解信息，强化某些信息，提高思想政治教育在网上的信息流量和质量，加强正面宣传，形成强有力的正确舆论态势，对网上的有害信息进行坚决的驳斥和回击，真正做到"以正确的舆论引导人"。

（五）建设社会主义互联网文化，形成抵御不良思想文化的社会氛围

随着互联网的普及，互联网在思想文化宣传乃至整个精神文明建设中的作用已越来越强，已成为进行精神文明建设的新领域。这个领域，如果社会主义思想文化不去占领，非社会主义的思想文化就会去占领，因此，优化互联网，就必须切实加强社会主义互联网文化建设。我们要做到：第一，加大经费投入，创建一批具有鲜明社会主义文化特点的中文网站及专门的教育网站，加强中华民族优秀文化和人类优秀成果的传播，扩大社会主义文化在互联网上的宣传阵地。这样做有利于扩大社会主义的世界影响，并在国际社会充分展示社会主义国家的良好形象。第二，要注重各类互联网信息产品开发，

并注入人文关怀。抓住互联网信息产品开发的源头是建设社会主义互联网文化、优化互联网的关键。在互联网信息的源头上注入更多的人文精神，网民就易受益。因此，要重视科学灵魂与人文精神的结合，制作、传播集思想性、知识性、艺术性、娱乐性于一体的中文宣传教育软件等信息产品，同时国家应加强对互联网信息产品开发商的教育和引导，只有这样才能达到正本清源的目的，净化互联网世界。

（六）建设互联网思想政治教育工作者队伍和"互联网环保"志愿者队伍

培养一支既懂思想政治教育艺术又懂互联网应用的新型互联网思想政治教育工作者队伍、一支精通互联网技术且富有互联网道德的"互联网环保"志愿者队伍，是优化互联网的组织保证和人力基础。随着互联网技术的发展和互联网的普及，互联网逐渐成为思想政治教育的新阵地，这就要求思想政治教育工作者不仅是互联网的使用者，还要同计算机工程技术人员结合，成为思想政治教育互联网建设的工程师，进驻互联网并发展互联网，及时抓住互联网传播中的一些问题，有的放矢地开展工作，担起互联网思想政治教育的重任，成为互联网优化的"排头兵"。

互联网的特性决定了互联网的优化仅靠个人或少数人是难以做到的，需要所有的网民共同努力、共同遵循互联网规范、一致行动才能实现。因此，要组建一支"互联网环保"志愿者队伍，让大家自觉自愿地参与"互联网环保"行动。目前世界上已有这样的志愿者组织——"互联网天使"，有1300多名志愿者全天候地在网上巡逻检查，同网上的不道德行为和不法行为做斗争。由此形成一种人人重视互联网、人人参与互联网优化的良好风尚。

总之，思想政治教育互联网的优化，如同物理空间的思想政治教育环境优化一样，不是只靠一种途径就能够实现的。为维护互联网的健康发展，必须构建由技术、法律制度、道德所组成的优化体制，再辅以舆论、教育、文化等途径，方可达到较好的效果。由于互联网的特性，在互联网的优化过程中，要以道德提升为主导，并将道德提升与法律制度、技术控制、教育引导、文化熏陶相结合，形成良性互动，还互联网一个应有的洁净空间。

四、互联网下思想政治教育方法及途径的更新拓展

（一）思想政治教育方法的更新

互联网虽然会给思想政治教育带来一定的负面影响，但更多的还是能够

促进思想政治教育发展的积极因素。互联网的共享性、开放性和互动性等特性使互联网下的思想政治教育在操作方法和实施手段方面有了更为广阔的发展空间，互联网技术的先进性为思想政治教育方法注入了新活力。而互联网的一些负面影响也使思想政治教育在应对挑战的同时，自觉或不自觉地调整和改进原有的教育方法，客观上也促进了思想政治教育方法的改进和提高。更新了的思想政治教育方法在思想政治教育实践中必然会起到积极和有效的作用。

1. 互联网下思想政治教育方法更趋向交互性

由于互联网具有极强的互动性，在互联网下，进行思想政治教育活动的主体与客体之间、主体与主体之间，以及客体与客体之间的互动性相比现实空间要大得多。传统的思想政治教育方法是主体与客体的面对面交流，而且是以主体为主导、以灌输教育为主，主客体之间的互动很少。即使有一些互动，也会由于主体的单一以及主体自身知识水平的限制，不能让每个思想政治教育客体都能积极主动地接受教育，从而影响思想政治教育的效果。而以互联网为载体进行思想政治教育的方法则可以较好地解决这一问题，教育客体可以随时在互联网中有针对性地向多个思想政治教育网站咨询问题，与多个有同样问题的其他客体进行探讨和交流。这样既疏通了思想政治教育主体与客体交流的渠道，增加了双方以及多方交流的机会，也增强了思想政治教育客体接受教育的主动性。

互联网下思想政治教育主体将从"独奏者"的角色过渡到"伴奏者"的角色，从此不再是灌输知识，而是帮助学生再现、组织和管理知识，引导他们而非塑造他们。

互联网下交互式的教育方法和多向交互的学习手段的出现，有利于思想政治教育的进一步深入。

2. 互联网下思想政治教育方法更具综合性

现实生活中的思想政治教育相对单一，一般以灌输式教育为主，以示范和疏导为辅，思想政治教育不可能涉及教育客体的方方面面。但在互联网下，思想政治教育主体可以把教育内容融入互联网信息之中，从而影响思想政治教育客体。可以开设思想政治教育网站教育思想政治教育客体，可以设立特定的虚拟模型启发思想政治教育客体，也可以到相关论坛和聊天室中引导思想政治教育客体，还可以通过思想政治教育软件熏陶思想政治教育客体。互联网下的思想政治教育基本上改变了以往单一的教育方式，而以教育、引导、熏陶、启发和交流沟通等多种方法一起作用于思想政治教育客体，全天候、多方位地施教于思想政治教育客体，具有更强的综合性。

3. 互联网下思想政治教育方法更加立体化

传统的思想政治教育虽然把因材施教作为一个重要指导原则，但在具体的实践中，由于人力、物力等多方面的限制，这项原则并未得到很好的实施。思想政治教育方法表现出一定程度的公式化和平面化。互联网的发展给人们的社会分层增添了新的内容，按照与互联网关系的密切程度和对互联网所持的态度，以及掌握互联网技术的多少，可以把网民分为高层、中层、基层等不同层次，这种分层实际上也是将互联网思想政治教育的客体进行了分层。以此为基础，互联网下的思想政治教育主体可以明确地依据不同层次客体的特点采用不同的方法进行思想政治教育，如对待高层以疏导的方法为主，对待中层与基层采取疏导与教育相结合的方法。这样，互联网下的思想政治教育方法有了层次性，因而更加立体化。

4. 互联网下思想政治教育方法更显主体化

互联网使思想政治教育客体的主体性增强，互联网下的思想政治教育更加重视教育客体的主体性发挥。为适应这一要求，互联网下思想政治教育的许多方法都与现实空间有所不同，如借助互联网向客体提供思想政治教育信息并引导其正确选择信息、提高道德修养、在网上提出特定论题并引发讨论等，都是为了充分调动思想政治教育客体的能动性、自主性和创造性。这种主体化的教育方法有利于思想政治教育客体在配合思想政治教育实施的过程中变被动性接受为选择性内化，思想政治教育的实效性将得到更好的保证。

（二）思想政治教育途径的拓展

在互联网下进行思想政治教育，必须针对环境的变化、教育内容的变化和教育的主客体的新特点，摸索和创造出新的教育方法，寻找更好的教育途径。互联网下的思想政治教育必须与互联网技术相结合，必须将传统的思想政治教育方法现代化，使其所采用的哲学的、社会学的、心理学的方法穿上现代科技的外衣。可以说，思想政治教育互联网途径的拓展为思想政治教育提供了技术支持。

1. 在互联网中多渠道发布思想政治教育信息，争取最大化地占领互联网信息空间

互联网是一个开放的空间，任何人都可以在上面发布信息；互联网是一种新的工具，思想政治教育一样可以利用它；互联网又是一块阵地，思想政治教育必须占领它。因此，在互联网下，思想政治教育应该利用一些机会尽

可能多地在互联网上发布思想政治教育信息，同时也可以将思想政治教育的内容融入其他互联网信息之中，力争让更多的思想政治教育信息传播给互联网上的人们，争取最大化地占领互联网信息空间。依据新闻传播学的原理，大批量的同类信息一定会影响信息接收者的判断，会对信息接收者的思想和意识产生强化作用。

2. 思想政治教育主体通过互联网主动对思想政治教育客体进行引导和启发

互联网增强了思想政治教育主客体之间的互动性。在互联网下，思想政治教育主客体直接面对面交流已大为减少，但在虚拟空间中通过互联网进行主客体交流却是另外一种"面对面"。在这种互联网交流中，教育客体能更真实地向教育主体表达思想，教育主体能够更具针对性地对其进行引导和教育。因此，在互联网下，思想政治教育主体应主动与客体进行网上交流，可以通过进入聊天室和互联网论坛与众多教育客体直接对话，可以通过微信与个别教育客体进行深入探讨，也可以通过发布特定的主题引发教育客体的集体讨论与思考。所有这些方法都是针对互联网下灌输式教育机会减少而采取的新的思想政治教育方法。

3. 研制和推广新的思想政治教育软件

新的思想政治教育软件包括两方面内容：一是专门用于开展思想政治教育的软件，二是包含思想政治教育内容的实用软件。软件对于使用者的影响是直接而明显的，使用者在反复使用软件的过程中，会逐渐认可和接受软件所包含的多种信息和观念。例如，许多游戏软件中包含不同意识形态的内容，使用者在玩游戏的同时，也在接受着游戏中潜在的价值观。因此，思想政治教育主体可以开发趣味性和实用性较强的思想政治教育软件，并加以大力推广，让更多的网民使用和认可这些软件，最终达到潜移默化教育和影响网民的目的。

4. 创建思想政治教育网站，建立思想政治教育互联网体系

网站对于网民的作用不容小觑，好的网站和点击率高的网站一定会给进入它的人们以持久的影响。创建思想政治教育网站并以之为阵地开展思想政治教育，拓展了空间，扩大了覆盖面，提高了时效性，解决了部分"空白点"和"盲区"的问题，大大增强了思想政治教育的影响力、渗透力和感召力。目前，诸如"红色文化网""中国文明网""红色中国梦网""思想政治工作网"等思想政治教育及理论学习网站相继建立，已逐渐形成网上思想政治教育阵地。

　　思想政治教育要在互联网中占有一席之地，就必须在网站建设方面有所作为。思想政治教育网站的建设者应着力研究思想政治教育和互联网传播两方面的规律，从形式到内容进行全面改善，力争建设好一大批有吸引力的思想政治教育网站。

　　第一，应当增强思想政治教育网站中内容的理论性。思想政治教育网站是为用户提供思想源泉、进行思想交锋的阵地，因此必须注重"弘扬主旋律，提倡多样化"的原则，采用多种观点比较分析，将理论问题讲透彻、讲深入，不断增强理论性，增强说服力。

　　第二，应当增强思想政治教育网站中内容的现实性。人们关注理论是因为现实中出现了新问题，人们学习理论是为了解决现实中的问题。思想政治教育网站不能变成单纯的理论园地，而应敏锐地关注现实，准确地抓住现实中的焦点问题，真正为人们答疑解惑。只有这样，网站才能深入人心。

　　第三，应当增强思想政治教育网站中内容的客观性。思想政治教育网站要适应互联网传播的特点和信息时代公众的心理状态，在内容上突出客观性的原则，不回避矛盾，用正反事实说话，以理服人，以情感人，增强网站的吸引力和理论的说服力。

　　第四，应当增强思想政治教育网站中内容的时效性。互联网能够随时播报新闻，保持动态效果，这是互联网相对于其他媒介的优势。思想政治教育网站应该遵循互联网媒体的实时传播特征的要求，加快内容的更新频率，增强内容的时效性，尽量以新的面貌示人。

　　第五，应当增强思想政治教育网站中内容的归属感。互联网归属感的有无取决于用户能否在一个网站中找到引起自己共鸣的信息，找到与自己志同道合的其他用户。思想政治教育网站应当准确定位，努力提供为用户所需、为用户所用的信息，使用户对自己产生思想上和价值观上的归属感。这样，网站归属用户，用户归属网站，特定信息传递的归属感最终转化为用户对思想政治教育网站的忠诚度。

　　单纯建立思想政治教育网站并不代表思想政治教育互联网体系的建立，培养和造就一支既有扎实的互联网技术，又有良好的思想政治教育素质的专业人才队伍是建立思想政治教育互联网体系的重要方面。这些人才在思想政治教育互联网体系中一方面起着维护思想政治教育互联网正常运转的作用，另一方面又肩负着引导和教育广大互联网用户的使命。现有的互联网技术人才虽然具有建立、维护、调节巨大而复杂的互联网系统的技术能力，但大多数在政治素质上却不足以对人们的思想行为进行有力的引导。专业的思想政治教育者中绝大多数极其缺乏互联网知识，无法在纷繁复杂的互联网世界中发挥作用。因此，建立运转良好的思想政治教育互联网体系要求抓紧培养一批既具有良好的互联网知识，又有能力对人们的思想进行引导的人才。

第八章

新媒体环境下高校思想政治教学之微课模式

在社会现代化发展以及互联网普及应用背景下，越来越多的新型教学模式不断涌现，为现阶段教育教学提供了极大便利。而在这样的情况下，对教育模式要求也越来越高，当前教育教学应立足于课程教学内容、学生实际情况，进行积极的创新和优化，以科技手段为依据，基于微课教学方式的积极应用，确保高等教育网络空间的良好构建，为高职院校思想政治教育教学的稳定发展给予保障。微课作为一种新型的教育方式，逐渐在思想政治教育教学领域占据了重要的地位，为高职院校特色化教育发展给予支撑和推动。

第一节　微课概述

一、微课的定义

什么是微课？不同专家给出的答案并不一致。"华南师范大学教授焦建利认为，微课是以阐释某一知识点为目标，以短小精悍的在线视频为表现形式，以学习或教学应用为目的的在线教学视频。微课专家、上海师范大学教授黎加厚认为，微课是在 10 分钟以内，有明确的教学目标、内容短小、集中说明一个问题的小课程。我国微课创始人之一、佛山正高级教师胡铁生则认为，微课是微型视频网络课程的简称，是以微型教学视频为主要载体，针对某个学科知识点或教学环节而设计开发的一种情景化、支持多种学习方式的在线视频课程资源。"① 专家们虽然对微课的定义见仁见智，但对微课的核心内容却看法一致，那就是其"短、精、趣，阐述一个小问题"。总之，微课是指以微型教学视频为主要载体，针对某个学科知识点或教学环节而设计开发的一种情景化、支持多种学习方式的新型在线视频课程。微课具有时间短、内容精练、针对性强、便于传播等特点，适应了现代社会快节奏、个性化、碎片

① 王延斌. 微课：浓缩教学精华，助力高效学习 [N]. 科技日报，2023-02-13（6）.

化的学习需求。

二、微课的特点

(一) 教学时间较短

教学视频是微课的核心组成内容。微课的时长一般为 5~8 分钟，最长不宜超过 10 分钟。因此，相对于传统的 40 或 45 分钟一节课的教学课例来说，微课可以称为"课例片段"或"微课例"。

(二) 教学内容较少

相对于较宽泛的传统课堂，微课的问题集中，主题突出，更适合教师的需要。微课主要是为了突出课堂教学中某个学科知识点（如教学中重点、难点、疑点内容）的教学，或是反映课堂中某个教学环节、教学主题的教与学活动，相对于传统一节课要完成的复杂众多的教学内容，微课的内容更加精简，因此又可以称之为"微课堂"。

(三) 资源容量较小

从大小上来说，微课视频及配套辅助资源的总容量一般在几十兆，视频格式必须是支持网络在线播放的流媒体格式，师生可以流畅地在线观摩课例，查看教案、课件等辅助资源；也可灵活方便地将其下载保存到终端设备上实现移动学习，非常适合教师的观摩、评课、反思和研究。

(四) 资源组成"情境化"

微课选取的教学内容一般要求主题突出、指向明确、相对完整。它以教学视频片段为主线"统整"教学设计（包括教案或学案）、课堂教学时使用到的多媒体素材和课件、教师课后的教学反思、学生的反馈意见及学科专家的文字点评等相关教学资源，构成了一个主题鲜明、类型多样、结构紧凑的"主题单元资源包"，营造了一个真实的"微教学资源环境"，这使微课资源具有视频教学案例的特征。广大教师和学生在这种真实的、具体的、典型案例化的教与学情境中易于实现"隐性知识""默会知识"等高阶思维能力的学习并帮助教师实现教学观念、技能、风格的模仿、迁移和提升，从而迅速提升教师的课堂教学水平，促进教师专业成长，提高学生学业水平。就学校教育而言，微课不仅成为教师和学生的重要教育资源，而且也构成了学校教育教学模式改革的基础。

(五) 主题突出，内容具体

一个课程就一个主题，或者一个课程说一个事。研究的问题源于教育教学具体实践中的具体问题：或是生活思考，或是教学反思，或是难点突破，或是重点强调，或是学习策略、教学方法、教育教学观点等具体的、真实的、自己或与同行可以解决的问题。

（六）草根研究，趣味创作

正因为课程内容的微小，所以人人都可以成为课程的研发者；正因为课程的使用对象是教师和学生，课程研发的目的是将教学内容、教学目标、教学手段紧密联系起来，所以研发内容一定是教师自己熟悉的、感兴趣的、有能力解决的问题。

（七）成果简化，多样传播

因为内容具体，主题突出，所以研究内容容易表达，研究成果容易转化；因为课程容量微小，用时短，所以传播形式多样（如网上视频、手机传播、微博讨论）。

（八）反馈及时，针对性强

由于在较短的时间内集中开展"无生上课"活动，参加者能及时听到他人对自己教学行为的评价，获得反馈信息。较之常态的听课、评课活动，"现炒现卖"具有即时性。由于是课前的组内"预演"，人人参与，互相学习，互相帮助，共同提高，这在一定程度上减轻了教师的心理压力，不会担心现场教学的失败，不会顾虑评价会得罪人，较之常态的评课就会更加客观。

三、微课的设计

在具体的微课设计过程中，有些细节会影响到最后完成的微课成为一个成功的教学手段，以下是应注意的要点。

（一）微课中 PPT 的设计

微课中的 PPT 应以方便学生自学为主，因此，PPT 张数不宜太多以免学生厌烦从而失去学习兴趣。

微课的 PPT 画面应淡雅清新，不应出现与内容无关的背景画面。很多的 PPT 在制作时为了使画面好看，采用了很多的设计模板，加入了大量的其他元素，殊不知这样做会导致学生的注意力被背景画面所吸引，反而影响对内容的学习。因此，微课的 PPT 制作应以浅色背景为主，避免学生受到不必要的干扰。

微课 PPT 上的文字应简练，最好能做到一目了然。PPT 的文字越多，学生在学习时花在阅读文字上的时间就越长，在这段时间内教师的引导基本上就不能起到应有的效果；相反，如果在这段时间内学生的注意力只在教师的讲授上，则文字就起不到作用了。因此，微课 PPT 的文字应言简意赅，可以以列举的形式将该部分的主题点出，一定要避免长篇大论让学生不知所措。

（二）微课中教学视频的设计

微课中的教学视频是微课成功的重要因素，因此微课中教学视频的设计很关键。首先，教师的语言应精练、有条理，直击重点难点，不出现多余的话；其次，教学视频的容量也不应太大，同时还应注意以下问题。

第一，教师视频画中画的背景应该做得干干净净。在学习微课时，学生的视线会在教师画中画的部分停留很久，以便听清教师的授课，此时教师视频画中画的背景如果杂乱，将导致学生的注意力不集中，影响教学效果。因此，教师视频画中画的背景可以是墙壁或浅色的窗帘等不明显的衬托物。

第二，教师的视线应直视镜头，并适当做出相应的表情。在学习的开始阶段，可以做出疑问的表情，使学生跟随教师进入问题的提出部分；在学习的中间阶段，教师可以以微笑的表情使学生在学习过程中轻松领会问题的解决方法；在复习阶段，学生正确回答问题时，教师可以做出赞许的表情给予鼓励。丰富的教师表情可使学生更加充分感受到一对一教学时的师生交流。

（三）微课中教案的设计

微课以 PPT 课件加上教学视频为主要教授方式，但不应因此放弃对教案的要求。微课的教案可以成为教学的辅助手段，或者可以将微课的教案看成微课的扩大化。当学生在学习微课中遇到疑问时，或希望对微课的内容进行进一步的了解时，微课的教案就可以成为学生学习的参考书，这样就可以避免学生盲目查找参考书带来时间浪费。因此，教师在给出微课的同时，可以同时给出微课的教案。例如，通过在网站上给出微课的电子教案等方式，帮助学生对微课进行深入学习，使微课教学的辅助资源更加丰富。

为使学生能在放松的状态下学习，在整个微课中，可以加入舒缓的背景音乐，帮助学生放松情绪，以便于其对知识技能的掌握。当然，寓教于乐应采用何种方式属于个人风格问题，不同的教师可以采用不同的方式以达到帮助学生学习的目的。

总体来说，微课的设计、开发与应用会面临诸多挑战。微课开发的主体应该是教师，而教师的微课设计、开发与应用技能是一大挑战，一些企业和研究人员也在积极尝试使用各种工具和技术来降低教师微课设计制作的门槛。微课的质量涉及科学性、技术性和艺术性，质量问题是微课发展的另一挑战。

不仅如此，微课应用模式的创新也是未来微课发展的一个重要问题。只有降低了微课设计开发的技术门槛，提升了课程的质量，并能加以创造性应用，微课的未来才会更加美好。

第二节　微课在思想政治教学中应用的必要性和可行性

一、微课在思想政治教学中应用的必要性

思想政治课囊括了我国政治、社会、经济、文化等众多领域的基础理论和社会常识。内容宽泛繁多，学科交织，理论性强，给学生带来较大的挑战。传统的填鸭式教学方式和死记硬背的学习方式，很容易造成学生对思想政治课的厌学情绪。微课对思想政治课的引入能够从教学模式、学习方式上进行有效改变，更加有利于思想政治知识的掌握和应用，有助于促进学生身心健康成长。其必要性主要体现在以下几个方面。

（一）有利于提高学生学习的主动性和实效性

1. 满足学生个性化学习需求

思想政治课每个单元的知识点都较多，教学任务的要求使得讲授课占有较大比例。微课的引入可以使学生在教师统一讲解的基础上，课下利用微课资源帮助自己查漏补缺、巩固知识。微课的基本出发点就是要以学生为中心，开发原则是要吸引学生课堂注意力、方便学生获取知识、促进学生学习成效。微课简短灵活的特点，方便学生重复获取微课资源，根据知识的难易程度和自身基础，选择不同层次、不同类型的学习资源满足个性化的学习需求。

2. 有助于培养学生自主学习能力

思想政治课要求学生既要了解中国特色社会主义现代化建设常识，又要懂得用所学到的马克思主义基本原理来处理实际问题。因此，学生的自主学习能力要在教学过程中得到充分的体现。从建构主义角度来看，学生在学习过程中的角色是将新的知识通过感性接触内化在自身知识结构中，也就是对知识的学习不只是被动接受，而是基于原有知识经验对新的有用信息的重新构建。微课开放互动的教学特征正契合这一思想。通过丰富有趣的教学情境预设，学生较容易产生学习动机，如透过微材料提供的信息思考某一社会现象的本质，通过对预设思考题的分析，主动探求运用某一科学原理解决问题的方法等。另外，

思想政治课知识与社会生活息息相关，微课依托于互联网、信息技术和移动技术的支持，将课堂知识融入学生实际生活，突破传统课堂学生完全依赖教师的局限，使学生在学习目标的要求下自由选择适合自身需求的方法，给予学生较多控制学习过程的机会，充分挖掘了学生学习的自主性和创造性。

3. 有助于正确价值观的形成

通过对思想政治知识的系统学习，学生还应该得到热爱祖国、热爱集体等基本公民素养的培养，受到坚持党的全面领导不动摇、走社会主义道路的基本政治素质教育。这些情感素养的培育如果仅靠空洞乏味的讲解和漫无目的的题海战术将难以获得满意的效果。微课生动形象的教学设计把学生置于融思想性和趣味性于一体的学习场景中，将热爱祖国、关爱社会、遵守法律、公平守信等价值观与自身成长过程中的情感体验、人生经历和道德基础自然结合，逐渐形成正确的人生观和价值观。另外，微课注重彰显学习者的主导地位、积极调动学习者主动性的理念，有助于培养学生勤于思考、努力探索的学习作风。学生在获取知识、培养能力的同时还获得了良性人格养成的机会。再者，思想政治微课注重开放、互助的学习理念，教师由课堂的控制者转变为引导者，教师鼓励学生通过微课资源获得知识体验，大胆发表个人见解，不同学习基础的学生在探究活动和评价活动中没有任何差别。公平民主的课堂气氛和富有人性化的评价标准，使学生容易获得较为积极的学习体验和求知的乐趣，有益于正向价值观的形成。

（二）有利于提高课堂教学质量

1. 有利于明确教学目标

思想政治课知识的重点、难点是教学过程中要把握的核心，有时单纯靠罗列讲解容易造成思路不清晰、教学目的不明显。微课内容简要、目标单一的特点有利于教师对教学任务合理把控。在突出教学重点和突破教学难点方面具有独特的优势。例如，教师可以利用微视频"我国改革开放四十年巨大进步"作为知识背景铺垫，展开题为"通过对比父母和自己童年的生活变化这一现象，你看到了祖国哪些方面的成就"的课堂讨论，加深对"邓小平特色理论内涵"这一知识重点的理解。总之，微课设计的每一环节紧紧围绕具体的教学目标展开，有利于学生更好地理清学习思路，达到学习目的。

2. 有利于提高课堂效率

微课形式多样的视频、音频、网络交互工具等多媒体呈现方式，契合人们的注意规律、感知规律、记忆规律和思维规律。思想政治课可选择具有针对性和代表性的多媒体素材作为辅助，充分利用图像、声音、语言、文字、图形等多种媒体信息，把知识要点形象地呈现给学生，吸引学生课堂注意力，提高学生学习积极性，增强学生学习主动性。另外，以"学生为主"的微课设计理念，能充分关照学生在学习活动中的主人翁意识。例如，以"法律意识"为题设置的合作探究式发言，以"影响价格因素"为题的辩论式活动等，能充分彰显学生的主观能动作用带来的积极影响。微课形式简短精巧，便于教师把错综复杂的知识脉络进行简洁而清晰的梳理，使学生在短时间内迅速接触到知识重点，较快地进入学习和思考状态，避免传统思想政治课出现导入过多、铺垫较长、效率低下的现象。

（三）有利于教师提升教学水平

1. 促使教师更新观念

长期以来，思想政治课被冠以"死记硬背科目"的称号。微课引入思想政治课，对广大教师来说既是教学方法的更新，更是教学观念的更新。微课时间打破传统45分钟时长；知识呈现方式多角度、多元化；教师角色由主导者变为引导者；学习活动围绕学生的需求展开而非根据教师的需求设计；在学习方式上"零散与集中"结合，"课上与线上"结合；在评价方式上理性与情感结合；在教授技艺上注重传统方式与现代科技结合。这些教学方式的全方位改变，促使思想政治课教师对以往的教学习惯和理念进行深刻的反思，立足于教育教学改革的原则，将微课的运用原则和设计理念与实际教学内容紧密结合，达到创新思想政治课授课模式的目的。

2. 促进教师提高业务素质

微课的运用将提高思想政治课教师教学技能，提升业务素质。微课是信息技术和教育教学任务结合的产物，既是对教师掌握新技能的要求，更是对教师综合素质的考验。在微课实践中，教师不能因贪图便利而简单模仿，也不能不顾实际需求为了微课而微课。若要让微课模式成功服务于政治课教学，需要教师充分了解学生的心理需求，合理安排微课内容。教师要投入一定的时间和精力悉心钻研微课理论，经验不足的教师需要虚心观摩成功的教学案例，总结经验与教训。制作精良的微课课件则需要仔细研究教学内容，精心设计教学主题，合理安排教学环节，广泛搜集网络教学资源并进行筛选，恰当运用多媒体软件。这些投入必然会促使政治教师积极学习和掌握本学科以外的新知识和新技术，重新定位教学方法。所有这些都将促使思想政治课教师投入更大的精力钻研业务，提高教学综合素质。

二、微课在思想政治教学中应用的可行性

（一）计算机与网络的普及

随着社会经济技术的进步与发展，电脑、智能手机等移动终端设备和网络逐渐普及，为微课得以开展和实施提供了必要条件。目前，高校学生几乎每个人都拥有手机、平板或者电脑，这为学生在课前课后观看微课视频提供了基本保障。

（二）多媒体教学设施齐全

现如今，大部分学校教室里都配备了多媒体教学设备，为微课的实施提供了必备的硬件条件。还有一些学校为学生配备了平板电脑，为微课的开展提供了便利条件。

（三）师生乐于开展微课教学

从教师的角度来看，大部分教师在实际教学过程中使用了微课。而且教师普遍认为，微课的优势在于短小精悍，使用起来比较方便快捷，有利于学生课下自主学习和移动学习，配合翻转课堂取得了不错的学习效果。同时，也有教师对微课的劣势质疑。但总体上来说，广大一线教师对于微课的开展与应用持积极态度，比较看好微课在教育领域的发展前景。

从学生的角度来看，大部分学生对开展思想政治微课比较支持，这主要是因为学生大都没有兴趣学习枯燥乏味的思想政治课，但作为高校必须学习的一项科目，学生又不得不学习。而思想政治微课以一种全新的形式，使学生从学习中感受到了乐趣，因此，他们非常乐于参与思想政治微课教学。

第三节 思想政治微课程设计存在的问题、原因

一、思想政治微课程设计存在的问题

思想政治微课程在迅速发展的同时，在实际的教学应用过程中也出现了诸多问题。

（一）思想政治微课程教学设计详略不当

1. 教学内容选择重知识点、轻教学环节

基于现有的教学条件和微课程的技术水平限制，思想政治微课程并不能

覆盖全部的教学内容，对于思想政治学科内容具有不可避免的选择性。教学内容的选择取决于微课程的具体用途和教师教学的实际需要，根据思想政治微课程教学内容的特征和对微课程含义的把握，可以把微课程的教学内容大致分为两类：知识点讲解类和教学环节类。知识点讲解类微课程是针对重难点知识内容进行剖析讲解的微课程；教学环节类微课程是把应用于课堂教学的各种教学环节制作成微课程，如探究式微课程、情景式微课程等。微课程教学内容的选择应该根据实际情况，充分发挥思想政治微课程的作用。微课程网络平台把思想政治微课程的教学重点都放在知识点上，绝大部分的思想政治微课程都是针对学科中某一具体知识点，关于思想政治教学环节类的微课程少之又少。不可否认，思想政治知识点对于教学是重要且不容忽视的，微课程应用于教学不但要把传统的知识点更现代化地展示出来，还要对微课程在教学中的应用范围进行挖掘和扩展，如果教学环节和微课程的配合得当，就可以扩大微课程在教学中的影响力，对于微课程教学内容的选择应该详略得当，充分发挥微课程在思想政治教学中的潜力。

2. 教学目标设计重知识目标、轻能力和情感态度价值观目标

广大教师和教育工作者在设计微课程过程中通常把主要的重点放在知识目标的讲解上，对能力目标和情感态度价值观目标的关注不够，没能把能力目标和情感态度价值观目标的作用完全发挥出来。思想政治微课程虽然内容短小，但是结构却是完整的，思想政治学科内容的实效性和政治素养的特殊性，使得广大教师和教育工作者不能忽视能力目标和情感态度价值观目标对于学科教学的重要性，需要更好地在微课程中体现出来。

3. 教学过程设计重讲授环节、轻活动和提问环节

思想政治微课程设计者在微课程教学设计中比较注重讲授环节的设计，对活动环节和提问环节的设计不足，所以一些思想政治微课程设计者在设计思想政治微课程时，教学过程并不完整。

（二）思想政治微课程课件设计缺乏亮点

微课件在思想政治微课程教学中是很重要的，广大教师和教育工作者要想在短时间内把教学内容讲解清楚，就必须借助课件把知识和辅助材料更加方便快捷地呈现给观众。在收集到的思想政治微课程中，一部分微课程采用传统的课堂讲授式教学方法，用摄像机拍摄，再后期制作加工，这种录屏和电子白板式相结合的微课程更加接近传统的课堂，但是这种模仿传统黑板的教学课件，其形式和内容更加老套，对学生而言缺乏足够的吸引力和新鲜感。

大部分思想政治微课程采用的是录屏和PPT相结合的形式，在这种形式下课件制作显得尤为重要，思想政治时效性强，学科内容更加贴近生活，对思想政治知识点讲授往往要结合时政、案例、活动等，相对应的微课件里对于视频、图片和情景的设计搭配体现出一节微课程的质量。在大部分的思想政治微课程中，教师对微课件的设计制作并没有太多亮点，大多只是平时上课课件的缩减版和一些网上课件模板的堆砌，没有对微课件进行仔细的设计和加工。

（三）思想政治微课程载体设计错落不齐

思想政治微课程以微视频为载体，广大教师和教育工作者对微课程载体的设计和制作也直接影响其质量，而作为承托思想政治微课程的微视频设计也是标准不一、乱象横生，主要体现在微视频时长和微视频技术上。

1. 时长参差不齐

大多数思想政治微课程时长集中在5～10分钟，也有一些非常短的微课程以及长达半小时的微课程。虽然目前理论界对思想政治微课程时长并没有统一的认知和详细的规定，但是参差不齐的微视频时长会让人联想到一些教师和教育工作者设计和制作的随意性。如果对思想政治微课程时长进行科学的调研，根据观众的认知特点、学科的知识特点和微视频的技术特点给出微视频最合理的时长区间，将对思想政治微课程的发展有莫大帮助。

2. 技术良莠不齐

微视频的制作需要一定的技术手段，不同的技术手段对应的制作成本也是不同的，虽然目前微视频技术还不成熟，但是不同的成本投入对于微视频效果的好坏有着较大的影响。我们可以依据制作技术对微视频进行分类：第一类是在职教师制作的微视频，制作微视频的技术以录屏软件和PPT相结合为主，制作的技术要求不高，制作过程相对比较方便简单；第二类是高校教师和学生制作的微视频，多用于研究和比赛，制作的技术相对较复杂，微视频里含有较多动画和精美的图片；第三类是教育培训机构制作的微视频，为了突出自身的吸引力和实力，多采用微视频制作团队来完成，运用微视频技术最多，制作过程相对复杂，制作成本也较高。微视频制作技术的不成熟导致了目前微视频技术的良莠不齐，也是阻碍思想政治微课程发展的突出问题之一。

二、思想政治微课程设计存在问题的原因

（一）对思想政治微课程的本质特征认识不到位

思想政治微课程把思想政治学科知识点和教学环节与微课程结合起来，促进教师和学生对思想政治的理解，思想政治微课程是教学资源，同时也是教学手段。广大教师和教育工作者作为设计和制作思想政治微课程的核心人物，对思想政治微课程的本质特征的认识和把握的程度关系着思想政治微课程质量的优劣。微课程作为舶来品，随着中国新一轮教育改革和互联网信息技术的发展，在近些年得到教育工作者和研究者的宣传和追捧，但是思想政治微课程并没有像其他语文、数学和英语等微课程一样得到深入的研究和发展。当前思想政治微课程只是顺应微课程发展的潮流，涌现出了一大批思想政治微课程的作品，但对思想政治学科与微课程技术特点的融合思考研究得并不透彻，导致目前思想政治微课程出现有了数量、缺乏质量的现象。

教师对思想政治微课程本质的认识是设计和制作一节优秀思想政治微课程的基础。思想政治学科内容更加贴近学生生活，与现实生活联系得比较密切，而且大多数学生都熟练掌握和使用手机、平板电脑和电脑等移动互联网设备，有助于教师发挥思想政治微课程的作用，启发和帮助学生提高学习思想政治的兴趣。广大教师和教育工作者只有审时度势，加强对思想政治微课程本质特征的认识，才不会随波逐流，才能让思想政治微课程成为有鲜明学科特点和教师个人特色魅力的微课程。

（二）思想政治微课程缺乏社会统一标准

为了增强思想政治微课程的吸引力，广大教师和教育工作者在设计和制作思想政治微课程过程中，如何结合学科特点和微课程特征进行创新是一节优秀思想政治微课程的关键所在。然而，在思想政治微课程缺乏社会统一标准的情况下盲目创新，特别是在微课程发展还不成熟的情况下，思想政治微课程还需要结合学科特点和微课程特征进行有意义的创新，一味重视微课程形式的创新，忽视学科内容与微课程的整合，或者只强调思想政治内容的创新，忽视微课程形式包装修饰都是不可取的。这些导致了目前思想政治微课程五花八门、良莠不齐的问题，迫切需要社会为其设定系统、统一的要求和标准。

思想政治微课程正处在起步发展的阶段，由于对微课程的理论研究并不完善，广大教师和教育工作者凭借着自身对微课程的理解，对思想政治微课

程的设计进行了很多创新和尝试，这是值得鼓励和提倡的，但是在缺少社会统一标准下，出现了很多五花八门乃至质量不过关的思想政治微课程，这很不利于思想政治微课程发展和创新。统一的社会标准可以很好地规范思想政治微课程设计，让广大教师和教育工作者在设计微课程的过程中有参考标准，符合微课程的基本要求，也能让思想政治微课程设计更加有章可循，在社会上增强影响力，能够推动思想政治微课程更好的发展。

（三）思想政治微课程发展不均衡

在新课改的大背景下，教育部门对教育模式进行了新的探索，涌现了许多以学生为主体的新的教学方式，如翻转课堂、研究性学习等，这些新的教学模式和教学方式对思想政治教师和学校的技术条件提出了很高的要求，思想政治微课程作为新课改和互联网信息技术发展的产物，受到一定技术条件和发展程度的制约。各个地方的教育发展程度受到经济水平的限制，同样思想政治微课程发展水平也受到地区和经济条件的影响和制约。

不可否认，在沿海经济发达地区，学校教学普遍信息化程度高，对教师和学生信息化素质的培养起到了重要作用，在这样的大背景下推广思想政治微课程，想必不管对于教师还是学生都是很容易的。然而在贫困落后地区，由于教学条件和经济条件的制约，思想政治微课程的设计制作和发展进程相对会比较滞后，从思想政治微课程效果上来看，微课程质量和数量都呈现出不均衡的现状，导致思想政治微课程中微课件和微视频制作存在很大的差异，制作技术良莠不齐。经济发达地区思想政治教师对于微课程与学科内容的结合，对于微课件和微视频的制作技术运用得更加成熟，但这些优秀的思想政治微课程毕竟只是很小一部分，要想促进其全面发展，解决当前微课程出现的诸多问题，就必须实现思想政治微课程的全面均衡发展，让更多地区的思想政治教师和微课程专家、学者参与到微课程的设计和制作过程中。

（四）思想政治微课程评价设计不系统

思想政治微课程顺应微课程发展的潮流，目前在微课程设计和制作方面取得了一定的突破和进展，但思想政治微课程的结构并不完整，特别是对微课程评价设计缺乏系统性，在评价内容、评价方法和评价标准上没有做到有效设计，并不能完成对思想政治微课程的反思和指导。

1. 评价内容不明确

微课程包括的内容和形式繁多，对思想政治微课程进行评价，所涉及的评价内容也是错综复杂的，确定清晰明确的思想政治微课程的评价内容对反思和改进微课程，发挥微课程评价在学科中的作用至关重要。然而就目前来看，很多微课程评价标准和指标的设计仅仅停留在微课程单一的组成部分上，没有结合微课程的内容、形式和特点以及学科的不同对评价内容进行系统细致的设计。例如，对教学选题的评价，考察的是选题的简明性和典型性，但并没有具体定义何为简明和典型。评价内容明确具体，才能对思想政治微课程进行切实有效的反思和改进，就目前微课程发展现状来看，还缺乏明确系统的评价内容。

2. 评价方法不规范

当前，一些微课程平台并没有详细介绍对微课程的评价方法，甚至在微课网上的思想政治微课程都没有给出课后讨论环节，也许只有平台内部的评价，对其评价方法我们不得而知。有些网络微课程平台则是学生、教师和专家依据固定的评审指标对思想政治微课程进行评价，采用的评价方法也只是学生、教师和专家的在线反馈而已，既没有针对不同的受众采用多样的评价方法，也没有采用不同的评价方法，如测试法、谈话法、记录法等对思想政治微课程进行评价。现有的思想政治微课程评价没有采取系统规范的评价方法，对评价结果会产生一系列负面的影响。因此，对于评价方法有必要做出改进，针对不同的受众，利用多样的评价方法去收集微课程的评价，对思想政治微课程的改进和发展有积极的作用。

3. 评价标准不统一

由于没有统一的微课程评价体系，很多网络微课程平台对于各自的思想政治微课程有着不同的评价标准，导致微课程五花八门，质量参差不齐，各个网络微课程平台根据自身对微课程的理解和需要，制定了相对应的微课程评价标准，导致各个网络微课程平台上的思想政治微课程形式、设计多样，对思想政治微课程质量优劣筛选的力度不够，增加了观众甄别和选择的难度。一个完整评价标准是微课程设计和制作的前提和基础，只有在统一评价标准的基础上进行微课程的设计、制作和创新，才能避免思想政治微课程目前的乱象。

第四节 思想政治课教学中开展微课的原则与对策

一、思想政治课教学中开展微课的原则

（一）实用性原则

实用性原则就是指在设计与开发微课的过程中要坚持实用为主，够用为

度。微课是依据高校思想政治理论课的课程标准和实际教学需要所开发的一系列具有针对性和独特性的主题，能够抓住具体学科知识点和重点，并结合实际的教学活动，设计与制作的系统化的基础教学资源。微课是为高校大学生的学习服务的，所以，不管是哪种教学思路和模式，最终目的都是提高思想政治课教学的效率和将思想政治教育的实用价值最大化。在课程设计之前，需要关注学习者想要的是什么，在看完本节微课后，能否将所学知识应用到现实问题的解决当中。

并不是任何知识点或教学内容都可以制作成微课，在课程标准的指导下，对知识点进行合理、适度的剖析和选取，并且与整个学科课程在整体上连贯一致，内容恰到好处，才能将其效益最大化，不然就是耗时耗力，做无用功，在实际教学过程中一定要以学生的实用为中心，追求实效，杜绝空泛。

（二）简明性原则

简明性原则是指微课在设计与开发的过程中坚持画面简洁，内容少而精，能够简单明确地反映客观事物，重点突出，一目了然，画面越简单，学习者的注意力也就越高，同时还要注意给学习者留下想象的空间。微课是让学习者不受时间和地域的限制，能够实时进行学习的教学资源，因此，教学视频要兼容不同的播放环境，既可以在电脑上播放，也支持各种移动终端设备，且视频界面的设计必须直观，既简洁又美观，便于学习者操作。

简明性原则主要体现在：首先，微课内容要简明，不要列入无关紧要或没有价值的信息，同时还要避免知识点的重复，力求以最小的容量最快地解决问题，当学生对一个知识点不明确时，只需要观看相应的视频资源即可，而不牵扯其他的内容，针对性、目的性更明确；其次，微课时长要短，限于5~10分钟，符合视觉驻留规律和学生的认知特点，时间过长不利于学生注意力的集中，容易视觉疲劳，达不到预想的效果；最后，教师在录制微课时，语言一定要简洁凝练、清楚明白、诙谐有趣，同时还要插入相应的字幕，避免教师表述不清或学生没有听清的弊端。微课要易读、易懂，既具有趣味性，又具有易学性。

（三）灵活性原则

灵活性原则是指在微课设计与开发的过程中做到技巧的灵活使用，内容的灵活调整，教师能够根据教学的不同内容选择相应的教学方法，激发高校大学生的学习动力，吸引学生的兴趣，牵引学生的思维和情感。坚持微课教学的灵活性原则，是为了解决在实践教学过程中随时会出现的突发情况，避免出现由于缺乏灵活性而降低教学质量的现象。教师在课堂教学过程中要预先设计多种组织方案，教学设计要留有余地，当出现突发情况时能及时修改和调整原定方案。教学内容和学生认识在教学过程中都是动态的、不确定的、变化的因素，随时都有意料之外的情况发生，教师要随着课堂情况的变化对教学方法不断地进行调整，使教学能够顺利地进行下去，不至于偏离教学主题，从而达到启发学生发散性思维、多角度思考的作用。

微课可以灵活应用到教学的任何环节，微课的开发与设计具有相应的配套课程，可以在课前、课中、课后任意引入教学过程，微课因其时长短小的特点，不会对日常课程的教学活动产生干扰或影响。在课前，高校学生可以通过观看微课视频，自主进行学习，预习授课内容，直至掌握该知识点；在课中，微课只是课堂教学的一种辅助手段，课堂是答疑解惑的场所，当学生对知识有疑问时，集中统一播放微课，使学生更加形象直观地理解该难点；在课后，利用微练习、微反思等，通过反复观看课程视频，帮助学生自主补习、反复学习，直到学生能够熟练应用为止。

（四）适度性原则

适度性原则是指在播放微课时要做到适量、适时，采用适当的方式和配以适宜的解说，简言之就是要把握微课使用的"度"。只有做到"恰当""适量"，才能最大限度地将微课扬长避短，发挥其最大的教育作用。具体来讲，就是在使用微课时做到以下几点。

1. 适量

在教学过程中微课的使用要适量，长短、多少都要适度，根据具体的教学内容和教学目标来设定，片段不宜过多，容量不宜太大，否则会使思想政治课课堂教学节奏失控，教学过程前松后紧，教学内容受到挤压，教学主题受到冲击。

2. 适时

播放微课时要善于把握学生的心理状况和实际需求，选择合适的切入点，在学生遇到困惑或参与性不高时，能够起到事半功倍的效果。

3. 适当的方式

教师要根据教学内容的特点来选择恰当的呈现方式，对重难点问题和一般知识点采取不同的讲解方式，确定播放的顺序、次数和手段。

4. 适宜的解说词

教师在课堂引入微课之前，最好构思好相应的解说词，合理引入微课当中，观看完微课之后，见缝插针地提出问题。适宜的解说词可以对微课起到锦上添花、画龙点睛的作用。

微课始终是传统课堂教学的辅助工具，在教学过程中充当着配角和助手的角色，微课的使用不在于多而在于精，不是用得越多越好，而是越恰当越好。在思想政治课堂教学过程中，应根据所讲课题的具体内容、学生实际情况与需要，选择性使用微课进行教学，提高课堂教学的质量。

二、思想政治教学中开展微课的对策

（一）创建长效激励机制

思想政治课最重要的一个特点就是内容的时效性，信息的高频、持续更新是微课应用于思想政治课的一个重要前提，内容老旧、过时信息，必然导致大学生思想政治教育的活跃性和黏性度大大降低，造成思想政治教育手段和教育受众的脱节。利用一些外在的措施给予思想政治教育工作者们更大的鼓励，激励他们不断更新自己的理论知识和充实自己的理论框架，提高参与制作微课的积极性，高校应建立长效激励机制，促进微课持续更新，多方面、多途径促进微课在课堂教学中的应用。

教师、学生的肯定和赏识所产生的影响力和推动力，是保证微课在课堂中得以利用的重要原因。高校思想理论课的教师教学任务一般比较重、科研压力很大，通过微课进行理论课教学势必要占用教师更多的个人时间和精力。把微课纳入思想政治课教学的整体规划当中，制定切实可行的教学方案、教学大纲和课程内容，确保微课能够长期运用，在高校教师的绩效考核当中，建立一些相关的鼓励、奖励政策，建立配套的工作量计算和劳务报酬机制，调动教师的积极性，同时建立相应的精神奖励机制，在各类职务评聘中，建立相应的关联机制，否则会挫伤教师的积极性。

高校还应建立相应的评价激励制度，定期或不定期进行微课教学比赛，将微课上传到学校的网站上，采取在线投票的方法，对关注量和点击率进行统计和排行，设立多种奖项并配以一定数额的奖金或奖品，同时颁发荣誉称号等，以此激励教育工作者将这种热情和积极性保持下去，不断创新思想政治课的教学方法。

（二）加强现代教育技术培训

建设一支政治素养高、业务水平精练、生活作风正派的思想政治教育队伍是微课应用于高校思想政治课教学的人才队伍保障。人才培养的关键在于

教师，教师的理论水平和实践能力的高低决定了高校人才培养的成败，教师队伍的素质决定着微课在思想政治教学中的实效性。但是当前高校的思想政治教师队伍普遍存在着对微课认识不够、理论水平不高、管理不到位、教学与科研能力不强等问题，实践能力受到一定的限制，鉴于此，我们必须加强对高校师资队伍的培训，保证大学生思想政治课的可持续发展。

建立和完善培训体系，为高校思想政治教师制订培训规划，有重点、分层次、多形式地逐步进行微课培训，提高教师微课开发技能，使培训工作制度化、系统化；推动思想政治教育者职业化、专业化发展，提高教师的微课制作与理论研究水平；鼓励教师组织开展社会实践、外出考察活动，开展各高校教师间的交流与合作，大家相互学习，开阔视野，不断丰富微课素材，提高队伍的整体素质和教学能力；支持教师开设小班研讨课，运用研究性、探究式的教学方式，引入翻转课堂、慕课等新思路新方法，不断创新教学手段和方法，在微课应用于高校思想政治教学中发挥好引导人的角色。

开展专家讲座，加强教师对微课的理解，掌握微课开发与设计的原则，提高利用和管理的意识，进行与微课开发相关的课程培训，提高视频、文字信息的处理能力，包括如何搜索和采集素材，如何加工和整理成课程资源，能够熟练掌握常用制作软件技术，同时也对教师进行认知心理学和美学教育，能够从心理学的角度掌握学生的心理变化，了解他们的需求，开发出符合他们认知水平的微课程。另外，微课还要形式新颖，有较强的艺术感染力，能够牢牢抓住学生的兴趣，从美学的角度巧妙设计。

（三）开发相应的教育平台

高校思想政治教学方式的创新效果如何，在很大程度上取决于是否有相应的教育平台。大学生微课思想政治教育平台有利于打破传统思想政治课课堂教学在时间、空间上的限制，提高教学的效率和质量，对于实现真正的微课教学和灵活多样的教育有着重要作用。平台的结构内容主要有以下几个方面。

1. 微课平台设计的理论研究和框架结构

包括思想政治教育目标的设计、教育环境的设计、教育资源的设计、学生自主学习的设计、指导性学习的设计、学习评价的设计等。

2. 数字化教学环境

在现有多媒体教室的基础上建设数字化教室，数字化教室配备交互式智能白板、传感器、自动跟踪录播系统、实时编辑生成系统、网上直播系统等软硬件，满足以"学"为中心的新型课程组织形式的教学要求。

3. 丰富教学内容

一要注意内容的质量，二是以平台内容引导学生学习。保证教学平台内容的质量就是要提高资源的权威性和实用性。确保平台内容对思想政治教学有帮助，与思想政治教学目的一致，能够满足学生需要。教学内容要贴近生活、贴近实际以满足学生的实际需要，激发学生学习兴趣。同时在教学平台上设计自学材料、拓展材料和在线测试。自学材料是每个单元的课件，课件主要是基础知识和重点难点；拓展材料包括教学案例（视频案例、文字案例）和阅读材料；在线测试为单元测试。单元测试中客观题基本在自学材料中，主观题从教学案例和阅读材料中选取。

4. 平台的管理和维护

平台的管理和维护主要是管理和维护平台资源、平台技术设施，以确保平台正常运行。首先，加强监控，防止不良信息的传播扩散，及时清除有害信息，净化网络教学平台环境，为大学生提供积极健康的学习环境。其次，定期对网络服务器进行检测，以确保教学平台正常运行，同时在网上设立报修系统，教师、学生在使用平台遇到技术问题时，随时报修或咨询，以尽快解决问题。

（四）深入开展相关理论研究

微课在思想政治教学中应用的理论研究不够务实，应用理论研究应该具有鲜明的实践品质，主要是为微课的发展以及微课在思想政治教学中的应用提供具体的理论支持与指导，着力于解决思想政治教学实践中所出现的各种理论和认识问题，使理论能够真正转化为具体可行的实践方案与方法，解决各种实际问题。就目前来看，大多数研究主要还是在微课的概念及对当前的教育影响方面，它的设计、开发与一些学科应用方面的研究还是比较少的，停留于表面现象的简单描述，不具备普遍适用的借鉴与指导意义，也谈不上理论的升华与总结。

微课在思想政治教学中应用的理论研究应以"学习"为起点，重点放在如何借助微课这一新型教学手段促进学习上，而不是放在微课的概念、原理、设计与制作上，虽然微课的优点和局限对于思想政治教学的应用具有一定的影响，但是这并不是主要矛盾，重点是微课的运用能否对学习起到促进作用，能否达到教育目的。

微课在思想政治教学中应用的理论研究要考虑学习者的初始能力。学习者的初始能力是对从事特定学科内容的学习已经具备的有关知识与技能的基础，以及对有关学习内容的认识与态度。虽然明确了微课在高校思想政治教学中的作用，但是对于不同初始能力的学习者来说，微课的作用也是不同的。对于同样一个学习内容，是用微课的形式讲授还是用传统的课堂讲授，不同的学习者起到的作用是不同的。对先前知识储备较少的学生来说，传统的课堂讲授更具明显优势，而对先前知识积累较多的学生来说，差距不明显。因此，微课在思想政治教学中应用的理论研究应考虑学习者的初始能力。

第九章

新媒体环境下高校思想政治教学之慕课模式

慕课作为一种新型网络式教学模式，有其独特的功能优势，是推动高等教育教学变革和创新的重要成果。慕课秉承实现优质教育资源全球共享、现代教育与信息技术深度融合的核心理念，促使广大高校教师的教学方式、学生的学习方式实现多元变革。慕课教学更能体现"学生为主体，教师为主导"的教学理念，更能激发学生学习的主动性和自主性，在培养学生独立思考、探究问题的能力方面有着重要的作用，同时对改善和创新高校思想政治教学有重要的实践意义。

第一节　慕课概述

一、慕课的概念

"MOOC"，也称"MOOCS"，是 Massive Open Online Courses 的英文缩写，"慕课"是我们音译而来的。Massive，译为大规模的，指的是课程注册的人数多，一门课程同时学习的人数可以数以万计，没有限制；Open，译为开放，指的是全世界任何角落的任何人，只要想学习就可以通过互联网注册学习，课程对学习者没有要求，不分年龄、不分国籍；Online，译为在线，指的是在网上完成学习，时间空间灵活；Course，代表课程。Massive Open Online Courses 英文的直译即"大规模开放式在线课程"，是一种将分布于世界各地的讲授者和成千上万的学习者联系在一起的在线网络课程，也可以理解为一个巨大的教育资源共享平台。慕课不分地域、不分种族、不受时间和空间限制，只要想学习，有一台电脑就可以通过互联网接收到想看的教育课程。规模宏大、开放性和网络在线系统学习是慕课的独有特征。因此，慕课被形象地称为"教育史上的一次数字海啸"。

二、慕课的特点

（一）大规模

"大规模"意味着慕课课程不同于传统课堂教学，在学习的人数上是没有限制的，观看人数规模可以达到百万。没有人数限制的课堂是前所未有的，慕课正是借助信息技术手段翻开了教育教学的新篇章。

（二）开放性

"开放性"是慕课的主要特点之一。开放性主要从以下几个方面体现出来：一是教学内容的开放，慕课平台中的所有课程资源都是网络在线开放的，是不受时空限制的；二是教育理念的开放，彰显民主和平等，慕课平台中的所有课程资源都是不分种族、不分国籍、不分年龄和经济状况的，无论来自世界任何角落，都可以通过互联网注册获得需要的资源；三是教育教学过程的开放，上课、作业、论坛交流、测试评价、得到分数甚至结课认证等，整个教育教学活动都是基于网络平台开放进行的。总之，慕课真正实现了优质教育资源的全球共享，加快高等教育公平的实现，促进教育的国际化发展和终身教育的实现。

（三）技术性

慕课不同于以往的网络公开课程那样简单地将书本搬到网上，而是通过一定的信息技术手段，使学习者可以实现与教师在线问答和与其他学习者互动交流等，将整个教学过程搬到了网上；慕课以"短视频"为基本教学单位，其间充斥着许多必须回答的客观题，经过系统及时评价，回答正确才可以继续学习；慕课以云计算平台为核心的技术运用，实现了海量课程资源的存储与共享；慕课基于大数据的技术手段实现了个性化教学服务。另外，整个慕课平台网站设计精美，这些会在很大程度上激发学生学习的积极性。

（四）精品化

目前较为出名的慕课网站主要有美国麻省理工学院创办的 edx，斯坦福大学创办的 Coursera 以及 Udacity 等。中国大学 MOOC 上开放的课程主要来自北京大学、浙江大学、湖南大学、四川大学等名校。这些课程多由从教多年、教学经验及科研经历较丰富、职称较高的教师讲授，特点是内容丰富，教学手段新颖，语言简练，概括能力强。慕课具有碎片化的特点。慕课的课程设计将每次课定位在 10~15 分钟，形式"微"而内容"精"，课堂上教学的难点和重点突出，课后时间留给学生进行思考、探究，学生的学习时间比较灵活，学生甚至可以根据自己的状态选择学习的时间，学习效率会显著提高。在传统的课堂学习中，学生必须在规定的时间和地点上课，由于大学生课程和校园活动较多，学生在规定的上课时间并不能保证完全处于最佳状态，有的学生甚至在上课时考虑其他事情，主观上并没有投入课堂学习中，学习效果不理想显而易见。

三、慕课的基本构成

慕课的构成要素主要包括：微视频学习、课堂讲授、问题探讨与学习小组、测试与评估、教学评价与反馈机制。

（一）微视频学习

1. 制作微视频基本原则

微视频的制作是慕课应用的关键之处，制作趣味性强、实用性强的慕课微视频是吸引学生主动学习的重要举措之一。微视频的制作主要需满足以下三个原则。

（1）教学内容为主，信息技术为辅

微视频制作必须兼顾教学内容与信息技术相统一。"教学内容为主"就是慕课微视频制作过程必须注重以教学内容为导向，充分了解教学目标与内容，清楚录制慕课设计以及制作微视频的目的，极大地发挥微视频的作用。慕课是课堂教学的延伸，是为了满足更多学习者的需要以及解决学习者能力水平之间的差异问题。微视频制作促使学生在课前充分把握课程脉络，掌握课程基础知识，以便更好地辅助课堂教学，让学生在课程内容学习上更加轻松。从众多微视频资源中可以看到，内容是微视频制作的核心，包含好的内容，才是微视频存在的意义。

"信息技术为辅"并不是否定信息技术在微视频制作中的价值，相反，信息技术恰恰有着非常重要的作用。信息技术要为教学内容服务，要依据呈现的教学内容选择不同的技术方法呈现，但是离不开微视频短小精悍、实用性强、免费性以及自主性等特征。无论教学方式如何改变和创新，课程的目的都是让学生掌握知识要点；无论是传统教学还是对慕课微视频的使用，都是以服务学生为目的，让他们更好地学习。因此，教师能力水平必须适应教学方法的进步，熟练掌握与之相配套的技术，教师在微视频的制作中必须把握好内容，使微视频内容生动有趣，不然容易导致学生注意力分散。

（2）设计制作一体化

从慕课教学应用层面上讲，教师要从宏观上为学生理清某一知识点的来龙去脉，帮助学生构建知识逻辑性与系统性，课堂内容上侧重讲解重难点，让学生通过微视频的学习产生对理论知识逻辑的初步认知，让学习者最终完成整个学习过程，全面掌握知识点。因此，教师在微视频制作中要把握知识重点、难点，使微视频设计制作应用一体化，从设计到制作再到应用，皆以实现三维教学目标为准绳，选取科学合理的教学内容设计制作慕课，不为"数量"而轻"质量"。

（3）短小精悍

短小精悍的原则并不是一味追求短，忽视微视频的质量。根据教师的微课制作经验，知识点的微视频制作时间应控制在 5~10 分钟，以 8 分钟为最佳。当然，对不同年级、不同学科的知识点来说，其难度也会有所不同。微视频制作应该根据实际情况具体分析，总的原则是保证微视频制作时长相对短小，减少不必要的话语出现，符合认知负荷理论提出的降低外在认知负荷的要求。教师在录制微视频时使用简练的语言，录制过程中尽量使用短句，避免冗长的句子出现，以免学生不易理解，产生畏难情绪，影响教学效果。

2. 微视频课堂运用

如何正确合理地利用慕课微视频教学对课堂的生成具有重要的影响。

（1）课前

教师首先将自己做好的或者在相关慕课平台上经过筛选的慕课微视频上传或者推荐给学生，学生在自习或者课余时间进行自主学习相关知识，同时完成相应的进阶作业。教师自主设计或者筛选微视频资源，一方面教师对学生的水平及学习能力有一定的了解，能够在学生选择学习资源上提供一些有效的建议；另一方面，在一定程度上排除了误导学生意识形态和价值观的微视频，以便学生更好地学习。教师将自己制作或者筛选的优秀微视频发布在专门的慕课平台，学生可以通过学号在该网上注册一个账号。学生可以自主选择教师，不用固定上某一教师的课，这样不仅体现了学生学习的自主性，同时督促教师不断丰富完善教学微视频以及提升自身的教学能力。

（2）课后巩固与反思

教师在课后应该设计相应的进阶作业上传到网上，便于学生巩固这一章节内容的学习；同时，教师也应该设计相应的实践任务，提高学生的自主探究合作学习能力。教师在这一环节中应该时刻关注学生学习的动态以及学习的进程，在学生面临困惑时及时给予正确的引导和提供有价值的参考建议。教学反思针对的对象不单单是教师本身，更应该是学生学习的结果。教师要及时通过慕课平台上的互动环节了解学生对于微视频有何建议，以便丰富和完善自身的微视频资源以及课件；同时，教师更应该积极实现资源共享，与其他优秀教师多交流，在实践中不断发展和完善。此外，教师应该督促学生进行学习反思，通过利用慕课平台大数据的统计，及时更改学习方式，选择适合自己的学习资源以及学习进程，提高学习效率。

（二）课堂讲授

在课堂讲授中，由于慕课的引入，课堂不再固定在特定的地点或者时间段，一节课可以是四十分钟、四十五分钟或者是一两个小时，授课时长可以根据主讲教师自己的节奏自由安排。教师可以在学生自主学习某一章内容后，了解相关课程的重难点，再利用大数据将学生这一章内容的学习以及慕课平台上师生之间的互动交流做一个统计表，准确掌握学生的学习情况，从而了解学生在学习过程中遇到了哪些问题，教师侧重讲解这些问题，提升了课堂的效能。相较于传统的课堂教学方式来说，通过慕课学习的学生，教师可以专心进行问题的分析，而无须重复简单的概念性知识点的讲解。在慕课教学中，教师在课堂中不再扮演"主宰者"和"管理者"，而是作为"引导者"。传统课堂教学内容多而杂，忽视将知识点讲通讲精，不利于培养学生发现问题和解决问题的能力。慕课课堂，教师结合当前时事政治，贴合时代背景，引导学生在教学情境中提升自身自主探索的能力，促使学生形成正确的世界观、人生观和价值观，从而用科学的方法论武装头脑。

在慕课教学的背景下，教师在课堂中扮演的角色发生了重要的变化，不再是传统的讲授者、管理者，而是被赋予了新的责任和义务，担当学生学习的引导者和指路人。为此，课堂讲授不再是传统的以知识讲授为主，更应该是对具体问题的分析。

（三）问题探讨与学习小组

学习小组的建立对于课程的开展是非常有必要的，学生可以通过建立学习小组进行问题讨论，一方面可以加深同学之间的交流互助，另一方面，可以加强同学之间的思想碰撞。学习小组的成立可以由主讲教师按学号进行随机配对或者学生自由组合，人数最好控制在五人一组并设置相应的学习小组组长。主讲教师可以根据课程内容设置不同层次以及不同类型的问题供学生讨论探究，并且明确前一个问题与后一个问题之间的逻辑联系，并对整个问题链中的各个问题进行逻辑关联。之后再由小组长组织小组成员定期召开问题讨论，主讲教师就同学们存在分歧的问题将所有小组召集在一起进行问题讨论。

建立慕课在线讨论平台与学习小组非常重要，可将师生之间、生生之间的交流发挥到极致，增强教育教学的交互性。通过建立学习小组，学生可以自己组织参加实地考察以及模拟学习。

基于互联网技术的新型通信工具层出不穷，如 Skype 通信系统、谷歌视频群聊平台以及其他音频会议服务平台等，这些工具成功植入慕课平台教学中，使得师生之间、生生之间进行的面对面公开讨论问题可以逐步实现。

（四）测试与评估

测试与评估在慕课课程中是一个不可缺少的重要环节。例如，在教师讲座视频进行的过程中，经常会穿插一些即兴提问，便于教师掌握学习者对知识的掌握程度。如果学习者回答正确，就可以得到相应分值的奖励，但是这些分值并不计入期末总成绩中。慕课课程的期末考核多借助自动评分系统给出成绩，试题类型包括多项选择题、单项选择题、项目匹配题、填空题以及是非题等。有些课程的最终成绩还包括学习者的项目任务成绩，这些成绩由教师或者同伴评定，当然，教师也会事先设置一些评分标准以供参考。

目前，适用于多数慕课测试系统的核心方式是线性评估法，如多项选择题与类似题型中的自动评分程序。但是，在高等教育教学中，这种评分机制并不完全可行，只对试题考究是不科学的，还必须结合平时与教师的互动、小组学习情况、实践情况以及课堂问题讨论情况等综合给予评分，这在一定程度上更加符合人才培养的新要求。

（五）教学评价与反馈机制

新教育是一项开发人的创造潜能、促进人的智慧提升的伟大事业，旨在使每个人的发展达到其应该达到的水平。这就需要我们对教育教学有充足的认识，对培养创新人才的教育活动不断进行评价与反思，掌握评价的基本规律，以创新的视角，以创新的思维，积极反思评价的发展趋势与评价中存在的问题，推进教育评价创新。慕课主要有四种评价方式：诊断性评价、增值性评价、自身进步评价以及组织质量评价。

四、慕课的优势及带来的挑战

（一）慕课的优势

1. 迎合了新一代学生的认知需求

当今的学生是伴随着计算机、互联网技术飞速发展而成长起来的一代，在他们的生活中充斥着计算机、笔记本、手机等各式各样的数字智能终端，信息技术对他们的学习态度、认知行为影响巨大。与在传统教学模式下成长起来的父辈们相比，新一代的学生更喜欢图片、声音、视频等多媒体教学，更擅长通过网络搜索信息，接受能力强。慕课迎合了新时代学生的这种需求，易于被他们认同与接受。

2. 打破了教育的不平等性

对高考发挥失常无法考上理想高校的学生和身处落后贫困地区的学生，地域、家庭的原因使得他们无法获得平等教育的学生而言，通过慕课平台上的优质教育资源，他们足不出户，就能够享受到国内重点院校的一些优质教学资源，也能够听到国内外教学名师的授课。

3. 引入了各种教学资源，教学内容丰富

慕课平台上集成了各种丰富的教学资源，有教师教学视频、教学课件、图片、动画、教学内容的一些衍生电子资源、相关习题、习题解答，还有学生之间以及师生之间的一些互动论坛，给学生以多方面的感官冲击，可以弥补传统教学模式的不足，丰富教学内容，帮助学生加深对相关知识点的掌握。

4. 便于不同层次学生的学习

传统"班级制"的教学模式对于提高教学效率，大批量地培养人才曾经起到过重要的作用。在"班级制"的教学模式下，同一门课程的教师采用同一种教学模式，使用了同样的教材，按照统一的进度、统一的要求进行授课，忽视了学生个体的"个性化"差异。借助慕课平台上的教学资源，学习进度慢的学生，可以对不懂的知识点反复观看加深理解；学习进度快的学生，可以先学习后边的相关知识点，满足他们的求知欲望。

5. 使得终身学习成为可能

当今时代，科技飞速发展，知识的更新速度越来越快，任何人要想不被社会所淘汰，就必须紧跟时代潮流，加强自身学习，不断地充实、提升自己。慕课使得终身学习、随时学习成为可能，借助于互联网慕课平台上的开发资源，任何人都可以获取想要的知识，不受时间、年龄的限制。

6. 有利于降低教学成本，提高教学质量

通过 MOOC 平台的选课机制，学生可以挑选有趣、教学质量高的课程，而那些授课不精彩的课程，将被逐渐淘汰，这无形中将激发教师的教学热情，从而积累优质教学资源。

（二）慕课学习方式带来的挑战

1. 对学习者的要求比较高

慕课摒弃了传统教学中以教师为中心的教学理念，以学习者为中心。在慕课中，学习者是学习的主体，也是整个学习过程的掌控者，这就要求学习者能够自己调节学习时间与学习状态，自主选择学习内容。

2. 对课程中的导师要求高

在传统课程中，教师所面对的学生数量是有限的，在课程学习中可以面对面和学生交流。但慕课面对全世界所有愿意学习这门课程的学习者，因此参与课程的学习者人数是巨大的。如何应对如此庞大的学习群体，如何对海量学习者的学习情况进行分析，以及如何在慕课中使教学过程更灵活、更成熟，都是课程导师亟待解决的问题。除此之外，教师要有丰富的想象力和创造力，虽然每个人的教学方法各不相同，但通过视频进行教学，教师的教学方式变得单一。当课程不能吸引学生时将会有成千上万的人放弃学习，因此在线课堂对教师要求更为苛刻。

3. 平台的保障

慕课的宗旨是把最优质的资源呈现给全世界每一位愿意参加的学习者，可想而知，慕课所面对的学习群体人数是庞大的。因此，要想开设好慕课，首先需要有性能稳定的平台，多种语言的支持，来为大规模的在线教育提供强有力的后勤保障。

4. 行政的支持

慕课平台再好，也是一个网络平台，它与传统的网络教育最重要的区别就是在慕课中学习可以得到课程认证。不过这种认证只是授课学校的认证，它还要突破学分和证书认可两个瓶颈，而这需要行政机构的认可。

第二节 高校应用慕课开展思想政治教学活动的必要性及优势分析

一、高校应用慕课开展思想政治教学活动的必要性

（一）慕课的运用是思想政治教育规律的客观要求

在高校思想政治课程中，应用慕课教学模式，是未来高校开展思想政治教育工作能够更好地与超越律相适应的一种客观要求。超越律本质上指的是在教育工作人员开展实际的教育活动过程中，要求应当和学生目前所拥有的思想品德具体情况相适宜，这一规律便被称为超越律，其主要涉及两项内容：

学生所拥有的具体品德情况和高校以及教师在开展思想政治教学活动过程中采用的内容以及具体方法存在直接关联性；高校以及教师所开展的相关教育工作和学生自身的思想品德情况存在一定的反作用关系。所以，从这一点我们能够看出，对高校思想政治教育工作而言，其在适应以及超越等方面存在着辩证统一的关联性，而且在开展教育工作的过程中，也要求我们应当认识到以人为本的重要性，同时还应当时刻保持着与时俱进这一先进的教育思想与理念。在高校思想政治课程教学工作中，通过应用慕课教学模式，能够确保进一步改善思想政治课堂教学中的氛围，确保学生在开展学习活动过程中充分发挥能动性，同时，还能够紧密结合高校学生具体的现状，去选择慕课课程所包含的内容，确保教学工作更为灵活且更具有针对性。高校思想政治教学中慕课教学模式的应用，同样也体现出了与时俱进这一先进的理念。

首先，采用慕课教学模式自身便是对高校思想政治课程教学工作的一种创新。其次，慕课教学模式所涉及的教学内容同样也是与时俱进的，会定期更新，而且其更新速率可以说比教材内容更新速率快很多，这样便能够确保慕课课程内容不仅会含有课本中的相关知识，更重要的是能够和现阶段社会发展的实际情况联系密切，能够得到学生更多的认同。所以，在高校思想政治课程教学工作中，应用慕课教学模式真正体现出了我国高校思想政治教育以人为本以及与时俱进的教学理念，这同时也是高校开展思想政治教学工作过程适应超越律的一种客观要求。

（二）慕课的运用是适应当今时代发展的必然要求

我国现阶段正处于社会与经济转型的重要阶段，同时随着改革开放进程的逐渐推进，在社会中出现了各种思潮，如信息化思潮和新自由主义思潮等，这些思潮的出现，对我们的日常生产和生活等有着极大的影响，尤其是现阶段出现的信息化思潮，使高校学生视野得到了进一步拓展。在这样全新的社会环境下，若是思想政治教学依旧采取以往单纯讲解式教学模式，便很难确保课堂教学的时效性。所以，这便要求我们在进行思想政治教学工作的过程中，应当融入全新的元素与理念，要结合信息化技术以及现代化教学理念，通过对慕课的应用，确保思想政治教学工作的效果能够进一步提升，教学质量能够进一步优化。

另外，我国社会新常态的发展同样也要求在思想政治课堂教学工作过程中应当融合慕课教学模式。首先，在我国社会新常态发生改变的情况下，社会经济的发展情况以及方式等均出现了相对大的改变，特别是在互联网得以快速发展的同时，市场中对于人才的需求同样出现了改变。所以，对高校而言，要想更好地与我国社会发展新常态相适应，同时确保我国人才培养工作能够取得更好的成绩，便要求在开展思想政治课堂教学工作时，应当采取全新的方法以及理念。其次，我们处于社会的新常态条件下，不同地区之间的交流以及沟通变得更为密切，慕课便是这种联系逐渐密切的一种典型表现，而且未来不同地域之间的互联互通也会变得更为密切。慕课教学模式最初是在国外形成的，将其应用在我国高校教学过程中，恰恰体现出了现阶段世界互联互通的发展趋势与要求。

（三）慕课的运用迎合了学生学习的新需求

在很长一段时间内，在开展思想政治课堂教学工作的过程中，几乎是固定的任课教师在高校已安排好的教室开展教学活动，此种教学模式属于一种单向的教学模式，在课堂教学过程中仅仅是教师进行讲解，对学生而言，其在开展学习活动的过程中一直处在被动的地位，学生的主体地位未能得以体现，而且在课堂教学过程中教师和学生之间缺乏应有的互动。

在科学技术不断革新与发展的同时，大数据技术得以快速发展，而且其应用领域也越来越广泛，受此影响，高校学生所接受的思想同样更加多元化，而且高校学生也越来越重视追求个性化，他们在思维方式上变得更为活跃，越来越多的学生对于以往的填鸭式教学模式出现了排斥的心理，这些学生更加希望能够在课堂学习过程中获得更多的自由与主动，让自己变成课堂学习的主体。因此，对高校而言，在开展思想政治课程课堂教学工作过程中，要求教师应当采取一种更为适宜的全新教学模式，更好地对学生进行引导，让学生通过学习与实践的双重途径，掌握思想政治相关知识，提升自身的整体修养。对慕课而言，其恰好为高校思想政治课堂教学工作的革新与转变提供了契机与方法。

二、高校应用慕课开展思想政治教学活动的优势分析

慕课不仅仅是教育资源，它还有课程形态和学习管理系统。慕课出现之后，之所以迅速掀起世界各地的热潮，就是因为其自身具有其他载体无可比拟的优点。慕课的特点为其在思想政治课程改革中的应用带来一定的优势。

（一）增强思想政治教育的渗透性

在一定程度上，思想政治教育有效性低的根本原因在于，传统的思想政治教育过于强调个体对社会的认同、服从，这直接或间接地削弱了思想政治

教育中客观存在的满足个体发展需要的价值和功能。因此，思想政治教育更应关注人本价值，而不能刻意强调政治、灌输、教化的功能。

慕课模式为高校思想政治教学拓展教学空间和效能。一方面，慕课利用视频、音频、文字、图像等一切传播手段，图、文、声、像并茂，有机地融合在一起，有效克服信息传播的时空限制，向学生展示了一个丰富多彩、自由开放的新世界。另一方面，随着信息化、网络化的迅猛发展，学生消解了地域之间、校内外之间的边界，因慕课而汇集在一起，教学课程的选择完全取决于学生自己，特点鲜明、见解独到的课程会得到学生的青睐。慕课使传统思想政治课的课堂变小，却使在线思想政治课的课堂变大。学生不分地域，只要注册就可以参与学习，这与传统思想政治小班制教学是截然不同的。不同地域文化、不同民族文化的多元共存，思想与价值观多元化并存，更能激发学生的深度思考，不断通过此过程的交互，最终实现对马克思主义的认同，树立正确的世界观、人生观和价值观。

（二）提升思想政治课的吸引力和感召力

依托于互联网、人工智能、多媒体信息处理等信息技术的慕课，其各个教学环节实现了学生在学习时间和地点上的自主性选择，这是传统教学无法比拟的。由于参与主体规模庞大，在设计组织教学内容、组织管理学生、引导学生深度参与等方面，需要突破延续了几百年的传统班级授课制的程序、标准和规则，建立适合知识经济社会的课堂新秩序，从而更好地促进人的发展。

慕课环境下的思想政治课程，就是学生在课前观看教学视频，在课堂上交流、消化与理解知识点，在课后巩固并融会贯通知识点，有利于建成网络化、即时性、交互性、平等性、自主化、趣味性的高校思想政治课。无疑，这样的思想政治课是受到广泛欢迎的，学生可以更加自由、更有效率地接受思想政治理论教育。慕课在促进教学改革的同时，优质学习资源的共享、学生个性化的发展、自主选择权的强化，都有利于提升思想政治课程的吸引力和感召力。

（三）提升思想政治教师的主导地位

充分发挥教师的主导作用是提高教学质量的保证。教师作为知识的传授者和教学的设计者及组织者，其主导作用主要体现在最大限度地引导学生参与教学过程。在传统的思想政治课堂中，教师容易错位为课堂的主体，迷失其教学主导地位，这直接引发学生对思想政治教育课产生反感和抵触情绪。慕课的诸多特点能够有效纠正这种错误偏向，提升思想政治教师的主导地位。

慕课究竟如何体现教师的主导地位？

首先，在慕课背景下，教师为了吸引更多的学生积极参与课程，必定深入钻研教材的知识结构，搞清楚新旧知识间的联系，分析学生的认知规律和心理特点，运用适当的教法和手段，突出重点，突破难点，使学生形成良好的认知结构，不失时机地进行富有启发性的引导，当水到渠成时，再对所学知识做出科学的归纳、总结，这是教师主导作用的真正体现。

其次，在慕课运行过程中，每个细微变量都会被追踪。学生每进行一个操作，包括点击一小段视频、完成了一个作业抑或在讨论课写下评论，这些实际发生的行为都将被数据库捕捉。从这些细小环节中收集学生信息的方法为帮助学生理解学习开辟了新的途径。

最后，慕课的在线微课能保证不同的学生随时随地进行学习，避免了现行思想政治课堂中教师"一套教案表演数次"的尴尬场面，减轻了教师的工作量，让教师能够全身心地研究如何使学生学得更好，以便更好地发挥其主导作用。

（四）增强学生的主体地位

在传统的思想政治教学中，教师常扮演"布道者"的角色，容易忽视学生的兴趣和实际效果。教师错位为课堂的主体，容易引发学生对思想政治教育课产生反感和抵触情绪。

在慕课这种新颖的教学模式中，学生既可以向教师提问，也可以与同伴探讨问题、交流学习经验等，强化了教学过程中的平等探讨与互动，有利于凸显学生的主体性。学生在慕课平台中真正地成为课堂的主体，他们能依据自己的兴趣和习惯来掌控和规划活动，这样的环境是一种自由宽松的学习环境，既能调动学生参与课程的积极性，又能充分体现自主性学习的理念。

第三节　慕课背景下思想政治教学面临的困境

一、教师对驾驭思想政治慕课能力不足

事物的发展都有两面性，科学技术是一把"双刃剑"，在给我们的生活带来便利的同时也具有一定的缺陷，同样地，慕课作为新出现的一种网络教学模式，在其具有开放性、多样性、灵活性、互动性特点的基础上，同时也存在不足之处。慕课面对社会大众，所有人都可以免费在慕课上学习，慕课的主

体是教师，教师通过网络将自己的授课视频上传到慕课上。慕课面临的第一个难题就是教师对驾驭思想政治慕课的能力不足，尤其是一些年纪比较大的教师，对于网络工具的使用及其熟练程度较差，因此，慕课就会损失一部分知识丰富，但是对网络教学不熟悉的教师。

国内首个中文慕课制作公司创始人张有明讲述道：慕课从制作的角度来看，在本质上与常见的电大课程有很大的区别，相比之下，慕课更像是一部电影，它需要一个包括助教、项目经理、制作人、摄制团队、后期制作、运营人员、志愿者的制作团队；慕课制作的流程也很长，包括选题、教学内容设计、拍宣传片、集中摄制、测试反馈、运营数据等步骤。教师为制作慕课课程，平均一个小时的视频，至少需要十倍二十倍的时间来做前期课程内容的准备工作。在前期准备中，教师录制视频，上传视频，在慕课平台上对提出的问题进行解答，与学习者交流沟通，这些都是对教师掌握知识熟悉程度的考验，在这一环节上，就会淘汰一部分驾驭思想政治慕课能力不足的教师，这部分教师没有合理运用慕课在教学模式上带来的创新之处。

慕课的网上授课模式与传统的课堂教学不同，传统课堂教学是面向学生授课，而慕课是预先录制视频，这就使部分不适应慕课教学方式的教师认为教学枯燥乏味，不能与学生进行实时互动，无法通过视频直接与学生交流，从而对慕课的驾驭能力不足。

二、学生对思想政治慕课的认同度不够

慕课的开放性使高校学生在接受课堂教学的基础上，能够在课余时间继续选择自己感兴趣的知识点进行学习，但是，还是存在学生对思想政治慕课的认同度不够的情况。对慕课认同度不够分为三种类型。

首先，一部分学生认识慕课，对慕课有一定的了解，但是由于长期接受课堂式教学，学生对课堂式教学形成了依赖，认为只有在课堂上接受的知识才更加牢固，不愿意接受慕课的学习。学生作为学习的主体，是慕课发展的必要组成部分，如果学生对慕课的认同度不够，那么慕课的发展就会遭到阻碍，学生只对校园内的学习感兴趣，认为课堂式教学更加生动，能与教师面对面交流，也可以当面向教师进行提问并得到解答，课堂式教学教师还可以针对考试进行模块复习，这部分学生思想保守，坚持认为传统课堂教学更能提高成绩，因此，他们沉浸在自己的学习中，没有形成对慕课的正确认识，始终坚持自己的学习方法。在没有接受慕课的学习下就坚持认为慕课并不能给学习带来帮助，这源于学生对慕课的认同度不够。

其次，学生对思想政治课程认同度不够的原因是一些学生不喜欢接受新事物，并且对新事物的接受能力较差。这部分学生对慕课有一定的认识，只进行过少量的慕课学习。虽然慕课是开放性的、大规模的，只需要在网上注册就可以进行学习，但是部分学生在网上注册学习时，发现慕课并没有带来太大的收获，因此，在慕课上学习一两次后，学生可能就失去兴趣，不再进行学习。同时，学生对于高校思想政治的热情并不是太高，在学习上处于被动状态，因此，对于思想政治慕课的热情也不高。再加上这部分学生不喜欢接受新事物，并且对新事物的接受能力较差，以至于他们对慕课没有形成正确的认识。

最后，究其最主要原因，就是学生对新型授课模式慕课的认识较少，对于慕课的授课方式、慕课的组成部分、慕课的积极作用了解较少，甚至有些学生对此一无所知。虽然国内包括清华大学、北京大学、上海交通大学等很多高校已经开始慕课教学实践，其中清华大学的部分思想政治已经采用了慕课教学，但是，在总体上和国际顶尖大学对于慕课的应用水平还是有一定的差距，其中一个重要原因就是慕课在我国的发展还不够成熟，很多学生包括教师普遍缺乏对慕课的认知。很多学生甚至没有听过慕课，慕课现在还没有普及各个高校，大部分高校还是坚持课堂式教学，在没有加入慕课的学习时，高校学生甚至是教师对慕课的熟知度都很低，对慕课的特点以及慕课的组成部分都了解甚微，因此，学生对慕课的认同度不够。正是慕课的不够完善，加上学生对慕课的认知程度不够，导致慕课的发展面临一定的困境。

三、思想政治课师资力量分配固定化

首先，思想政治课师资力量分配固定化体现在本校教师与教师之间。思想政治课的教学主体是教师，传统的思想政治课多是由高校教师对课程进行分块，由教师合作共同进行一门课程的教授，在课堂式教学中，学生对课程没有自主选择的权利，学生按照预先设定好的课堂时间、课堂地点进行学习，接受教师讲授的知识。思想政治教师会根据课程提前进行备课，在固定时间进行课堂授课。随着慕课的出现，学生对学习拥有了主动权，学生可以不受时间、地点的限制，对自己想要学习的知识在慕课平台上进行学习，学生拥有更大的主动权、选择权，可以选择自己喜欢的教师的授课视频进行学习。那么，思想政治教学就会面临一个困境，由于受传统的教学模式的束缚，在慕课出现之后，思想政治课程面对的问题更加凸显，传统的师资力量分配的固定化已经不被学生认同，同一门课程由同一个教师以同样的方式进行教学，

学生学习的积极性会逐渐降低。

思想政治慕课师资力量不仅可以在本校教师中选择，还可以在不同学校教师中进行自主选择，这就使得思想政治课程在传统的本校教师之间师资力量分配的固定化面临问题。慕课不仅包括国内的大学，还有国外的大学，学校教师的质量不同，讲课的方式也不同，一流大学拥有一流的师资和教育资源，学生在对慕课进行选择时，都会选择名校名师讲解。在慕课平台上，教师不只是在课堂上授课，更多的是解答问题，在这里，学生有问题都会及时反馈，教师会根据反馈的信息进行解答。在解答的过程中，擅长运用网络工具、解答的速度快以及在互动过程中表现得很活跃的教师会很受学生喜欢。在慕课上，当课程的选择比较多且同一门课程有不同的教师讲解时，如果学生不喜欢哪个教师的课，就可以直接退课，这时，竞争就会产生，不受欢迎的教师就会在慕课平台上被淘汰。因此，教师在授课方式上会更加注重教学方式，更加注重学生的学习兴趣以及提升学生的学习积极性。

传统的思想政治课程在慕课背景下面临的这一问题是不可避免的，学生对教师的选择、教师之间的不同教学模式是导致师资力量分配不平衡的根源，师资力量分配固定化会影响教学的发展与进步。

第四节　高校思想政治理论课慕课教学模式改进的对策

一、打造思想政治理论课精品慕课课程

（一）探索慕课课程规律

想要构建更高品质的思想政治慕课课程体系，要求高校应当寻找到慕课教学和高校思想政治课程教学规律的契合性，应当进一步对慕课教学的规律性加以研究，通过长期的实践确保高校在思想政治教学中能够更好地应用慕课，充分发挥慕课的作用。另外，对高校教师而言，同样应当掌握慕课教学的规律性，对思想政治理论课加以重审，应当确保由以往的教材体系逐渐向教学体系转变。对教师而言，应当结合慕课在内容方面短小精悍这一规律性，针对思想政治理论课的教材加以重新拆分与构建，不仅应当保证思想政治慕课课程内容的系统性与完整性，同时还应当防止"新瓶装老酒"的问题发生。现阶段，我国一些高校在开展思想政治慕课教学过程中，通过"线上+线下"

这种混合教学的模式，在实践中取得了较好的效果，不过，在这一过程中依旧有一些问题存在，这要求我们应当持续针对思想政治慕课教学内容以及线上与线下教学的时间比加以调整和优化处理，确保高校思想政治课程教学工作能够和慕课教学实现无缝对接。

（二）优化慕课课程内容

在高校思想政治慕课教学过程中，所制作的课程内容质量如何，将会在很大程度上对慕课教学的质量以及学生学习慕课课程的积极性造成影响。

在慕课制作的过程中，应当对思想政治课程所使用的教材进行合理处理。现阶段，我国各个高校所采用的教材内容基本一样，不过，在开展教学工作的过程中，教师应当结合实际的教学情况以及慕课教学的特征与规律性，对思想政治理论课教材中所包含的经典理论深入挖掘与重组，通过采取更易理解、更易被学生接受的方法将思想政治理论课教学内容呈现到学生面前，把所要讲解的知识点全部讲解清楚，确保思想政治理论课相关理论知识能够对学生产生更大的吸引力。

同时，教师在进行思想政治慕课课程内容制作的过程中，还应当紧密结合当下学生比较关心的社会实例，在实例讲解的过程中将思想政治理论课所包含的理论知识讲解出来，以"讲故事"的方式对社会中的现象进行分析，让学生能够在不知不觉中接受思想政治教育。

另外，教师还要利用好讨论课，通过线下讨论课确保学生学习思想政治慕课课程的积极性进一步提升。在线下讨论课课程内容设置时，要求所选择的主题以及具体的素材等不仅应当具有科学性，同时还应当具有一定的趣味性，不仅要能够让学生产生共鸣，同时还应当达到思想教育课程的教育作用，确保学生能够更加广泛地参与到课堂讨论中，确保线下讨论课程具有更大的意义。在进行答疑课程安排与设置的过程中，要保证课程的有效性，进行答疑之前，要求教师应当在慕课平台上广泛收集学生所提出的疑问，并且结合学生所提出的疑问，事先做好充分的准备工作，确保课堂上答疑效率能够进一步提升。高校在开展思想政治慕课课程教学的过程中，也要勇于创新线下见面课的具体形式与方法。比如，复旦大学在设置线下见面课的过程中，以25名学生作为一组，以辩论赛和校外实践的形式开展线下见面课，通过采用这种创新性的教学形式，确保了线下见面课的教学效果进一步提升，也让学生学习线上慕课课程的积极性更好，从而有效推动了高校思想政治慕课课程教学工作的发展。

（三）创新慕课课程设计

应当对慕课视频中的知识点进行准确与严格的划分。在高校思想政治慕课教学工作中，慕课视频是开展思想政治教学工作的重要载体，要想确保思想政治慕课教学能够更好地由教材体系逐渐向着教学体系转变，便应当确保慕课视频内容的设计更加科学与合理，确保对教材中的内容加以合理拆分，然后再对拆分后的内容进行科学重组，将慕课视频划分为不同的知识点，在进行内容设计的过程中，除了要做到科学性与系统性之外，同时还应当做到趣味性与新颖性，只有做好了此项工作，才能确保思想政治慕课教学工作的质量与效果得以进一步提升。

要确保思想政治慕课课程线下教学工作能够和线上视频形成紧密的衔接。应当确保线下课程所包含的内容和慕课视频讲解的内容一致，确保二者之间能够形成连贯整体，二者之间能够达到相互启发的目的。并且，线下课程的安排在结合学生学习情况的基础上，还应当进一步对慕课视频内容加以拓展与延伸，在满足学生好奇心的基础上，采取创新的教学形式达到教学育人的目标。

二、提高思想政治理论课"慕课"的师资力量

（一）加强思想政治理论课师资队伍建设

师资队伍建设是决定思想政治理论课发展与进步的重要因素，加强思想政治理论课师资队伍建设是提高教师教学质量和数量的前提，加强师资队伍建设是高校教育发展的需要。

加强思想政治教师的师资队伍建设需要从以下几个方面进行。

1. 加强教师的科研水平

科研水平是教师教学能力的重要组成部分，高校思想政治教师的科研水平直接关系到教师的教学水平与教学内容。科研水平不高的教师，对课程内容没有创新，没有自己的学术成果，不论是在思想政治理论课课堂教学中还是在慕课平台上，学生都较少会选择科研基础薄弱的教师。没有较高的科研水平和科研成果，就没有思想政治教育教学的高水平，无法实现思想理论课教学的理想效果。因此，提高教师的科研水平是加强思想政治理论课师资队伍建设的前提保障。思想政治教师应该加强学术研究，增强科研能力，在课余时间刻苦钻研，勇于探索新问题，加大对思想政治理论科研的投入。高校应该为教师提供更好的条件进行科学研究，适量减少教师的教课压力，定期

组织学术讲座，加强教师之间的学术交流，从而达到教学与科研的平衡发展。

2. 加强教师对教学方式的创新

优质的师资队伍需要对教学方式有自己的创新之处，传统的课堂教学以教师单一授课为主，课程内容比较枯燥，学生参与课堂积极性不高。因此，改进传统教学理念、革新教学方法，关系到高校思想政治理论课的实效性。慕课是对传统课堂式教学的一大创新，教师创新教学方式有助于提高学生参与课堂的积极性，同时也是加强师资队伍建设中的一个重要环节。应该培养教师创新的教学方法，不断加强教师队伍建设，完善教师教学方式。在学习上，教师可以根据学生的兴趣进行不同的教学方式创新，理论与实践相结合，将课堂内容更多与实践相结合，充分运用慕课平台中的微视频教学、趣味问答、课堂测试环节，充分发挥学生学习的积极性与创造性。

3. 创造师资队伍建设的良好氛围

高校应该为思想政治教师的师资队伍建设创造良好的氛围。教师队伍建设环节需要相应法律法规的保障，学校在师资队伍建设方面起到一定的作用，应该合理规划教师教学安排、课程结构、课程人数安排，为教师教学做好保障，使教师能够在合理的工作安排中不断提高自身的科研能力。为思想政治理论课的师资队伍建设营造良好的氛围，不断整合师资队伍，加强师资队伍建设，提高教学水平，完善教学内容。将慕课运用到高校思想政治理论课教学中，使学生观看到更多优质的教师授课视频，集中整合全国优秀的教师资源，实现教师资源的最优化，从而实现资源共享。

(二) 增强教师运用慕课平台的能力

慕课的出现打破了传统课堂式教学的教师单一授课方式，慕课是基于网络背景下的大规模开放性网络课程教学，高校可以通过对教师的集中培训来增强教师运用慕课的能力。

首先，应加强教师对慕课的应用能力，不同年龄的教师对新兴事物的接受能力不同，对其应用的熟悉程度也不同，为了教师更好地运用慕课系统，高校应在慕课加入思想政治理论课前期对教师进行培训，使每一个教师能够熟练应用慕课，将慕课与教学实践相结合，使课堂教学更加生动，进一步完善教学内容。

其次，在教师对慕课的运用达到一定熟练度的基础上，进一步增强教师运用慕课平台的能力。慕课时代的到来，打破了传统课堂教学的灌输式教学模式，出现了"翻转课堂"。所谓"翻转课堂"，是相对于传统的课堂上讲授知识、课后完成作业的教学模式而言的。它是指学生在课前观看教师事先录好的或网上下载的教学微视频以及拓展学习资料，而课堂时间则用来解答学生问题，订正学生作业，帮助学生进一步掌握和运用所学知识。"翻转课堂"是基于慕课平台出现的，教师要加强运用慕课平台的能力，"翻转课堂"实现的前提是学生根据教师提供的优质教学视频，对知识点进行自主学习，将自己所学知识点中存在的问题在课堂上与教师进行互动交流，增强教师运用慕课平台的能力，促进教师合理运用"翻转课堂"的学习方式。

最后，教师运用慕课平台来加强与学生之间的互动。在慕课平台上学习者可以进行交流互动，教师可以利用慕课这一特点，加强与学生的交流互动。学生可以提前观看教师录制好的视频，与慕课平台上的学习者进行讨论，教师也可以在课前通过慕课平台与其他高校的教师进行交流互动。在课堂上，教师针对学生在慕课视频学习之后存在的问题进行解答，课堂上与学生进行讨论，共同解决问题。学生可以在慕课平台上进行交流互动，在课堂上与同学进行深度交流，这既有助于加深学生对问题的理解程度，又能合理分配课堂时间。因此，教师要增强运用慕课平台的能力，将慕课平台的优势运用到教学中，合理利用慕课平台带来的教学方式的变革、教学内容的创新、沟通机制的完善。

三、加强学生自身建设

（一）提高学生主体意识

1. 引导学生认识自我

在高校开展思想政治慕课教学工作的过程中，学生的学习过程与基础教育阶段受到家长及教师严格的监督情况存在显著差异，其属于一种主动接受知识的学习过程，而学生通过思想政治慕课的学习，其最终目标并非获取相应的技能，而是确保学生能够得到更加全面的发展，在这一过程中教师仅是指导者，学生才是整个学习过程的主体。在思想政治慕课教学时，作为学生，应当能够充分认识到自己在学习过程中的主体地位，只有在学习时充分发挥自身能动作用，才能确保取得更好的学习效果，才能确保思想政治慕课教学工作开展更加顺利。所以，对教师而言，应当积极对学生进行引导，要让学生能够更加正确地认识自我，在学习过程中更加具备主动意识，积极主动地和教师、同学开展交流活动，参与到慕课课程学习的过程中，在进行沟通时有效解决自己在学习中所遇到的各种问题。

2. 锻炼学生自主探究的能力

对学生而言，要想更好地适应思想政治慕课教学新模式，便应当进一步提升自身的自主研究能力，了解学习活动中的各种技巧。在开展思想政治课程学习过程中，慕课的形式和之前课堂教学的形式之间存在相对大的差异性，一些学生往往会因为一时不适应而出现较强的抵触心理。究其原因，主要是学生自主学习与探究的能力不强，在学校慕课课程的过程中无法掌握有效的方法，而且不能主动开展学习活动。所以，要求学生积极参与线上及线下讨论与交流，发现问题要能够主动解决，并能够主动提出问题，从而进一步提升自主探究能力，以保障学生学习思想政治慕课课程的效果得以有效改善。

(二) 加强自我管理能力

学生应当能够更加充分地认识到开展自我管理工作的重要性。学生在学习思想政治慕课课程时，不再面对升学的压力，也没有了家长与教师的监督，如果想要在大学期间掌握更多的知识，确保自身能够全面发展与提升，便应当做好自我管理工作。对高校学生而言，他们的心理以及智力都已经逐渐发展成熟，同时也已经完全拥有了自我管理的能力以及条件。所以，学生应当认识到，进行自我管理对于未来自身的成长与成才是非常重要的。在高校学生的日常学习活动中，学生不可以只按照自己的喜好而草率决定选修哪一门课程，相反地，学生应当做到自我管控，在遵守学校合理安排的前提下，结合自身发展的实际需求，对于每一门课程都能够认真看待。思想政治慕课课程主要的目标是确保学生能够建立起更加正确与科学的世界观、人生观、价值观，因此，对学生而言更要确保安排更多时间进行思想政治慕课课程学习，这样才能够确保取得更好的学习效果。

要进一步强化学生的规则意识以及理念。"没有规矩不成方圆"，就高校学生而言，规则意识同样尤为重要。现在，一些学生在学习思想政治慕课课程时依旧存在着糊弄、作弊等一些和高校规定和社会道德严重背离的行为，对于此类行为要求高校应当做出惩罚。在开展思想政治慕课课程教学工作时，教师应当构建更为健全、公平的考核与评价制度，应当针对学生开展全面且客观的考核与评价工作，不仅对学生的学习效果进行评价与检查，同时还应当对学生的学习过程加以监督，要培养学生树立较强的规则意识。另外，对学生而言，同样应当很好地约束自我，要能够充分认识到遵守规则与制度的重要性。

四、采取师生双向互动的教学模式

传统思想政治理论课课堂教学主要以教师授课为主，学生只是单一接受教师讲授的课程，因此学生参与课堂的积极性不高，教师与学生之间的互动也很难实现，学生对知识的掌握程度不够深入，要想打破传统课堂式教学的局限性，就要加强教师与学生之间的互动。现代思想政治教育只有加强教育者与受教育者之间的互动，才能充分调动学生的积极性，具有吸引力，才能防止形式主义，取得实效。在教学过程中，学生对课程的积极性最为重要，教师应该不断改善课堂教学方式，充分利用慕课的优势，积极探索各种具有针对性的课堂教学方案，促进师生双向互动的教学机制的形成。

在教师和学生双向参与教学的过程中，促成教师的"教法"与学生的"学法"相辅相成，可以借鉴以"微课程"为教学单元的路径，从教师课内教学、学生课外学习两个互补层面开展教学活动。教师和学生共同完成慕课制作、学习，共同学习名师的授课视频。学生在课前自主观看视频之后，会对问题存在不同角度、不同层面的认识，课堂讨论有利于促进师生的双向互动，在课堂交流中，教师根据学生在观看慕课视频之后产生的问题进行解答，学生也可以就自己在观看过程中存在的疑点与教师交流，学生与教师之间针对问题进行讨论，由学生被动接受知识到课堂主动参与谈论，发挥了学生的主体能动性，更好地提高学生的积极性，从而实现教师与学生的双向互动。

基于慕课平台，在课堂上教师对学习者提出的问题集中答疑，以一对多的形式进行互动；授课教师每周用两小时左右的论坛在线时间与学生开展交流；课后通过客观题测试与学习者进行一对一形式的实时互动交流。课堂提问也有助于促进师生双向互动，在这一环节上，教师主要起引导作用，引导学生主动思考，参与到教学中，更好地促进师生之间的双向互动与交流，从而优化思想政治慕课的教学模式。

第十章

新媒体环境下高校思想政治教学之智慧课堂教学模式

随着信息技术与教育教学领域的融合日益密切，数字化、网络化、虚拟化的教学平台的高效便捷已然惠及人人。一个开放、共享、交互、协作的智慧教育环境已成为时代发展所需。本章主要阐述新媒体环境下高校思想政治的智慧课堂教学模式。

第一节　智慧课堂的概述

随着信息技术的大力发展和广泛应用，智慧课堂应运而生，其主要基于建构主义学习理论，借助大数据、物联网、移动互联网等新兴信息技术打造智能、高效的课堂。智慧课堂的出现是信息技术与课堂教学充分融合的产物，也是大数据背景下教学改革的必然结果。

一、智慧课堂理念构建背景

（一）智慧课堂理念的产生

知识的掌握是学习者在特定的场所，借助他人的力量，依靠特定的知识资源，并运用意义建构的方法获取。体验充分、学习高效的课堂环境创建必须具备情境、协作、会话和意义建构四大元素。智慧课堂充分迎合了建构主义学习理论对高效课堂场景的要求，借助最新科技和智能设备，把握教学过程中的课前、课中和课后三大节点，营造和模拟趋于现实的课堂学习环境，增加师生和生生之间的沟通，增强学习者的合作学习、课题探讨，提升学生知识系统的创建。

（二）智慧课堂教学的形成

教学环节的效率可以通过数据分析来显示，如学生的出勤率、作业的错误共性、课堂活动的参与度、师生互动的频率、学生对课堂内容的活跃度等。

基于以上客观数据，教育管理者和教师能够直观地判断和控制教学环节和学生行为，从而为制定和修改教学决策提供数据参考。传统课堂中的教师要面向几十个学生进行授课，很难把握学生个体学习差异。基于新兴信息技术的智慧课堂采用全程控制和智能推送技术，针对课前、课中发布预习资料和学习资源，监测学生的学习进度和效果，精确把握学生个体的动态学习进度，有的放矢，因材施教。

（三）智慧课堂应用的价值

智慧课堂总体上由教学流程、移动终端、应用支持、大数据评价和资源服务五个部分构成，其主要应用价值体现在：实现动态学习分析评价、构建新的课堂形态和学习环境、优化认知目标和教学设计、重组教学流程以及变革课堂教学方式。在智慧课堂上，无论是哪个教学环节、何种应用价值，教师对大数据分析技术的精准掌握都起着无法替代的核心作用。在大数据时代，教师改进教学的重要途径是具备数据智慧。

二、智慧课堂的特点

（一）个性协同化

智慧课堂根据不同学习者的能力和成绩将不同学习策略、学习方法和指导练习提供给学习者选择；在完成个性推送的基础上，注意培养学生的自主学习、合作探究的能力，通过因材施教促进课堂效率的提升，取得教学成绩的提高。

（二）智慧跟踪化

随着互联网、大数据分析学等新兴技术的发展，教学活动借助其帮助，对每位学习者的学习历程进行智慧课堂记录，通过对教育数据的智能化挖掘，对学习者的学习效果进行评价分析，并用于指导教师的课堂教学和学生的课程学习。

（三）工具丰富化

借助智慧课堂云端信息库，学习者通过智能端获取丰富的学科学习工具和教学资源，通过对学习工具的使用和教学资源的应用，学生可以获取书本知识以外的学习资源，培养自主学习、探究学习的能力，强化知识体系的建设，达到智慧课堂的目的。

（四）活动智慧化

智慧课堂的学习活动以智能设备和学习资源为依托，通过教师对学生的引导，结合具体教学情境，学生积极参与配合，从而在智能化学习活动中灵巧、高效地运用专业知识解决问题，锻炼解决实际问题的能力。

三、智慧课堂实施的关键

智慧教育在网络教育的驱动下，转换传统模式，使"互联网+教育"模式成为传统教育升级的重要驱动力。智慧校园建设是"互联网+教育"模式的重要实现。

（一）资源库的建设

建设专业资源库、课程资源库和素材库三级教学资源库体系。不仅要收录学校教师、校企合作建设的各种专题库资源，还应收录国家级精品课、名校公开课等资源。在此等完备资料库的基础上，才能有所学，进而学有所依，更能逐步升级，有所传承与摒弃。这也给学生以更真实的体验，教育的发展也更深入人心。

（二）教师的信息化教学能力

教师是智慧教育的主力军、先锋者。只有教师全面了解并熟悉掌握智慧教育，使"互联网+教育"得到完美诠释，才能做好学生智慧学习、网络教育路上的引领者。建设教师教育技术体验训练中心也成了迫在眉睫之举。综合运用移动互联网、云计算、物联网、人工智能、大数据、知识管理、社交网络、虚拟现实等新兴信息技术，全面感知校园物理环境，让教师全力以赴地投入智慧教育的高级形态中。

（三）学生的技术沉浸

高校的学生个性化突出，在学习上难有自觉性，再加上教师后备力量补给不足，学生上课出席率、教师教学质量、实际操作能力等多种问题，成为学校管理者最为头痛的大事。

目前为止，智慧教育仅限于视频微课、电子书包、慕课、翻转课堂，但由于资源匮乏，使用率很低，作为智慧教育的电子书包这种新技术，在高校的使用少之又少。我们可以把校内外有序、有目的、有节奏的连接起来，使其在课本与实践、实践与课本之间很好地转换，在真正意义上实现智慧教育。

第二节　新媒体环境下智慧课堂教学模式设计

一、新媒体环境下高校智慧课堂教学模式设计策略

传统课堂教学是师生面授形式，教师是授课主体，学生按照课表在规定的时间到规定的教室上课学习。传统课堂的教学目标、教学内容以及教学评价方式基本是采取"一刀切"的方式，这样的模式并不利于学生的个性化发展。高校培养学生的目的与基础教育阶段有所不同，如果说基础教育注重培养学生的基础知识与技能，那么高等教育则更注重挖掘学生的潜能，培养学生的创新应用与自主探究的能力。

（一）移动互联的智慧课堂环境

课堂环境可以为学生的高效学习提供帮助，促进传统课堂环境转换为智慧课堂环境，是信息化时代下师生对学习环境的期望与诉求。传统课堂的教学环境多为"电脑+多媒体/交互式电子白板"的配置，教师在课堂教学中仍然是主体，学生的个体参与度、学习情况等未能得到很好的监测，因此，将课堂环境转变为移动互联的智慧课堂尤为重要。

首先，要将智能手机、电子书包、录播系统等设备作为硬件支撑引入课堂环境。同时，考虑到学生个体间有差异，如果每名学生都有自己的智能学习终端，就能自主获取学习资源，根据自己的学习情况控制学习进度，以便最大限度地提升学习效果。

其次，要将无线网络引入课堂环境。无线网络可使教师通过问卷、测验等方式实时了解学生的学习效果，有针对性地击破教学重难点。

最后，要将智能检测系统引入课堂环境。调查问卷的有效分析、教学资源的智能推送、学习轨迹的存储记录等都需要智能的监测系统，可以时刻监测学生的学习状况与动态。错误率高、学习关注度偏离等情况都会反馈给教师，教师可以根据学情调整教学计划。智慧课堂以移动终端、互联网、大数据等技术手段为支撑，实现课堂内外无缝连接，形成了移动互联的学习环境。

（二）立体化的智慧教学过程

传统课堂的教学活动多集中在师生面授课堂，在有限的时间内要完成课

前回顾、新知识讲授、课堂讨论等活动，不仅对教师的教学设计能力有很高的要求，还需要学生有较强的接受能力，才能让师生的教与学同步进行。智慧课堂不仅要把新兴技术引入课堂，更重要的是尊重学生个体差异，对教学过程合理优化，重塑课堂内外学习时空。高校智慧课堂教学模式把教学过程分为面授课时段和非面授时段，由传统的单向课堂教学转变为立体化的智慧教学。

在非面授时段，教师通过智能监测系统向学生发布学习任务和相关教学资源，学生可以在课前对新知识进行预习、探究与思考。当学生遇到解决不了的问题时，可以在线上组成学习小组，结合群体的智慧共同分析问题、突破难关。教师可以通过系统终端了解学生对教学资源的关注情况、点击次数、观看进度等，方便把握学生的学习兴趣，从而设计教学方案。

面授课时段注重教师与学生相处的时空，各个小组对自己的学习情况做交流汇报，把预习阶段没有解决的问题放到课堂上讨论。一方面，教师可以对学生的问题做针对性回答，解开大家心中的谜团；另一方面，教师可以提出相似的案例去测试学生对相关知识点的掌握情况，在考验学生解决问题能力的同时，又培养了学生灵活应变的能力。

面授课堂的教学时间是有限的，高校很多课程的间隔周期都在一周以上，经过一周，学生对知识的记忆已经模糊了，因此要合理运用非面授时段对旧知识进行教学巩固。把知识的了解记忆、问题思考、扩展资料等学习活动都安排在非面授阶段，让学生的学习不局限在某个教室中，而是把学习变为连贯的过程，这种立体化的教学方法有效关联了课堂内外的时空，有利于提高学生的学习效率，增强学科思维能力。

（三）多元化的智慧评价方式

传统的学习评价方式主要是期末测试或期末考核的总结性评价，评价主要由教师或学校进行把控，评价过程相对封闭。智慧课堂的学习评价兼顾形成性评价与总结性评价，利用大数据搜集与分析技术可以使评价过程从学习开始到学习结束，学生可以在线观看同伴提交的作业，进行相互评价，了解自己的不足，取长补短。教师可以通过观察学生的自评互评情况掌握学生的评价标准，通过数据分析学生的共性与特性，以便修改教学策略，真正做到因材施教。在课堂面授时段，教师布置综合测试任务，考查学生在一定时段内的学习情况，给出教师评价与建议。最后，智能监测系统会根据学生的学习数据、完成任务情况、作业难易程度等指标生成学习报告供师生查阅。

在智慧课堂环境中，每个人都是被评价的对象，同时也是评价主体，由学习者、学习同伴、教师、智能检测系统共同组成主客观混合式的评价方式。多元化的智慧评价一方面可以让学生通过学习报告发现自己的不足，不断进行改善与提高；另一方面可以让教师通过学习报告观测学生的学习状况，调整教学方案，挖掘学生潜能，注重学生的学习过程与思维培养。

二、新媒体环境下智慧课堂的发展与反思

智慧课堂的教学模式在一定程度上解决了以往教学模式下效率太低的问题，同时保障学生的学习效果。在课程开展过程中，可以借助手机、电脑等智能终端实现课前、课中和课后的内容学习，并让学生快速适应这种学习方式，提高自主学习能力，满足新时期的学生需求。相比以往的课堂听讲学习，智慧课堂的构建显然更能发挥学生的自主性，充分以学习者为中心，在师生交流和沟通当中促进知识的内化和提升。值得一提的是，智慧课堂教学利用的是信息化平台提供的资源和工具支持，方便学生采取不同的方案开展学习活动，如在教学内容和方式的选择上，既包括自动推送、人工推送等方式，又可以自主订阅学习资源，满足学习者富有个性的多样化学习需要，并丰富知识来源，加强对理论知识的理解和掌握，具有现实意义。

从创新点来看，主要体现在教育理念和教育体系的创新，是对以往教学模式的改造和重塑，借鉴优秀的经验，在信息技术的支持下促进新媒体和教育深度融合，以数据化的教育特征作为未来社会发展的主流趋势。

现有智慧课堂模式构建方案并不代表它能够完全代替传统课堂教育，其在不同学科实践的有效性仍然需要得到数据结果的佐证和支持。因而，在某些情况下调查结果与实际结论应用范围可能会比较有限，必要时还可以对不同学科领域、不同班级的教学现状展开对比研究，充分提升研究结果的准确性、客观性。当然，可以预见的是未来智慧课堂构建会真正从学生角度出发，根据学生的特征和能力需求合理安排学习任务，避免给学生带来心理压力，着眼于学生的最近发展区，让教学内容符合学生的实际需要，引导其不断发展。在今后的工作中加强对学习效果的监管和统计，重点调动学生的积极性，转变其学习态度。

第三节 基于"学习通"的智慧课堂在思想政治理论课教学中的应用研究

一、超星学习通的定义与特点

"超星学习通"（简称"学习通"）是基于"泛雅"网络教学平台资源，面向智能手机、平板电脑等移动终端的移动学习平台。该款 App 包括教师端和学生端，教师可以利用该平台创建课程和班级，进行课程资源建设和包含签到、通知、课堂讨论、布置作业、投票、评分、课堂测验、问卷调查、课程考核等在内的课程教学管理活动；学生可通过该平台在手机端或电脑端在线学习和参与教师发布的课堂活动。学习通作为教学辅助平台，具有以下特点。

一是简捷方便。教师只需一部手机、一个网址就可将所讲内容进行投屏。学生只需一部手机或者一台电脑就可在线学习、参与课程活动，非常简捷方便。

二是交互性强。学习通有签到、投票、主题讨论等功能，可以实时记录学生的学习情况，并统计学生成绩。教师也可通过平台和学生在线交流，促进师生的交互性学习。

三是资源丰富。学习通平台有着丰富的学习资源，包括视频、期刊、图书、云盘专题、报纸、有声读物、同步课堂等，完全可以满足教师的备课需求和学生的学习需要。

四是功能强大。其功能主要体现在为教师和学生提供了学习资源，为课程的教学活动提供了技术支持，为课程考核提供了完整的数据报告。

二、超星学习通应用于高校思想政治课的现实意义

（一）丰富和完善教学资源

学习通平台具有丰富的数字化资源，包含期刊、图书、报纸、名师讲坛、专题讲座、通识课堂等，这些资源为思想政治课教师掌握丰富的知识、拓宽学术视野奠定了基础。除了这些公共资源之外，学习通还有专门的马克思主义学院页面，输入邀请码进入页面之后，就可看到推荐案例、推荐资源、时

事热点、学生自测、网络资源库、实践活动等模块，各模块下资源齐全，涉及马克思主义学院的各类课程，为思想政治课教师提供了先进、丰富、专业的教学资源。

（二）促进教师教学工作信息化、高效化

思想政治课属于公共必修课，大多采用大、中班教学，不同学院和专业的学生合班教学。若使用传统的教学模式和手段教学，签到、评分、成绩统计等环节需花费教师大量的时间，效率极为低下。教师使用学习通辅助教学后，教学效率得到了极大的提高。例如，只需2分钟左右就可完成签到任务；分组进行项目活动时，系统可以按照要求自动分组，并可发起对小组表现的评分任务；学习通可实时记录学生的学习情况，包括任务点的完成、签到、课堂活动的参与等；除此之外，学习通还具有强大的统计功能，教师只需将课程考核的权重设置好，系统就会自动计算学生的成绩。这些功能大大减少了教师的工作量，促进了教学的信息化和高效化，也为教师进行其他工作，如党建工作、科研工作、宣讲工作等留足了时间和精力。

（三）增强教师与学生的双向互动

在教学过程中教师要发挥主导作用，学生则要发挥主体作用，二者的有效互动是增强思想政治课实效性的条件之一。学习通为思想政治课师生的双向互动提供了平台。教师可在教学过程中结合课堂活动，如在主题讨论、选人、抢答等环节加强与学生的交流，了解学生思想动态和价值取向，及时解决学生困惑，引导学生树立正确的世界观、人生观、价值观。在课下学生也可通过学习通平台与教师加强互动。

（四）强化学生的主体意识，提升学生的学习自主性

将学习通应用于思想政治课强化了学生的主体意识，主要体现在：一是丰富多彩的课堂活动，如抢答、讨论、点赞等提升了学生参与课堂的积极性；二是学习通可以实时打分、成绩统计和排名，并可实现投屏，激发了学生的进取心；三是学习通丰富的学习资源、灵活的学习方式，可满足学生多样化的学习需求，使学生有效利用了自己碎片化的时间，提升了学生的学习自主性。

（五）促进教学模式和考核方式的改革

在传统教学模式下，对学生考核不够严谨，对学生平时表现及作业测评等不能做到全面、科学。将学习通应用于思想政治课有利于促进思想政治课教学模式和考核方式改革，逐步探索出基于学习通的混合式教学模式和更加

科学、全面、公平的考核方式。

三、基于超星学习通的思想政治翻转课堂教学实践应用

（一）超星学习通应用于翻转课堂的可行性和必要性

超星学习通系统可以有效地配合思想政治课堂的翻转。课前，超星学习通有海量的视频、课件、期刊、图书等思想政治资源，可以发放给学生自学；课中，通过投屏，学习通还可以提供签到、投票、选人、抢答、讨论等互动方式，在活跃课堂气氛的同时，教师还可以根据学生表现进行评分，为平时成绩提供可靠的数据来源；课后，教师可以通过学习通发放作业和测试，并通过学习通的班级统计查阅学生的参与度，进行学生成绩管理和课堂活动反思。

思想政治课对学生的价值观和道德形成起着至关重要的作用，但其内容晦涩、理论深奥、重视程度不高、课堂气氛沉闷、教师照本宣科、学生参与度低，导致学生对思想政治课的热情不高，上课玩手机等现象严重。因此，使用学习通参与课堂互动，能让手机成为学生的学习工具，从而提高思想政治课的活跃度、参与度和实效性。

（二）基于超星学习通的翻转课堂模型的构建

根据翻转课堂课内课外、线上线下的混合式教学模式和实际教学经验，本书从课前、课中、课后三个环节构建了基于超星学习通的翻转课堂教学模型。

课前，教师可利用海量资源进行课程教学设计，发放部分学习资料（视频、文档、链接等）作为课堂学习任务让学生进行课前预习，以及设计课堂教学活动等。教师通过后台数据实时督学，可以查看学生是否阅读了相关学习任务的资料。学生可以根据教师发放的内容进行自主学习，查阅相关资料和小组讨论，从而提高学生的自主学习能力、分析资料能力和归纳总结能力。

课中，教师可通过手机学习通 App 高效率完成学生签到考勤，发放测验，快速掌握学生预习情况，适时发布抢答题以组织课内学习讨论，通过抢答、选人等功能一改传统的提问环节，增加课堂乐趣和吸引力，提高学生参与度，活跃课堂学习氛围。

课后，师生间可通过学习通进行线下讨论教学，及时进行答疑交流环节。教师可发放课后作业并进行批改，给学生分享资料延伸阅读。教师还可查看数据统计和学生课后评论，及时调整新的教学方案，以及组织其他线下交流

活动。

（三）模型的实践教学应用

此处以"思想道德修养与法律基础"为例，进行基于超星学习通的翻转课堂实践应用研究。

1. 课前的充分准备

教师可以将教材提炼出 24 个知识点，并根据知识点录制相关的微课。学生根据所选的知识点分成 24 个小组。在课前，教师先将微课视频、PPT 或者 Word 文档上传到章节目录，并设置学生任务点，在视频播放的适当时间插入测试题或讨论。添加完成后，教师可以通过发放通知，让学生做好相关的预习功课。通过超星学习通，教师可以查看学生是否已经观看发放的视频资料，从而对学生的学习进行督导。学生应明确教师发布的任务点，观看视频、搜集资料、提出问题，为小组的课堂讨论和成果展示做好准备。

2. 课中的活动实施

课中活动是翻转课堂的重点也是难点，主要目的在于对知识点的展示和内化。基于超星"一平三端"智慧教学引擎的教室端——超星智慧课堂可以与超星教学辅助 App 相配合，充分利用学校的大屏。教师只需要在学校计算机上打开网址，输入教学辅助 App 上的投屏码就可以快速将课件、资源和课堂互动投到大屏幕上，充分进行互动。互动的形式主要包括主题讨论、随机选人回答、抢答、投票等。本书在思想政治翻转课堂的实践中，主要有以下三个环节。

第一，学生进行小组成果展示。这个成果的形式可以是 PPT、微课、意见稿、观后感或者小品等。

第二，针对成果展示进行班级讨论。教师通过超星学习通的讨论功能，鼓励学生将自己的想法、评价、问题等内容发送到大屏幕。这一方法能在较短的时间内收集学生的意见和评价，极大地提高学生参与度。教师还可以通过系统的词云功能，对学生答案中的关键词进行分析、提取和统计，统计结果以词云形式展现，从而了解学生的真实想法。对于一些存在争议的问题，还可以通过投票的方式让观点更加明晰。例如，在讲到大学生要树立正确的恋爱观时，对于异性之间是否存在纯友谊这个话题，可以用投票的方式，把握学生的想法，引导学生正确处理与异性的关系。教师也可根据学生的表现和答案进行一键评分，分数会自动统计学生的平时成绩，从而实现基于数据的教学研究。

第三，教师进行引导、答疑和总结。教师对小组展示的成果进行点评，根据学生阐明的观点予以引导和升华提炼，对学生的问题进行释疑或者引导学生共同探究，从而提高学生发散思维的能力，保证知识点的准确性。

3. 课后测评和反馈

教师可以根据线上题库随机形成测试卷给学生进行课后测验，检查教学成果。因为思想道德修养与法律基础的教学目标更侧重于学生的素质目标，所以课后测验一般更趋向于使用课外教学实践和写心得体会等方式进行。如讲授完爱国主义，可以设置课后作业：观看央视大型纪录片《厉害了，我的国》，并写观后感。

在超星学习通的答疑区，教师还可以实时解答学生问题，保持教学的连续性和渗透性。在后台的统计区，教师还可以查看学生访问量、互动记录和学生评价，及时调整教案和上课方式。通过成绩管理，只要在课前设置了成绩权重，即可自动计算平时成绩，对思想政治的大班教学来说，可以大幅度降低教师的工作量。

四、基于学习通的"纲要"混合式教学设计

"中国近现代史纲要"（以下简称"纲要"）课程的混合式教学设计，主要包括课前学情分析、课中活动及管理、课后教学评价三个环节。现以"纲要"上编综述"风云变幻的八十年"为例，具体阐述该教学内容的混合式教学设计。

（一）课前学情分析设计

"纲要"的先修课程为"思想道德修养与法律基础""毛泽东思想和中国特色社会主义理论体系概论"。授课的对象为大学生，他们已掌握了一定的思想政治课程知识，具有较高的思想政治素养，为自主学习、合作及探究学习打下了基础。

（二）课中教学活动及管理

1. 教学的目标和重难点

上编综述"风云变幻的八十年"这个部分的教学内容，要求学生达到三个目标。首先，知识方面，要求学生对鸦片战争前的中国和世界有总体认识，掌握中国封建社会的特征、近代中国社会的主要矛盾、两大历史任务及联系；其次，能力方面，能够运用马克思主义唯物辩证法分析中西方两个世界落差的转换，能够运用矛盾的基本原理分析中国特色社会主义的主要矛盾及历史

任务；最后，情感方面，通过对灿烂的中华文明、帝国主义对中国的入侵、中国近现代史的开端等教学内容的学习，培养大学生的爱国情，激发其报国志。教学重点与难点：半殖民地半封建社会的特点及其与近代中国社会基本矛盾、历史任务的关系。

2. 混合式教学资源库建设

上编综述"风云变幻的八十年"主要以鸦片战争前的中西方为背景，阐述中西方两个历史落差的转换；近代中国的主要矛盾、社会性质及其基本特征；近代中国的两大历史任务及其相互关系。教学重点与难点是半殖民地半封建社会的特点及其与近代中国社会基本矛盾、历史任务的关系。任课教师可在学习通平台上给学生推送课程相关材料，使学生对课程的内容有更加全面而深刻的认识。

3. 学生可运用学习通平台加强线上学习

学生扫描二维码加入教师所创建的班级。教师在线上发布学习目标和任务后，即进入了学生自主学习的环节。学习的方式一种是"个体自主式学习"，另一种是"小组集体合作式学习"。首先，学生根据教师线上所提供的视频、材料，在小组内进行充分的讨论，并形成讲稿，制作成 PPT。之后，在课堂上以主题演讲的形式进行汇报。其次，学生在超星学习通 App 上找到"讨论"的模块，发表相关的看法和观点。平台上所有的看法和观点，班级的成员均可见到，他们可以相互评论、探讨或者辩论。当然，教师也可加入其中，进行点评。这使原本简单的一问一答变得生动、有趣起来，学生也在潜移默化中拓展了视野。最后，学生可以自主地在平台上完成所学课程相关的章节测试题、期中期末考试题。学生答题的过程均会在平台的后台留下记录，同时，平台还提供了初步的数据分析，这有助于教师后期课程的调整及教学手段的完善。

4. 学生运用学习通平台加强线下学习

在线下的教学环节中，学习通 App 的功能得到了很好的发挥。首先，考勤方面。改变了传统考勤学委一个个点名的低效率方式，可以采用学习通普通、手势、位置、二维码等签到功能。所需时间短暂（小于 1 分钟），并且保存有翔实的记录，方便教师期末进行成绩的登记。考勤二维码还可以实现每10 秒钟更新一次，防止替"打卡"现象的发生。其次，调动课堂气氛方面。在教学的过程中，通过学习通抢答或"选人"的功能，可以让学生眼神聚焦于教室投影屏幕，"主动"地参与课堂，回答问题，实现了对学生"回答情况"的即时评价。同时，还可以将课堂上学生的课前演讲、课外实践活动、辩论片段或发言等以"直播"的形式上传至平台。它既有利于学生"温故而知新"地进行反复欣赏和反思，又增加了教学活动的趣味性。最后，答疑解惑方面。学生根据教师线上提供的教学资源，在课堂上以主题演讲的形式进行汇报。学生在线上"个体自主式学习"阶段中碰到的任何难题，在线下授课时教师都可以有针对性地进行答疑解惑。同时，教师还可以对学生在线上的答题、主题讨论、成绩等情况进行适时评价，督促学生关注课程，调动其学习的能动性。

（三）课后教学评价设计

在"风云变幻的八十年"这个部分的教学环节中，主要设置了四个维度的评价内容，具体为学生在学习通上的考勤情况、主题展示（演讲、历史剧等）情况、线上作业完成情况（含主题讨论等）、章节测试题完成情况。授课的教师可以根据平台上学生平时累积的过程性考核的记录，做出具体而又客观的评价。例如，根据学生完成课程作业的次数及质量、签到考勤的频率、章节测试系统生成的成绩情况等。在主题展示的环节，老师可以在学习通平台上对学生的活动情况进行打分评价，使整个评价考核显得更加全面、客观。

将学习通应用于高校思想政治课，调动了学生的积极性，增强了课程的亲和力、实效性和针对性。但由于这方面的理论研究和实践尚处于探索阶段，还面临着一些挑战：一是思想政治课教师的信息化素质和选择教学资源的能力有待增强；二是教学过程中对网络的要求极高，目前有些院校尚未实现教学楼网络的全覆盖；三是丰富的教学资源、强大的功能使学生的学习更加便捷，但也会让学生感觉到学习负担和压力；四是运用学习通平台对学生进行考核时，思考如何设置各部分成绩权重才能更加科学公平。

第四节　基于"雨课堂"的智慧课堂在思想政治理论课教学中的应用研究

一、"雨课堂"概述

（一）"雨课堂"的特征

"雨课堂"在教学过程中的操作比较简单，不需要复杂的硬件支持，只需要在微信上关注"雨课堂"公众号，创建教学班级，登录"雨课堂"教学平台，在旧的课件基础上，添加一些课前预习的视频、练习题等需要的内容，如果课件不需要修改，只需要有多媒体、移动终端、智能手机便可以开展教学。此外，"雨课堂"增强了PPT和微信的功能，在课外，教师可以推送视频、发送语音、发布课件到学生手机上，在课堂上可以进行实时互动，提高软件易用性。

1. 互动性

在信息化辅助教学方面，"雨课堂"具有得天独厚的优势。在整个教学过程中，"雨课堂"能够积极推送信息、实时互动，将教学内容、教师以及学生紧紧地连在一起，更加人性、精准。在应答系统的设计上采用了基于BYOD（Bring Your Own Device）的教学新模式，这样在利用学生智能手机时不仅不会受限于公共教具，而且能充分发挥学生的个性化学习，丰富教师的情境性设计。

2. 完整性

研究者在实习过程中发现许多教师的教学只停留在课堂上，往往忽略了课前预习和课后反馈的环节，"雨课堂"这种"课前—课中—课后"的三段式教学范式可以有效地弥补教学中出现环节遗漏的问题，在教学过程中及时帮助教师了解学生当前的学习情况，根据平台反馈的数据有效地调整课堂教学。

（二）"雨课堂"的教学优势

"雨课堂"是一种智慧教学模式，"雨课堂"智慧教学模式具有方便灵活、互动性、个性化等优势，但同样存在技术依赖性、缺乏实践环节、教学质量不稳定等劣势。"雨课堂"面临着教育不均衡、学生上瘾等威胁。在推广和使用"雨课堂"模式时，需要充分考虑这些优势和劣势，以及应对相应的挑战。

1. 方便灵活：学生可以根据自己的时间和地点安排来进行学习，不再受限于传统的课堂时间和地点。这样可以提高学习效率，更好地适应学生的个性化需求。

2. 多媒体教学："雨课堂"可以通过图像、声音、视频等多种媒体形式进行教学，使学生更加容易理解和掌握知识。这也能够激发学生的学习兴趣，更好地保持注意力。

3. 互动性："雨课堂"可以通过在线互动的方式，让学生和教师之间进行实时互动交流。学生可以随时提问问题，而教师则可以及时回答和解答疑惑，进一步提高学习效果。

4. 一对一辅导：通过"雨课堂"，教师可以给予学生更多的个性化辅导。根据学生的学习情况和需求，教师可以制订专门的辅导计划，帮助学生更好地消化和理解知识。

（三）"雨课堂"的使用局限

1. 技术依赖性：使用"雨课堂"需要一定的技术基础和设备支持，对那些缺乏相关设备或技术能力的学生来说，可能存在一定的学习障碍。

2. 缺乏面对面交流：与传统的课堂教学相比，"雨课堂"缺乏直接的面对面交流。这可能导致学生在互动和社交能力方面得不到充分锻炼和提高。

3. 学生自律性差：由于"雨课堂"学习的自由性和灵活性，学生可能会面临自律性差、拖延学习等问题。缺乏监督和约束可能会影响学生的学习效果。

4. 缺乏实践环节：对于一些需要实践的学科和课程，如实验课、体育课等，"雨课堂"无法提供现实中的实践环节，这可能会对学生的实际操作能力产生一定的影响。

如上所述，"雨课堂"教学模式的优势在于它的"心理成本"——教师愿意接受，学生也非常喜欢，这个东西很"亲民"。具体来说，它能够使教师知道学生的学习进度或者需求，这其实就是解决了教学设计中最重要的一点——学习者分析。同时，教师可以有针对性地对不同的学生推送不同层次的题目，这又便于"分层教学"的实现。这样在"雨课堂"的整个教学环节中都是以学生为中心，让学生有广泛的发挥空间。学生可以从其他同学那里得到不同的观点和意见，使他们分享的不仅是共享的课件，也是集体的智慧，并能培养学生的合作技巧、沟通能力和自主学习能力。

二、"雨课堂"混合式教学模式应用于思想政治理论课是现实需要

混合式教学是近年来在教育领域备受关注的一种教学模式，它将传统的面对面教学与现代技术手段相结合，旨在为学生提供更加丰富、灵活的学习体验。在高职院校思政课教学中，混合式教学模式的引入和实践不仅可以提高课堂教学的效率，还可以促进学生的思想品德教育和心理健康教育。

（一）办好思想政治理论课是大学生树立正确世界观、人生观、价值观的需要

习近平总书记在 2019 年 3 月 18 日的学校思想政治理论课教师座谈会上指

出："在大中小学循序渐进、螺旋上升地开设思政课非常必要，是培养一代又一代社会主义建设者和接班人的重要保障。"① 思想政治理论课是高校的基础性课程，肩负着培养大学生良好的思想品德、树立坚定的共产主义理想信念的使命。马克思主义基本原理概论课是思想政治理论课中的核心课程，在2011年学习马克思主义经典著作会议上，习近平总书记强调：系统掌握马克思主义基本原理，才能完整准确地理解中国特色社会主义理论体系，才能创造性地运用马克思主义立场观点方法去分析和解决我们面临的实际问题，不断把中国特色社会主义事业推向前进。② 马克思主义基本原理概论课程，是高校思想政治理论课中最具有抽象性、理论性和强烈意识形态特征的一门课，是重点讲授马克思主义世界观和方法论，正确认识人类社会发展规律的课程，大学生只有系统掌握马克思主义基本原理，才能更好地发挥马克思主义的正确指导作用，将其应用于理论和实践的学习中，才能树立正确的世界观、人生观、价值观。

（二）"雨课堂"混合式教学模式应用于思想政治理论课教学是时代发展需要

在大数据、信息化高速发展的当今社会，90后、00后大学生从小就熟练掌握大量的互联网信息技术，已和互联网信息时代不可分割，思想政治教师不能再停留在传统的教学模式中，要顺应时代发展，善于改革创新，将新技术应用到教学模式的改革中，在全国高校思想政治工作会议上，习近平总书记也强调："要运用新媒体新技术使工作活起来，推动思想政治工作传统优势同信息技术高度融合，增强时代感和吸引力。"③ "雨课堂"正是伴随着新媒体发展而出现的一种新型的授课方法，将"雨课堂"混合式教学模式应用到马克思主义基本原理概论课的授课中，能够迎合学生的口味，将枯燥的理论用新颖的模式展现于学生面前，能更好地提高授课的实效性。"雨课堂"将传统授课方式与混合式教学模式融入原理课中，在"互联网+"时代的教育改革潮流中主动转型，积极适应新趋势，是教学模式的创新，是与时俱进顺应新时代发展需求的产物。

---

① 习近平. 思政课是落实立德树人根本任务的关键课程［J］. 求是，2020（17）.
② 习近平：领导干部要重视学习马克思主义经典著作［EB/OL］. 中共中央党校（国家行政学院），2011-05-13.
③ 李君. 运用新媒体增强思政吸引力［EB/OL］. 中国政府网，2018-04-05.

三、"雨课堂"在"马克思主义基本原理概论"中的应用（以导论部分为例）

（一）课前导入

在授课前，教师按照教学进度将授课 PPT、视频资料、课前习题、调查问卷推送到学生的"雨课堂"，学生在课前进行自主预习，教师可随时查看学生的预习情况。例如，在导论第一节的授课前，教师将《不朽的马克思》《青年马克思》两部视频推送给学生提前观看，并提出"我心目中的马克思"和"马克思主义过时了吗?"的思考题，学生通过提前观看视频，了解马克思的生平，通过视频资料自主回答问题，快速融入课程学习中。

（二）课中互动

在授课中，教师通过"雨课堂"软件自动生成本节课的二维码，学生通过扫描二维码进入课堂，实现网上签到。在课堂上，学生通过"雨课堂"浏览本节课的 PPT，不懂的地方还可以进行标记，便于在课后请教师进行答疑解惑。在授课中，教师还可以通过滚动点名回答问题，对回答得好的同学进行红包鼓励，还可以设置一些探究式的问题，教师通过学生发送的弹幕来了解学生对问题的掌握程度。例如，在导论第一节授课中，对马克思主义创立部分的学习是重点，可通过随机提问的方式，让学生思考马克思主义产生的时代背景和现实力量，对马克思主义有一个崭新的认识。

（三）课后巩固

在课后，教师可以通过"雨课堂"布置作业，查阅作业，并在讨论区和学生进行课后互动，时刻了解学生的学习动态，导论课后教师可以将习近平《在纪念马克思诞辰 200 周年大会上的讲话》推送给学生，让学生深刻认识这位"千年伟人"——马克思，教师通过"雨课堂"查阅学生完成情况。

四、"雨课堂"混合式教学模式应用于思想政治课的意义

（一）有利于提高学生课堂参与率

"雨课堂"混合式教学模式在原理课中的应用，通过学生人手一部手机扫描二维码进入课堂学习，在轻松愉悦翻阅手机的过程中观看教师推送的授课 PPT，将不懂的内容反馈给教师，教师可随时关注学生动态，并及时为学生答疑解惑，大大提高学生课堂参与率。

（二）有利于激发学生的学习兴趣

"雨课堂"混合式教学模式中拥有的双向型趣味互动模式，改善了思想政

治课课堂的氛围,"弹幕""红包""滚动点名"等学生喜闻乐见的方式,有利于激发学生的学习兴趣,使学生积极参与到课堂中,提高学生的课堂获得感。

(三)有利于引导学生成为课堂的主体

在传统的教学模式中,教师为课堂的主体,通过灌输式的教学方法,学生被动接受教师讲授的内容,导致学生对思想政治课兴趣淡漠,只以考试过关为目的,学生对课程内容一知半解,未能发挥好思想政治课为中国特色社会主义建设培养合格人才的目标,"雨课堂"混合式教学模式的应用,将教师主体转化为学生主体,教师成为课堂教学的引路人,而学生成为"探险家",为学生发挥主体作用提供了平台。

五、"雨课堂"应用于原理课程授课中亟待解决的问题

"雨课堂"混合式教学模式在原理课的应用中还面临着新的挑战,目前各个高校硬件设施配备状况参差不齐,特别是一些高职高专类的学校,基础设备还不够完善,"雨课堂"混合式教学模式普遍应用于思想政治理论课的教学中还存在一定的困难。

(一)传统教学模式向"雨课堂"混合式教学模式发展的长期性

高校中部分教师多年采用传统教学模式,对于新型的授课方式要掌握并学会应用需要一定的时间,对新兴的教学媒介(手机)的使用存在疑问,在更好地掌控课堂方面更加信赖传统的教学模式,因而,"雨课堂"融入"原理课"的教学过程中还需一定时间。

(二)手机入课堂面临新挑战

新兴的教学方式面临新的挑战,学生通过手机扫描二维码的方式进入课堂,意味着学生在课堂上需人手一部手机,必须依赖于手机,这就给学生带手机进课堂、玩手机创造了机会,教师很难监控到学生是在"雨课堂"还是在做与上课无关的事情,给教师掌控课堂带来了挑战。

(三)"雨课堂"互动模式的两面性

"雨课堂"的使用在一定程度上吸引了学生的注意力,但是"雨课堂"使用的滚动点名、发送弹幕、发红包等功能很容易使课堂陷入娱乐化的怪圈,学生把注意力仅局限于课堂上的娱乐活动中,忽视专业知识的掌握,使教师很难控制课堂节奏,给课堂授课带来新的挑战。

（四）教学硬件设施不足

"雨课堂"混合式教学模式能够顺利开展，完善的教学设施设备是关键。部分学校存在着多媒体设备、教室电脑等硬件设施设备不足，网络信息不通畅的情况，这也给"雨课堂"混合式教学模式融入原理课带来了困难。

（五）"原理课"自身的特点

马克思主义基本原理概论课是思想政治理论课中的核心课程，主要包括马克思主义哲学、马克思主义政治经济学和科学社会主义三部分内容，主要阐释物质世界的本质规律和人类社会的发展规律，是理论性、专业性较强的课程，"雨课堂"混合式教学模式能在一定程度上增加课堂的趣味性，但理论知识不易在实践生活中把握，也不利于"雨课堂"混合式教学模式实施。

随着"学校思想政治理论课教师座谈会"的召开，各高校开始加大对打造思想政治"金课"的投资力度，在教学实施设备上逐步开始更新，以适应教学改革的需求，通过全方面、多层次挖掘授课资源，将思想政治课授课方法由以前的教师主体灌输法，改为混合式教学模式，从而为"雨课堂"混合式教学模式的大规模应用提供了机遇，改善原有教学资源短缺的局面已成为当务之急。新型的教学模式让学生参与到授课过程的始终，成为课堂的主导因素，不断提升思想政治课堂的实效性、趣味性，真正实现让思想政治课深入学生心灵、进入学生头脑。

第十一章

新媒体时代高职院校思想政治教育研究

第一节　高职院校思想政治教育的现状及加强的紧迫性

一、新时期高职院校思想政治教育的现状

（一）学校重视不够，投入不足

高职院校的学制一般为三年制，目前有的改为两年制。在一些高职院校有这样一种认识：高职院校的培养时间短，应把教育的重点放在培养学生的动手实践能力上，让学生有一技之长，思想政治教育属务虚，因此在课程学时安排上能少则少。高职院校对特点和培养目标认识不清，对中央关于加强和改进大学生思想政治教育工作的意义认识不到位，造成对此项工作重视不够。重技术轻德育，"德育为先"成了一句空话。在人员、经费、课时、研究等方面没有给予大力支持和充分保障，使教育流于形式，教育效果不理想。

（二）教育队伍建设相对薄弱

当前，高职院校在思想政治教育队伍建设上还有薄弱环节。有些院校重视专业课教师的培养，轻德育工作者的培养；一些学校缺乏思想政治教育工作人员，已有的思想政治教育工作人员学历层次知识水平较低，教育没有吸引力和感染力；有的学校没有建立起思想政治教育工作队伍选拔培训的有效管理机制，思想政治教育人员待遇低，对工作没有主动性、积极性；有些思想政治教育工作者不注意自身的学习和提高，又无机会参加一些培训，接受新知识少，眼界不开阔，讲课无新意，学生提出的问题解答不了。高职院校普遍缺乏学者型、教授级的思想政治教育方面的专家，这严重影响了思想政治教育工作的效果。

（三）教学设置实效性不强

一些高职院校没有结合自身的教育特点，没有结合学生的思想实际来开

展思想政治教育工作，思想政治教育只停留在较浅层次上，甚至流于形式。有的教师不注意研究变化了的情况，不去分析学生的身心特点和思想状况，没有很好地去研究一些新问题，教育内容缺乏针对性、新颖性，习惯于照本宣科，不能结合实际来讲授；方法上也是呆板、陈旧，教师讲课无激情，学生听课也无兴趣，老师只在课堂上进行灌输，学生听不听，有无触动，老师并不关心，缺少课堂上的互动，缺少心与心的沟通，缺少真诚的交流，缺少生动活泼的形式和先进的教学手段。所以教育的效果也就不理想，达不到教育的真正目的。

（四）学生素质参差不齐

高职院校的一部分学生，在思想深处往往有一种自卑或自弃的倾向，没有考上理想的本科院校，在高职院校读书自认低人一等，理想和现实的反差使他们心灵受到了创伤，产生了各种心理问题。再加上互联网的普及，各种信息传播速度的加快，社会环境的变化，给高职院校这些涉世未深的大学生的思想带来了深刻影响，一些学生对学习失去了兴趣，沉迷于网吧，有的放松了对世界观的改造，人生观、价值观发生了扭曲，理想信念、事业心、责任感在一些人的心目中不复存在，平时追逐的是名利，贪图的是享受，吹嘘的是不劳而获与投机取巧，失去了刻苦学习与艰苦奋斗的精神，丢掉了崇高的理想和为国家为社会做贡献的信念，有的甚至丧失了人格，是非不分，滑向了犯罪的深渊。对于这些问题，有的学校没有引起高度的重视，没有下功夫进行认真研究分析并提出解决问题的具体措施和办法，认为只要不出大事就行，得过且过，这是十分危险的。

二、加强高职院校思想政治教育的紧迫性

（一）高职院校思想政治教育研究的重要性

在目前的国民教育系统中，高职教育是一个十分重要的组成部分，也是整个教育链条中不可或缺的一部分，在长期的教育发展和人才培养中扮演着十分重要的角色。与普通高等教育不同的是，高等职业教育是以职业人才培养作为主要目标的。与传统的高等教育相比，高职教育在教学目标、教学目的、教学体系、教学培养任务以及教学规律应用等多个方面均有着较大的不同，是一个注重学生专业技能、职业素养和技术能力培养的实践平台。在高职教育的教学实践进程中，教育者不仅要遵循一般的教育教学规律，同时更要尊重和培养职业化的教学规律，实现职业素养、职业理论、职业技能、职

业实践和职业道德的全面发展。在长期的高职教育实践中，高等职业教育作为一个专业化的技能型人才培养平台，为国家建设和社会人才培养做出了突出的贡献，成为经济建设不可或缺的力量来源，这一点在长期的教育教学实践发展中是毋庸置疑的。然而，由于受到传统教育模式、教育理念和教育思路的影响，中国的高等职业教育在发展质量上存在着诸多不足之处，其在学生综合素质、师资力量、教学理念和教学实践等多个方面依然需要进行多样化的努力，尤其是学生的思想政治教学的重要性也日渐凸显。

（二）高职院校思想政治教育的作用

纵观高等职业教育的发展历程，高职学生的思想政治素质对其具有十分重要的影响，故而充分发挥高职院校思想政治教育的作用，培养学生健全的人格和较高的思想政治素质很有必要。高职院校学生思想政治教育是高等院校思想政治教育的重要组成部分，是以高职院校学生作为主要对象，以马克思主义、列宁主义、爱国主义、社会主义道德体系等为主要教育内容的教学体系，通过多样化的教学方式来实现高职学生道德素养、职业素养和综合素养的全面提升与发展，成为社会主义建设的高素质技能人才。

第二节　新媒体时代高职院校思想政治教育面临的机遇与挑战

一、新媒体时代高职院校思想政治教育的机遇

（一）高职院校思想政治教育资源的共享

高职学生思想政治教育的过程，是信息获取、选择、传播的过程，是用丰富、正确、生动的信息影响、熏陶高职学生的思想观念、价值观念和精神状态的过程。可见，在整个高职院校思想政治教育进程中，信息的获取与处理是一个基础性内容，而新媒体所具有的海量信息处理功能，无疑为这一活动创造了极好的信息平台，提供了坚实的教育信息资源基础。高职院校的思想政治教育资源共享主要表现在以下几个方面：

首先，传统的高职院校思想政治教育体系由于受到诸多主客观因素的影响，加之高职学生的思想素质限制，进而大大影响和限制了高职院校思想政治教育的现实效果。新媒体在高职院校学生中有着较为广泛的应用，其信息

容量、传播速度、教育形态已经十分丰富，并且其内在的客观性、选择性和多元性日益凸显，这为高职院校的思想政治教育工作者开阔了视野，为高职院校的思想政治教育畅通了渠道和体系。

其次，新媒体具有较强的传播优势与教学功能，并且可以为整体教育实践创造一个立体化的发展环境，这一点无疑是其他的传统教育方式难以实现的，新媒体可以引领高职院校思想政治教育进入一个立体、动态、多元和多彩的世界。在教育实践中，那些原有晦涩、抽象和单调的教育知识、人生道理和道德理论都会集中地通过新媒体的平台演绎出来，其教育的效能和效果无疑会大大提升。

最后，在高职院校思想政治教育实践中，信息的处理不仅囊括了学生与教师之间的单向联系，二者还可以充分调动新媒体传播的信息优势和资源特性，快速地完成信息处理，将那些时效性强、影响力强、效能高的信息实现共享，这样就在潜移默化中完成了教育的基本目标。更为重要的一点是，新媒体上传播的这些信息往往是最具新鲜性的，可以为高职院校思想政治教育增加无限的生机活力和新鲜气息，实现了教育理论和实际的全面融合。

（二）高职院校思想政治教育的互动与多元发展

科学的思想政治教育方法，既要遵循人们正确思想的形成、良好习惯的养成以及人的全面发展规律，又要符合社会发展进步的趋势，满足人们全面发展的需要。传统的高职院校思想政治教育由于受到诸多主客观因素的制约，往往采用以马克思主义理论课和思想政治教育课为主的教育课程模式，以教师为教学中心、政治教学材料为媒介、教室为主要平台，进而开始单向知识灌输与思想教育，其内在的教学效果和学生思想教育效能较为低下，甚至会影响学生参与活动的积极性与主动性。在新媒体传播媒介构建的教育平台上，"教育资源共享，信息互动"的优势和功能被大大激发了出来，高职学生可以随时随地接收教育信息，也可以开展个性化的教育，实现"单独辅导"和"统一教学"的巧妙连接。更为重要的一点是，高职学生在日常生活和学习中所积累的一些困惑、难题都会随着新媒体平台的架构迎刃而解，这种个性化教育服务还可以为高职学生开展长远的职业规划与职业设计，以获得很好的教育效果。

以新媒体为基础的思想政治教育有别于传统的填鸭式教育方法，一方面它可以调动学生们的积极性，有利于高校老师更方便地开展指导引领活动，教师和学生之间相互交流沟通更频繁，形成了一种交互性的教育，它取代了原本单一形式只注重灌输的传统模式，达到了高校开展思想政治教育的预期目的。这种新型的教育模式让师生之间的交流真正达到了零障碍，完全符合受教育者对教育的期望和诉求，极具人性化特点。另一方面，站在学生的角度来看，这可以帮助他们塑造独立自主的性格，学会独立思考问题，对事情能有自己的看法，能够为自己的行为负责。以新媒体为背景的教育侧重于受教育者的参与度及其互相之间的合作度，而不是传统意义上单一的"灌输式"教育，它使得高职院校思想政治教育者真正实现了引导与教育的统一，使学生各方面的素质都得到了提高，最终达到了预期的目标。

（三）高职院校思想政治教育时效的提升

鉴于思想政治教育较强的针对性，我们必须要清楚地掌握学生各方面的情况，主要是其在思想层面的发展走向及特征，依据各个学生自身的真实情况来决定今后的方向。新媒体在各大高职院校的普遍推广为高职院校思想政治教育研究创建了施展的平台，之前师生之间、同学之间的交流沟通被时空所禁锢，现在有了新媒体后，沟通解决问题更加方便迅速，师生之间交流传达消息没有障碍，高职学生可以利用各种途径实现交流沟通的目的。新媒体具有针对性使得该教育也具有针对性以及明确性，它变得更直接，多元性更强，活动内容、实现方法更丰富，尤其是当今高职学生接触新媒体的机会更多，更易受其影响，符合受教育者的想法，使思想政治教育能够充分发挥其作用。

当前，新媒体被广泛应用，很多高等院校在原有的思想政治教育基础上依托它进行各种方式的活动，如在贴吧上畅所欲言、在通信群组里视讯等，引领他们主动参加活动，提出自己的意见，使更多人接受思想政治教育，从而达到对学生群体进行思想政治教育的目的；新媒体拥有非常多的数字资源，参与教育这一过程的双方都能迅速快捷地从中得到有用的信息，不仅如此，它本身也很多元化，为我们打开了新的世界，让我们学会从不同角度看待问题，有益于突破传统思想的禁锢，改变原有的单一思维方式，推动思想政治教育的革新，还可以帮助教育对象进行自我提升；多媒体能使思想政治教育方面的情景教学更加逼真形象，在课堂上利用各种高端技术把思想政治教育内容直接展现在大家面前，使之更加具有说服力，并给人留下深刻的记忆，借此也可以推动思想政治建设上的发展，实现预期的目的。

（四）高职院校思想政治教育开放化环境的形成

随着新媒体传播在高职院校思想政治教育实践的深入发展，这一新兴的传播媒体为广大高职学生构建起一个开放化的教育环境和教育平台，这一平台更加适应目前高职学生的道德、思想、心理和素质现状，可以称之为一个真正个性化的教育平台。在这样的一个开放式空间环境中，高职学生进入了一个海量信息的存储空间，可以按照自己的兴趣、爱好、意愿来进行相关教学资源的选取，并且充分根据自身的个性化需求与教师、学生和其他专业教育人员建立起和谐的关系，这种在选择权和自主权基础上的学习意愿和学习主动性自然会提升。

在高职院校思想政治教育中，高职学生在虚拟化新媒体传播环境中获得了大量的负面信息，内心深处也积攒了很多的压力，这些问题是常规教学方法和封闭教学环境无法较好解决的，甚至出现了"越教育，问题越复杂"的状态。针对这一情况，新媒体环境下的高职院校思想政治教育可以为之提供一个很好的解决切入点。

随着新媒体环境开放性、多元性的增强，高职院校思想政治教育也进入互动化与自我教育的层次上来。基于此，高职学生可以进入专门为他们量身打造的教育平台，充分根据自己的需求进行思想政治教育资源的搜寻、梳理和选择，也可以利用这一平台和环境下的信息展开自我教育，使学生素养和能力在潜移默化中实现提升。新媒体的这种互动性、多元性和开放性无疑实现了思想政治教育的自我提升和全面发展。

（五）高职院校思想政治教育方式、方法的创新与发展

如果存在一种思想政治教育方式，它能尊重事物发展的客观规律，认可受教育者正确的思想和端正的行为，同时，它能迎合时代发展的潮流，满足学生们的各项要求，那么它必是非常科学的。以前思想政治教育的主要内容是马克思主义理论课与思想品德课，围绕教育主体、课本、教室，对受教育者进行填鸭式教育，整个过程单一枯燥，使得受教育者注意力下降，形成负面情绪，从而大大削弱了该教育的作用。在当前的新媒体传播环境下，新媒体所具有的一些传播优势和教育特性引领高职学生进入新的教育环境，传统的填鸭式教育方式正逐渐被抛弃，高职院校开始自主选择教学资源，利用多样化的教育方式，实现个性化学习与统一教学的有机融合。例如，在高职学生思想政治教育慕课平台上，学生可以与知名教师开展对话交流与在线讨论。该平台积极地实现教师与学生的互动、沟通与共同提升，将新媒体的互动功能和信息传输功能转化为学生思想政治素养提升的关键，进而较好地实现高职学生综合素养的全面提升。

二、新媒体时代高职院校思想政治教育面临的挑战

（一）新媒体技术的互动性对教育方式的单向性、灌输性提出挑战

随着新媒体在高校校园中的广泛应用，新媒体在高职学生日常生活与学习中不仅仅是充当一种通信工具，而且成为不可替代的重要组成部分，进而深深影响学生的生活方式、思维方式、认识方式和社会交往方式。面对着这一生存环境，原本具有较低自我控制能力和思想素质的高职学生也深深被这一"诱惑"所吸引。在这样的教育环境之下，新媒体无疑已经对传统思想政治教育形成了冲击，填鸭式的思想灌输、批评式的教育方式、单一的教材讲解以及口号式的教育内容都将不合时宜。

对高职院校思想政治教育课堂调查发现，高职学生在课堂学习中处于一种较为消极的状态，教师在进行马克思主义理论知识和思想政治教育知识讲授的时候，课堂上的大部分学生都会处于一种无精打采、无所事事的状态，很多学生在玩手机、刷微博、聊微信，甚至会用手机浏览时事新闻，而教师则处于非常尴尬的境地，哪怕是这些教育内容对学生的成长有着极大的帮助。而到了高职学生思想政治课期末考评时，学生则会采取突击学习或者其他方式进行弥补，在这样的模式下传统的教学环境已经难以发挥出应有的教学效果，亟须在新媒体教学环境下实现一种新式的变化与发展。

目前在高职院校，新媒体有着较高的应用率，90%以上的高职学生具有以手机为载体的多种新媒体应用软件，很多的高职学生由于时间充分、学习兴趣不佳、自我约束控制力较差等因素而沉迷于新媒体的虚拟环境，也有一些高职学生充分利用新媒体进行职业技术知识的学习，其多样化发展的趋势较为明显。当然，广大高职学生在应用新媒体的时候，也在无形中受到了很多不良网络文化思想、消极思想观念的影响，进而影响到学习兴趣、心理发展、三观形成和职业素质培养。

针对这一问题，很多的高职院校学生管理和思想政治教育部门也进行了一些努力，制定了一些纪律和管理规章，但是其对于新媒体的了解、关注与重视还达不到应用的水平。在本书的课题研究中，笔者以实地走访调查的形式进入了忻州职业技术学院，调查发现：25%左右的高职院校辅导员意识到了新媒体的重要性，逐步将其引入教育实践中；55%左右的高职院校教师认为新媒体对高职学生影响较大，尚未将其引入教育中；10%的高职院校教师仅仅将其作为一种交流工具，并未给予足够重视；有10%左右的教师依然停

留在传统的教学模式之上，对新媒体教学认识较浅。

就高职学生思想政治教育现状而言，高职院校思想政治教育部门对新媒体的关注与重视不够，没有将新媒体提升到一定的高度来进行充分认识和了解，很多的措施并没有适应新媒体传播的客观规律，甚至还引发了学生的抵触与消极情绪。

思想政治教育工作的方式主要有两大类：一类是通过思想政治课的课堂教学对学生进行书本教育；一类是通过日常的思想政治教育工作沟通，如主题班会、主题演讲、先进报告会等形式。这两类思想政治教育工作方式，各有特色。思想政治课的课堂教学，教学模式相对固定。通过课堂教学，利用老师的教学经验，可以快速帮助学生掌握思想政治方面的相关知识。但是这种方式的不足之处是，课堂教学是单一向度的，老师传授知识，学生被动接受，交流性稍显不足。同时，思想政治教育工作的主要成果，不是通过施教者，而是通过被施教者体现出来的。思想政治教育工作的主体是学生，思想政治教育工作的目的是促进学生道德意识的成熟化。思想政治课老师在课堂教学中，只能通过自己的言传身教对学生施加影响。老师和学生之间的思想交流不多，交互性不足。这种以老师说教为主的传统工作方式，会导致学生参与性不足，更不利于学生自我教育的开展。这就表明在思想政治教育工作上，高职学生的主体意识不强，主要依赖于老师的说教；主体自觉性不强，无法真正提升思想政治教育工作的成果。

（二）新媒体技术的共享性对教育内容的固定性提出了挑战

在新媒体时代，新媒体不仅为人们带来了一种更为快捷、高效的信息传播方式，同时也对人们的思维、社会交往乃至日常生活产生了深远的影响，而对广泛接触新媒体的高职学生而言，其影响也是十分广泛的。当高职学生和高职教学环境深受新媒体影响的时候，传统的高职认识方式和教学体系正在受到影响，那种"一块黑板、一支粉笔、一本书"的教育模式也呈现出了较多的不足，难以适应高职学生的成长现状。与此同时，新媒体对于高职教育环境和高职学生的深入影响已经成为一种不可改变的客观存在，并且与高职思想政治教育改革的缓慢发展形成了鲜明的对比，后者所具有的不足之处也暴露出来。新媒体对高职院校思想政治教育内容提出了更高的要求，主要表现在以下几个方面：

新媒体空间存在着海量的信息，并且信息的容量、规模、多样性、系统化均是其他媒体难以企及的，当高职学生充分享受到这些信息的优点之后，就会对晦涩难懂的政治理论课教材失去兴趣。然而，在目前的高职院校马克思主义理论课和思想政治教育课教材中，很多的经典理论知识十分抽象且晦涩难懂，着实难以提起学生的兴趣。与此同时，很多的高职教师将思想政治教育课堂当作学科教学来进行实践，过分注重其逻辑性、完整性和教育性，而忽视了高职学生的成长现状，没有充分体现其应有的灵活、生动和寓教于乐，使得很多高职学生对其"敬而远之"。

各高职院校思想政治教育工作的内容，主要依据教育部关于思想政治教育工作课程的教学大纲所确定。思想政治教育工作的内容，以爱国主义教育、集体主义教育和道德教育为主。对这些内容的学习既可以通过书本知识传授，又可以通过课外实践教学进行学习。我国的高等院校在思想政治教育工作的内容上，以书本知识的学习为主。各高职院校在思想政治教育工作内容模式上，参照高等院校，以书本知识为主。高职院校将思想政治教育工作的内容放在书本知识中，其有利的一面是方便通过老师的讲授，对学生进行快速的传播，可以在短时间内将思想政治教育工作的内容，通过思想政治教育工作者，传递给被教育者。但教育内容以书本知识为主的弊端是，思想政治教育工作者的讲授局限于书本知识，与现实环境对接较少。这就使得思想政治教育工作的内容较空洞，与学生的实际生活关联性不强，无法引起学生的共鸣，同时也无法适应新时代发展的要求。目前，各高职院校的思想政治教育工作，在对学生进行思想教育时，均注重与中国共产党的先进思想相结合，宣传党的先进思想。但是，高职院校的思想政治教育工作的对象是学生，学生比其他的群体更容易接受新思想、新事物。高职院校的思想政治教育工作，如果只是简单传达党的先进思想、学校的纪律或是学生的行为习惯标准，而无法与学生的生活、思想相一致的话，很难引起学生的共鸣。千篇一律的思想政治教育工作内容，会让学生产生厌烦感。高职院校的思想政治教育工作除了立足书本知识的传授外，还要对多种信息进行整合。高职院校的思想政治教育工作在内容上，应整合多种信息，在教学中与现实社会热点问题积极对接。高职院校的思想政治教育工作者在传播思想政治教育内容时，如果不能与新媒体热点、社会现实相结合，只是单向度传播书本知识，是很难引发学生共鸣的。高职院校的思想政治教育工作的内容，要体现出自身的特点。高职院校是为社会输送高级技工的摇篮，高职院校的学生进入工作岗位主要从事基础的技术型工作。相对于管理工作而言，技术型的工作更需要过硬的专业技能和爱岗敬业的精神。目前，各高职院校思想政治教育工作的内容，缺乏高职院校自身的特点，陈旧的内容已经无法满足学生的需求。

（三）新媒体技术的开放性对教育载体的封闭性提出了挑战

新媒体技术的快速发展，使得高职学生接触的环境及与外界联系的工具和载体更新换代越来越快，虽然一些高职院校也在用实际行动响应新媒体时代的到来，但是其新媒体传播内容依然缺乏足够的吸引力，传播活动和信息形态也难以调动起高职学生的"口味"。也有一些高职院校建立了专门的思想政治"博客""论坛"和"微信"公众号，但是由于受种种主客观因素的影响，这些新媒体信息难以发挥出应有的教育价值与教育作用。更有一些高校也举办了各类思想政治教育网站、博客和在线教学平台，但是其依然沿用传统的教学内容与形态，缺乏创新、个性与吸引力，传播效果也十分有限。

可见，目前在教育教学环境和新媒体传播环境下，如何改变思想政治类新媒体的教学设置，使之发挥出更大的教学效能将是我们思考的现实问题。

思想政治教育工作的途径很广泛，总结起来主要是说理的教育形式，高职院校的思想政治教育工作在说服教育上主要以口头的形式为主，既有课堂教学，又有老师在课余与学生的沟通和交流，这种交流主要以辅导员针对学生思想中的问题进行个别谈话为主。目前，高职院校思想政治课的课堂教学主要以传统的授课方式为主。课堂内部的互动较少，主要是以老师的授课为主。课堂之外，思政老师和学生的交流非常少，对学生思想上的变化和动态，老师也无法做到及时掌握。高职学生尚未形成明确的世界观、人生观和价值观，正是需要老师积极引导的阶段。高职院校的思想政治教育工作者，应抓住一切机会，积极地和学生进行交流，及时掌握学生的思想动态，高职院校的思想政治教育工作既需要耐心，又需要热心。

在传统媒介传播中，大学生很少能主动表达观点，也不能及时反馈意见，新媒体为思想政治教育带来新的载体，即时通信、电子邮件、公共论坛和个人网页等的出现，更加凸显利用传统媒介开展思想政治教育的窘境，单纯依靠传统媒介开展思想政治教育已经落伍。传统媒体不具备新媒体的"交互式交流"特点，新媒体的交互性使得传播者和接受者的角色转换极其容易。以手机微信为例，因其具有便捷灵活、间接含蓄的优点，弥补了传统面对面交谈、依靠广播和电视等传统媒介开展教育的不足，因而深受学生的青睐。这些特点都要求对传统的思想政治教育载体进行改革。以传统媒体为载体开展思想政治教育的观念的核心在于，教育就是对单一媒体的反复使用。所以高职学生总是在单一媒介的环境中，受到千篇一律的教导。新媒体的最大挑战正是观念的挑战。新媒体要求在思想政治教育中引入复合媒体、复合教育的观念。不仅要利用好新媒体，也要利用好传统媒体；不仅要大力发扬传统思想政治教育载体的优势，也要注重发掘崭新思想政治教育载体的潜力，既不可用新媒体简单取代传统的谈话和咨询，也不能排斥新媒体对传统思想政治教育的融入，同时还要提防高职学生过度依赖新媒体而轻视甚至排斥传统思想政治教育载体的现象。这都是在新媒体环境下，思想政治教育面临的关于载体变革的新课题。

目前，高职院校思想政治教育在方式和途径上都不能满足新时代的要求。我们现在所处的新媒体时代，是一个信息高度发达的时代。新媒体作为一种新的交互媒介，被运用于各个领域。新时代的高职院校思想政治教育工作，要紧跟新媒体信息时代的步伐，迎接新媒体信息时代所带来的机遇，也接受新媒体信息时代所带来的挑战。

（四）新媒体技术的失序性对教育客体的辨识性提出了挑战

任何事物都是有其两面性的，新媒体作为一种新鲜的传播技术发展形态，也无不遵守着这一规律，它在为高职院校发展提供一种广阔、动态和丰富的信息平台的时候，也在无形之中影响着学生的全面发展。从新媒体自身的发展而言，其作为一种新的信息传播媒介，自身的控制机制和信息筛选机制尚不完善，进而也将大量的消极思想、腐朽文化和各种不良信息引入高职学生的信息库中。加之，高职学生的综合思想素质、纪律性、自控能力和心理素质等多个方面较为薄弱，极为容易受到各种不良思想的影响，在价值观、人生观和心理素质等方面出现问题，这些问题无不会对传统的思想政治教育体系造成强烈的冲击。

1. 对价值观体系的影响

笔者对于高中学生的新媒体应用态度进行了深入的研究与分析，研究结果表明：高职学生对新媒体手段十分相信、相信、不太相信和不相信的比例分别为3%、50.1%、44.9%、2%，从这一点不难发现新媒体对于高职学生的影响力。

在调查问卷中，新媒体对高职学生的人生观、世界观和价值观的影响是一个重要的调查内容，调查显示15%左右的调查对象认为影响很大，有较多影响、影响一般、无影响的概率分别为37.5%、35%、12.5%。由此可见，高职学生对于新媒体的态度有着多样化的分布，但是一半以上的高职学生的人生观、世界观、价值观受到的影响较深。与此同时，在调查能否抵御新媒体的诱惑的时候，难以抵御、勉强抵御、一般情况和无法抵御的比例分别是

25%、27.5%、33%、14.5%；高职学生的自制能力相对差一些，这也是新媒体深刻影响"三观"的重要原因。

"在经济全球化的今天，高校学生的生存环境发生了很大变化，高校与社会（世界）之间从来没有像今天这样有如此多的深刻交汇，各种价值观错综复杂的文化、信息，凸显在高职学生眼前，对学生适应社会、发展自身产生复杂影响。"① 正是在这样的一个时代，新媒体文化和传播环境构筑了一个新的空间，高职学生成为这个空间的重要构成，其自然浸润于这个空间之中，也就自然而然影响到了他们的人生观、世界观和价值观。也正是在这样的环境中，传统的高职院校思想政治教育教学模式、马列主义、毛泽东思想等难以深入影响高职学生的思想。正如刘明君等在《多元文化冲突与主流意识形态建构》一书中所谈到的那样："当文化成为一种舞台，上面就有了各种各样的政治和意识形态势力彼此交锋。"加之，此时高职院校的"90后""95后"青年学生的思想素养、分辨能力、思想成熟度和自我控制能力尚不成熟，进而使得新媒体环境内的文化思想产生了十分广泛的影响。

2. 心理失衡和行为异化

在新媒体时代，新媒体技术已经渗透到现代人生活的方方面面，其内在的传播优势已经深深吸引住了广大的年轻人，越来越多的年轻人开始沉浸在新媒体构建的虚拟环境中，享受海量的信息、强大的娱乐功能、十分丰富的购物选择以及轻松、自由、开放的社交环境。然而，在课题调查研究中发现，很多的高职学生对新媒体、新媒体的虚拟环境过于依赖，对自身的学习、生活、健康和成长造成了十分消极的影响。由于很多的高职学生综合素质较低、心理控制能力和纪律性存在不足，很容易产生新媒体依赖、虚拟环境依赖症状，逐渐远离现实的世界，最终导致心理的失衡和行为活动的异化。

在对高职学生的问卷调查中有着这样一个题目："假如你三天不上网、不用手机会有什么样的感受？"调查数据显示，11%的学生感到较为正常，没有太大的变化；12%的学生会稍稍感到有些不自在；45%的学生感到有一点焦躁；32%的学生会特别不安，出现幻听的现象。

从这一调查的结果分析来看，电脑、手机等新媒体工具对于高职学生的影响是十分深远的，70%以上的学生已经初步形成了依赖症状，并且这种依赖对于心理、精神方面造成了不良影响，甚至在一定程度上威胁到了自身的

---

① 刘明君，郑来春，陈少岚. 多元文化冲突与主流意识形态建构［M］. 北京：中国社会科学出版社，2008：167.

身体健康。从目前高职学生的成长状态而言，新媒体环境的影响已经深深渗透到高职学生的心理和精神深处，这种成长环境无疑成为传统高职学生管理和思想政治教育的重大挑战。

过去传统的传播媒介对不良环境中的内容会先进行层层筛选，把健康的、有利于社会发展的信息拿出来教育学生，这样，我们高职的学生所接受的信息绝大多数是良好的内容。但是，在当前新形势下，新媒体快速发展，网络信息量巨大，于是那些不健康的内容也掺杂在里面。网络中的黄色网站引起了社会的密切关注，特别是青少年学生家长感到压力巨大。目前，我们国家加大治理网络"黄、毒"的力度，通过国家法律和行政手段对于制黄人员、贩黄人员进行严惩，网络的管理机构也会经常性对色情信息检索并清理。然而，由于网络资源共享信息非常自由，贩黄人员在网络上的隐蔽性极强，还有很多网站的服务器设在国外，即使封堵了5000多家，但有可能在其他地方又出现5万多家，往往会出现越堵越多的现象，网络上的黄色必然会在较长的时间里存在，而且也有可能更为活跃。我们要清醒认识到问题的存在及目前的不可消除性，高职学生的思想更为活跃，对事物的好奇心更加强烈，而他们自我约束的能力又较差，对新媒体上选择什么资源缺乏考虑，随意性较大，警惕性不高，因此，要抵御西方思潮及不健康内容的意志较弱。一些低级并带有色情和暴力方面的信息污染了整个网络空间，它直接从学生心灵深处去腐蚀，导致部分学生从小就有暴力倾向，部分学生在青春期的懵懂阶段，很有可能抵挡不住诱惑。所以，仅仅靠政府或组织去封堵是完全不能实现的，更主要是需要对学生进行引导。如果学生经过引导都不去登录不健康的网站，不进入那些不良网络环境，使那些"黄、赌、毒"网站失去了生存的意义，那么，我们的社会就会朝着更快更好的方向发展。

第三节　新媒体时代高职院校思想政治教育策略

一、提升高职院校思想政治教育者的新媒体能力

（一）适应新媒体环境的特点，转变思想政治教育理念

新媒体环境下，高职学生思想政治教育面临严峻挑战，要应对挑战，增强其针对性和实效性，首先要转变高职学生思想政治教育的理念。第一，树

立受众本位的理念。教师要转变传统思想政治教育"灌输论""靶子论"等观念，不能再将学生置于被动接受的地位，以高高在上的姿态说教灌输、发号施令、包办代替，而应该尊重学生的主体地位和个性发展，从学生的需要出发，注重调动学生学习的主动性和自主性。第二，树立受众细分的理念。教师要从高职学生的特点和差异性出发，提供个性化、层次化、多样化的教育内容和形式，以满足不同个体的实际需要，增强思想政治教育的针对性和实效性。第三，树立寓教于乐的理念。教师要改变思想政治教育总是给人一种理性、严肃、说教、枯燥无趣的印象，尊重学生的感性行为和娱乐倾向，学会利用新媒体，将教育内容和教育活动融入学生的生活、娱乐之中，使之更具兴趣性和吸引力，让学生能在一个轻松愉悦的状态下，主动而快乐地学习。

"教育家泰普斯特指出，在学生教育过程中，为避免学生在海量的信息世界中四处游荡，教育者应当给予必要的指导和支持。"① 边界开放、容量无限、形式多样的新媒体，为思想政治教育主客体之间的相互联系提供了更多的主动权。教育对象的思想发展，主要是依靠其自身的自主性建构，不是靠思想政治教育者的"指挥"。

从事大学生思想政治教育的人员，要对教育对象开展以人为本的平等、互动交流，自觉成为他们的"领航员""引路人"，不是"裁判员""典狱长"。要充分尊重教育对象的主体地位，通过"双主体互动""多主体互动"的方式，运用形式新颖、生动活泼的新媒体教学手段，将单向灌输的"一言堂"转变为平等对话的"晒谷场"。利用新媒体平台，有效了解学生的发展特点和人格个性，大胆信任学生的智慧和潜能，积极激发学生的能动性和创造性，建构平等、交互、敏捷、细致的现代师生关系。

(二) 增强思想政治教育者的媒体素质培养

新媒体时代的高职院校思想政治教育是一个系统化的构成，而教育者则是基础性的要素之一，其综合素质与能力的好坏也直接决定了教育效果的好坏，归根结底也就是人的问题。要想从根本上解决目前存在的诸多问题，培养大批专业化、高素质、高技能的思想政治理论课教师和思想政治者是问题的关键所在。在这一过程中，高职院校必须充分重视和关注思想政治教师的人格培养和媒体素养，为教师作用的充分发挥打下基础。这方面的措施主要

---

① 平先锋. 利用新媒体服务学生成长与发展的途径研究 [J]. 当代教育实践与教学研究，2015 (9): 2.

囊括以下两个要点。

第一，作为高职院校的思想政治教育者要充分胜任现有的教育，也就必须具备且不断提升自身的思想政治素质、职业道德素质、媒介素养。尤其是在当前的时代环境下，高职院校的思想政治教育者扮演着越来越重要和多元化的角色，是高职院校正常运转的主要管理者，还是高职学生的导师、教师和朋友，这些多元化的角色要求具备多样的素质，为学生的成长铺路搭桥。

第二，高职院校的思想政治教育者必须是理论素养和技术知识相互融合的集大成者，不仅要具有丰富的理论知识，更要具备高超的信息化技能，只有如此方能适应新媒体环境的客观需要。为了引领高职院校的思想政治教育者向着这一目标迈进，加强对教师的培训也就成了重要的实现手段。要不断完善培训制度，加强高校教师培训体系建设，实现新媒体技术培训的方法、内容、组织、管理和评价的全面提升，建立完善的制度保障体系。同时，针对高职思想政治教育者新媒体技术欠缺的现实，要建立专业化的新媒体技术培训基地，通过课题研究、专项理论学习、实践操作等方面的内容，以实现其理论与实践的全面提升。新媒体思想政治教育资源的搜集与配置是一个重要的方面，可以引入国外的先进教学理念来为之服务。

二、创新思想政治教育内容

（一）把创新思想政治教育与新媒体学习相结合

新媒体学习是一种基于新媒体及其数字化资源的一种全新的学习方式。新媒体的发展是以信息的交换为前提的，对信息的搜集和处理是新媒体学习的关键一环。基于此，思想政治教育可以综合运用多种媒体元素以及丰富的信息，创新思想政治教育机制，将思想政治教育内容、结构由线性设计转变为网状设计，清晰地呈现思想政治教育的主要知识点及其有机联系；可以建设新媒体课程、推行新媒体教学，让学习书本知识与浏览多媒体信息相结合、知识学习与解决受教育者深层次思想问题相结合；可以建设学习网站，根据不同的功能定位，在把握正确导向和思想政治教育内容的前提下，既提供学习资料、开展专题讲解、进行互动讨论，又方便受教育者获取新闻资讯、查询各类信息以及进行娱乐休闲、思想情感交流和心理健康咨询等，全方位为高职学生成长成才服务。这样，受教育者出于实际需要，自然会更频繁地点击进入相应网站，思想政治教育的效果就会更加明显。

第一，加大高校高职学生在思想政治方面的新媒体素质教育力度。明确开展这一活动的重要性，在高等学校高职学生的常规教学活动中加入新媒体素质教育，适当设立一些与之相关的课题，开展实时授课，利用先进的知识来培养高职学生，通过布置一些任务如查阅资料、整合信息、交流讨论等来提高教师和学生之间、学生和学生之间的互动频率，帮助高校高职学生从更深层次了解新媒体素质教育。

第二，举办一些新颖的活动帮助强化高校高职学生的新媒体素质。教师积极引导帮助高职学生参加学校内部以及社会各知名媒体举办的活动，例如，对部分媒体的消息制作流程进行实地考察，和新媒体上的精英互相交流。包括因特网等在内的新媒体为点击量，报道消息时总是一带而过，不进行深层次的探讨，高校高职学生社会经验少，相比于其他社会群体，想法更易受到媒体报道的影响，高校高职学生通过参加不同活动能够养成独立思考的习惯，学会如何去看待问题，借此增强自身的实力。

（二）把创新思想政治教育与新媒体交往相结合

新媒体的诞生和普及，改变着人际关系和人际交往形态，进而影响着人际交往行为方式。新媒体的开放性为人们表达自己对某些问题的见解和认识提供了多种途径，如论坛、电子邮件、博客、聚合新闻、微博、微信等。在新媒体交往中，每个人都是自由而平等的。这种状况对思想政治教育来说，既是一种挑战，也是一种机遇。因为在新媒体环境下，交互式沟通和对话成为思想政治教育的主要方式，平等、及时的互动能够大大提高思想政治教育的效率。把思想政治教育与新媒体交往相结合，要求思想政治教育者在教育过程中平等地与受教育者进行讨论与交流，通过启发和入情入理的沟通，引导受教育者接受并形成正确的思想观念。思想政治教育者应坚持互动交流原则，通过各种新媒体工具，提升教育的亲和力和感染力，切实了解受教育者在学习、生活中所存在的困难和问题，及时掌握其思想变化，尊重、理解、关心和帮助受教育者，为受教育者提供个性化的服务和指导，使受教育者能及时分清是非曲直，认识到自身的不足和缺陷，在互动交流中进行问题的解决、情感的交流以及个性的展示。

（三）把创新思想政治教育与新媒体娱乐相结合

针对高职学生基础弱、自控能力弱、经常沉迷新媒体及新媒体游戏的特点，探索如何利用好新媒体，使高职学生在娱乐的同时受到思想政治教育，对于提高思想政治教育的实效性具有重要意义。由于新媒体信息集知识性、娱乐性、趣味性和政治性于一体，图、文、声、像并茂，新媒体思想政治教育可以寓教于乐，把集体主义、社会主义、爱国主义等教育内容制作成新媒体娱乐软件，化抽象为形象、变枯燥为生动，增强教育的吸引力和感染力，从而使枯燥的理论教育变得生动活泼。为此，高职院校思想政治教育者可以向新媒体上传思想高尚、健康向上的视听资料，做好受教育者新媒体下载、收藏的管理和服务；可以设置影音评论区，时时关注受教育者经常浏览的影音资源及其评论内容，进而把握其思想动态，进行引导和教育；可以通过参与新媒体游戏娱乐方式，把思想政治教育渗透到新媒体游戏中，使思想政治教育与新媒体游戏相结合，让高职学生在快乐、轻松的新媒体虚拟实践中受到教育。

（四）把创新思想政治教育与新媒体消费相结合

高职院校学生自身人格还未完全形成，导致正确健康的消费观念还没有形成。新媒体消费，就是利用新媒体进行购买商品或享受服务的活动。与逛街购物相比，新媒体购物既省力又方便，已经成为当下十分流行的购物方式，并且随着新媒体支付功能的发展，越来越多的人选择新媒体购物。当前，许多人认为新媒体购物与思想政治教育没有太大联系。但如果深入分析，高职思想政治教育者还是可以从中找到相应的空间，使新媒体购物成为思想政治教育的一个重要方面。比如，通过研究新媒体消费的趋势、特点，以及影响新媒体消费的因素，教育学生树立正确的消费观和价值观，倡导健康向上的精神文化消费，引导形成合理的消费方式和消费结构；教育学生自觉遵守新媒体购物规范，减免新媒体购物的依赖性、成瘾性，形成健康的消费行为；开发和创新更多关于思想政治教育的新媒体产品，使更多学生购买相关新媒体文化产品，如报纸杂志、图书影像等，以健康、高雅的新媒体文化引领学生的消费时尚。

三、创新新媒体时代的思想政治教育载体

在新时代的背景下，高职学生的思想政治教育更加多元和丰富，不再局限于传统的授课模式，而是添加了创新元素，让理论的表现方式呈现多样化，让新媒介在课堂教学中得到更加熟练的运用，在传授过程中增加与学生的互动环节，并且摒弃之前陈旧和效果不好的做法，以绩效思维来及时面对问题和困难，并且以最终的实际效果为导向，以新的教育方式武装高职院校思想政治教育。

（一）重视校园文化产品的开发与推广

加大校园文化培育力度，营造一个优良的校园文化氛围，为高职学生的

学习提供一个优质的外部环境。高职院校为学生们安排的培养方案，极具针对性和目的性，它们实质上都是通过文化熏陶来达到教育学生的最终目标。因此，校园文化在高校中有着非一般的作用，它担负着教书育人的重担，我们必须把它和我们党的先进文化思想紧密联系在一起，使之既具有时代特点又展现了高校自身独特的魅力，同时又能促进优良作风的形成。由于在高校中被广泛应用，新媒体在一定程度上丰富了校园文化，给校园文化带来了新的特质，主要体现在：

在高校微博上发起相关话题的讨论是一种重要的"议程设置"传播行为，能够充分发掘出高校微博受众中所蕴含的互动资源，继而激发出受众内在的参与热情。如重庆职业学院在2013年"三八"妇女节来临之际，在重庆职业学院微博上发起了"重职最美女教师"的微博话题，在该话题中写道："'重职最美女教师'她们或许是科研上的佼佼者，或许是平凡讲台上的传道者，或许是普通岗位上的默默奉献者……在你心中，谁最美？三八妇女节将近，大家都来晒一晒你们心目中的女神吧，为她们送上一份特别的节日祝福。发表话题'重职最美女教师'并给出强力推荐理由参与活动，有小礼品赠送。"重庆职业学院众多的学生能够以当下最为流行的方式参与这个恰合时宜的活动，既可以充分展示自己的内心世界，又可以充分与网友和学校微博进行互动。

高校以微博为信息传播平台策划和举办多种多样的专题活动，也是增强微博互动性的重要手段。高校可以就不同时期、不同季节的主题进行活动策划，像学校发展重要时期的周年校庆活动、期末期初的晒晒成绩单活动、关于校园风景介绍和形象宣传的"校园随手拍"等活动，然后经过专业策划、细致宣传，通过微博平台进行文字或图片直播、视频宣传等多媒体立体宣传以吸引更多受众的关注。这些专题活动的设置往往带动和整合更多的宣传资源融入信息发展活动，实现多种媒体、多种受众人群、多个传播层次的深度融合，其互动性、实效性和影响力都是吸引受众、增强互动的重要因素。

（二）合理利用新媒体丰富校园精神文化

新媒体的普及使高职院校的教师和学生开始接触新的事物，它迎合了其在学习生活等各个方面的需求，并渐渐成为高校师生获取消息的主要途径。新媒体在当今社会中扮演了两个角色即生产者和传播者，它能生产出具有正面意义的文化产物，传递时代的主旨，增加日常生活的乐趣；与此同时，它也会作为西方文化的先锋，用以宣扬负面思想，污染校园文化。为了防止这种负面信息侵蚀校园文化，我们要加快改变教师与学生陈旧思想的步伐，让他们能够正确运用新媒体技术，可以适当地举办一些活动来吸引高职学生的注意力，让他们意识到这个新技术可以用来获取新知识、新技能，从而达到更好的学习效果。

教师及学生一致认可的价值观念、理想信念、道德标准等共同构成了本学校校园文化的核心。若把它具体化，则主要表现在校园的学习氛围、道德作风、师生的信仰上，并已深深融入了在校师生的日常生活中；若把它抽象化，它能熏陶我们的道德情感、发散我们的思维、培养我们的优秀品格。在以新媒体为依托的社会里，我们必须紧跟时代步伐，充分利用资源来不断发展完善自己。

（三）充分发挥政治理论课的基础性作用

高职院校是能够让学生获得全面思想政治教育、有效提高思想政治觉悟的关键阵地和舞台。对投身教育事业的教师来说，在与学生的接触和高职院校思想舆论氛围中获得大量珍贵的经验，并且在这之中要不断反思，将相应的经验投入应用实践中。尤其要结合学生的兴趣点，充分发挥新媒介的力量，以传统授课为基点，努力实现授课模式和学习方式的完善，将思想政治教育的基础性和重要性作用体现出来。一方面，学生的学习手段和学生的需求紧密结合，立体式的学习方式生动多样，学生会被课程设置感染。另一方面，片段化的理论授课模式能够让新媒体学习资源更加丰富，也能够让校园新媒体实现课程统一化，实现学习随时化，实现复习方式多元化。

四、提升高职学生新媒体素养

教育具有双向性，师生双方是相互制约的，每一方素质高低都直接影响高校思想政治教育的成效。所以，在强调提升高职思想政治教育工作者素质的同时，高职学生的素养也不容忽视。

（一）帮助高职学生把现实社会的道德观念引入新媒体

当我们面对新媒体上泛滥的不健康信息，了解到许多利用新媒体进行犯罪的事件时，越来越多的人向全世界呼吁，尽快在新媒体里树立起良好的道德观，规范新媒体用户的行为，切实地抓好新媒体中的秩序。所谓新媒体上的道德观，实际就是指在新媒体中，人们的言论、行为等也必须遵守一定的规律约束，不能超出法律和人类道德观念的底线，把现实社会的道德观直接引入新媒体虚拟世界中。由于新媒体技术发展非常快，新媒体里的道德教育就需要马上跟上，我们把这些新媒体的道德教育作为素质教育当前要研究的课题。高职很多学生正是因为高中阶段毫无经验，明辨是非能力较差，才报考高职院校就读。而相对于高中阶段，高职院校拥有比较宽松的学习环境，使得高职学生更加放松警惕。因此，他们在复杂、多变、虚拟的新媒体世界里，很难对善恶、美丑做出合理的判断，特别是在新媒体中的监管真空地带，更容易做出出格的行为。

把现实社会的道德观念引入新媒体里，就是必须加强对学生的现实道德观念教育，培养学生在新媒体里的自律性，先管好自己，再通过自身影响到周围同学，告知学生只要是年满 18 周岁就要对自己的行为负好责，自觉地成为新媒体人。他们自身要按照现实社会道德规范的标准，不去制造反动信息和不利于我国社会主义发展的非法信息，遇到不愉快的事件尽量克制自我，尊重他人。现实社会怎样通过道德约束人们，在新媒体上就怎样约束网民。如果大部分人都这么做，那我们的思想教育就可能取得长效发展。

（二）增强高职学生的新媒体信息素养

面对复杂多变的新媒体环境，必须增强新媒体信息素养教育。新媒体信息素养是指网上传播主体对于资源共享的检索、需求、评估以及新媒体资源综合运用的能力。素养作为一种高级的认知能力，构成了我们创新和学习的基础。当今的新媒体生活已成为人们生活的一部分，高职院校思政教育就需要把增强学生的新媒体信息素养教育作为今后一个重要的教育目标。

当前，随着新媒体的发展，它为高职学生提供了多种互动信息交流平台，现在的高职学生接触新媒体的机会多，他们能够利用新媒体工具获取到大量的共享信息，他们也经常在新媒体上传播信息，这些信息绝大多数是学生真实的想法。针对这种现象，我们就应该进行正确引导，切实提高高职学生的新媒体信息素质。只有提高学生对新媒体各种信息的辨别能力以及分析问题的能力，才能更好地提高高职学生对不良信息的"免疫力"。

（三）提高高职学生的心理素质和新媒体适应能力

许多高职学生或多或少存在着自卑心理，认为只有在网上虚拟世界里才会获得成就感，同时也可以逃避现实。因此，"新媒体孤独症""新媒体上瘾症""新媒体性心理障碍"等各种因新媒体而产生的疾病严重危害着高职学生的身心健康，对高职学生的世界观、人生观和价值观也有消极影响。针对这一问题，应该增强对高职学生的新媒体心理健康教育，从而提高高职学生的心理素质和新媒体适应能力。

　　新媒体心理健康教育的主要目标是要培养高职学生健全的人格，使其拥有活泼开朗的性格特征、轻松愉快的情绪倾向和排除内心矛盾冲突的有效方法，使之人格健全，心理阳光，积极向上。心理健康教育还应帮助高职学生掌握有关的新媒体心理卫生知识，增强自我保护意识，一旦发觉心理上的问题，能立即停止新媒体行为并寻求专业的心理帮助。新媒体心理健康教育的最后一道防线是新媒体心理问题的治疗。高职新媒体思想政治教育还必须对高职学生的新媒体心理、新媒体人际交往心理、新媒体心理障碍等新媒体心理问题进行研究，发掘一套可操作的、针对性强的新媒体心理咨询方案，促进高职学生健康心理和新媒体适应能力的培养。

第十二章

充分利用大数据，推进高校思想政治教育创新

大数据时代给高校思想政治教育带来了一系列发展变化，提供了前所未有的发展机遇。适应大数据时代的发展趋势，为思想政治教育学科注入新鲜血液，必须实现高校思想政治教育的创新。基于目前大数据应用高校思想政治教育的发展现状，立足大数据，充分利用大数据优势，革新思想政治教育理念、构建思想政治教育新模式、提升高校思想政治教育的大数据应用价值以及完善思想政治教育大数据的相关体制机制，推动大数据时代思想政治教育学科建设和实践创新。

第一节　树立大数据意识，革新思想政治教育理念

理念是行动的先导，思维理念的变革是迈向成功的第一步。在大数据时代，做好思想政治教育工作，必须不断适应新的教育理念，思想政治教育工作者要转变传统思维方式，树立大数据生活化、个性化、数字化的教育和管理理念，主动学习数据技术、培养数据敏感性，提高自身的大数据素养，从而认识、了解和发挥大数据在高校思想政治教育中的巨大价值。

一、转变思维方式

在大数据时代，转变思维方式，必须融入大数据思维，由原有的样本思维转向整体思维，由精确思维转向模糊思维，由因果思维转向关联思维。

（一）由样本思维转向整体思维

以往的教学工作依赖传统抽样的调查方式获取调研对象的信息，这种随机抽样调查获取对象信息的方式明显存在弊端，即获取内容不全面、部分代替不了整体、主观性强等，由此要转变思维方式，树立大数据时代的整体思维方式。首先，运用整体思维方式获取全面的数据信息。依靠大数据采集平

台和智能终端设备，利用大数据的挖掘、分析等技术对全体对象进行信息搜集和调查，将可见的、不可见的、线上与线下、隐藏的数据信息统一整合起来，为数据的分析提供全面的分析样本。其次，利用全部样本全面分析教育对象。"大数据"记录着大学生的一言一行，他们的思想、行为动态会在网络上留下痕迹，利用大数据技术分析他们在不同时间、地点的思想行为变化，对其进行"精准画像"，更加全面地分析大学生的思想情感。例如，通过检测学生校园卡出入图书馆的记录，对全校学生的借阅情况、学习情况、上网时间进行建模分析，得出某一学期学生的学习状态。

（二）由精确思维转向模糊思维

在大数据时代，高校思想政治教育应转变一味追求精确、无误差的精确思维模式，树立允许误差存在的模糊性思维方式。首先，培养模糊性思维。思想政治教育工作者自身要意识到事物的发展具有多样性，任何事物都不是确定统一的，也没有确定统一的标准，不能过于追求微观层面的精准性、精确化，允许模糊思维的存在。其次，要容忍差错。虽然大数据的庞杂表面上给数据信息内容造成一定的干扰，扰乱了对精确性的追求，但实际上它是在更大范围和规模上实现了对事物精确性的要求。面对海量的数据信息，其相关的或不相关的、有用的或无用的、片面的或真实的信息或多或少地为我们提供分析对象的线索和依据，切忌采用"一刀切"的观念对待数据信息，而应容忍差错的存在，不遗漏任何相关的细节，以提高分析和预测的精准性。最后，以发展的眼光对待事物。世界上的一切事物都处在不断运动和变化之中，关于对象的数据信息也在不断地生成和改变，不能一成不变地看待大学生的思想行为，而要以发展的眼光看待大学生整体思想行为的发展变化，从而依据不同时间、不同人的心理变化特点来确定教学内容和个性化培养。

（三）由因果思维转向关联思维

如果困顿于对"因果"的盲目追寻，就会陷入泥沼。"因果"可能会让我们更好地了解事物的本质，但在大数据时代，我们应该转变因果思维方式，树立关联性的思维。首先，改变传统因果思维方式的习惯。传统的因果思维方式往往以"果"溯"因"，通过呈现在我们面前的数据来分析这一现象背后的真相和结果，但现实情况是，"因""果"之间的关系并不是明确清晰的，仅简单刨根问底、诉诸原因会陷入思想分析的歧途。因而要改变思维习惯，关注和重视事物之间的相关关系，分析教育对象的行为，预防不良倾向的后果。其次，重视数据之间的相关关系。在大数据时代，一些看似毫无联系的事物往往会存在某些关联，利用大数据技术，对全体数据进行挖掘，找到和分析事物之间的关联性，它们有时会为解决问题提供关键性的突破口和着力点。比如，分析大学生的思想和情感的变化，除了面对面交流和谈话，还可以通过观察学生的微信、微博、知乎等社交软件的动态来分析学生思想情绪的波动。最后，实现因果思维和关联思维的结合。相关关系分析本身意义重大，但同时它也为研究因果关系奠定了基础。通过找出可能相关的事物，使我们可以在此基础上进行进一步的因果分析，相关性不是抛弃或排斥因果性，而是肯定因果性又不拘泥于因果性，它是随着时代的变化对传统思维模式的一种超越。

二、树立大数据理念

高校思想政治教育的根本任务是立德树人。坚持立德树人，把立德树人作为教育的根本任务，培养德智体美全面发展的社会主义建设者和接班人。大学的发展未来关系到国家的发展前途，党的十九大报告再次强调，要全面贯彻党的教育方针，落实立德树人的根本任务，发展素质教育，培养德智体美劳全面发展的社会主义建设者和接班人。在大数据时代下，必须因时而进、因势而新，树立以人为本的教育理念，树立大数据育人的理念。

高校思想政治教育工作者必须认识到，大数据作为信息化技术发展成果，不仅是一种工具，还会带来社会价值理念和思维方式的转变。高校思想政治教育工作不能被推着走，而是要主动应变、改革求变，不断探索高校思想政治教育创新之策。首先，树立大数据时代生活化的教育理念。在大数据时代这一背景下，大学生的日常生活作为学生的一部分理应受到重视，把学生的生活也纳入思想政治教育教学工作中，随着数字化技术的发展，学校大数据平台的建设，要合理挖掘和采集学生日常生活中零碎的信息，通过大数据技术的分析整合，发现大学生的兴趣和关键点，以便及时对教学计划做出调整和完善。比如，高校通过对大学生网上信息问卷的填写，用大数据技术分析出学校食堂哪些窗口受欢迎，哪些问题需要改善，提高了学生的生活质量。其次，树立个性化、数字化的教育理念。利用大数据技术，发现每位学生的特点，以便对学生进行个性化管理。比如，在研究生教学过程中，教师征集学生关于选择专业方向、选导师、选课的意见，提前综合各方面的要素，给学生匹配合适的导师，从而制定个性化的培养方案，实现了因材施教和差异化的教育，使师生各取所长。最后，要树立大数据管理理念。大数据技术不仅能在教学工作中发挥重要作用，同时也在学生管理和校园管理中发挥着重要的作用。学校工作者要树立大数据管理意识，善于运用大数据技术和大数据管理平台。比如，通过微信平台问卷评价学校、学院以及教师的工作，并对教师进行"精准画像"，分析教师在科研、教学、师德师风等方面的立体化评价，精准和立体地总结和展现教师的工作情况，使思想政治教育工作者更有效地开展教学。

三、培养大数据素养

大数据时代的到来，为思想政治教育工作者带来先进的信息技术和手段，教室的微型探测头、教务数据系统、学生管理数据系统、大数据分析平台等信息化和数字化设备为教学工作提供了便利，教师要树立大数据意识和素养，不能让先进的技术设备沦落为摆设，而要有一定的数据敏感性和数据操作意识，在合理的限度使用范围内运用数据。

第一，思想政治教育工作者要培养自身的数据敏感性。意识到学生、校园周边潜在的数据以及数据潜在的价值。学生在网络上的留言、校园卡的消费出行记录、课堂上摄像头捕捉到的学生表情等记录，这些数据的背后都隐藏着大学生的思想和行为的变化，教师要敏锐地捕捉和意识到大数据监测下学生的行为变化，重视大数据及背后的发生机理。第二，思想政治教育工作者要培养数据的搜集、分析和利用技能。要主动搜集学生的数据，增强数据的采集、分析、应用和决策能力。一方面，主动了解和学习数据技术，了解数据系统和数据平台业务，包括了解数据的来源、数据的探索、数据的应用、数据的查询以及主体数据，学会运用一些常用的数据采集、数据处理和数据分析技术，如物联网感知技术、微型探测技术、人脸识别技术等。另一方面，了解大数据"算法"，学会运用大数据新的方法和工具，如智能计算方法、大数据 CAA 方法等，从而能够了解学生的学习习惯、学习兴趣，分析学生的思想行为轨迹，有针对性地开展教学工作。第三，要提高自身的数据修养和道德。不随意传播大学生的数据隐私信息，比如，关于数据的采集、使用必须经过授权方许可，在法律的框架内合理使用大学生的数据，营造良好的校园环境和社会环境。

第二节 构建高校思想政治教育新模式

大数据时代的到来，高校思想政治教育的相关要素发生了变化，对教育者、受教育者、教育环境以及教育媒介等因素产生了不可估量的影响，因此，高校也应把握这一历史机遇，运用大数据这一技术条件，丰富思想政治教育的内容和形式，实现思想政治教育内容的精准化运用，并构建标准化、一体化的课程体系，从而优化高校思想政治教育内容；运用大数据，改善学校的网络基础设施，完善大学生的基础数据，统一数据标准，构建一体化的数据平台；运用大数据，精准把握教育对象，实时反馈教学过程，开发多样化的教学平台，形成个性化的课程学习方式和教学模式，从而创新思想政治理论课教学模式。

一、运用大数据，优化高校思想政治教育的内容

大数据时代的到来，为高校思想政治教育提供便利的条件，以往在新媒体及网络技术的条件支撑下，高校思想政治教育获取了丰富的内容，产生了新的技术条件。大数据技术的运用，进一步加快了信息搜集、整合的速度，给思想政治教育活动带来了便捷的教学手段和载体，高校思想政治教育理应运用大数据这一巨大的便利和优势，优化高校思想政治教育的内容和结构。

什么样的思想政治教育内容更易于被学生接受和理解，什么样的内容更能接近学生、反映学生的学习和生活，什么样的选材和内容能够最大程度地发挥思想政治教育的价值，这是思想政治教育内容最应该考虑和优化的。因而，运用大数据这一便利手段，以学生需求为出发点，实现思想政治教育内容的优化。首先，运用大数据丰富思想政治教育的内容。以往思想政治教育的内容素材来源于教材和传统媒介所获取的有限信息，在大数据时代，利用大数据技术来挖掘和采集与思想政治教育相关的内容。如运用大数据技术及时获取来自各方面的信息，包括新闻热点、时事政治、学生课堂表现、学生成绩、学生校园活动、网络活动等，将相关的信息汇集到数据库中，为思想政治教育内容储存丰富的教学素材。其次，运用大数据技术精细管理内容，以实现思想政治教育内容的精准化运用。大数据采集的数据信息并非全部能得到运用并发挥其价值，也会存在着关联度不高、价值不大的数据信息。运用大数据分析技术，有选择性地选取和利用关联度较高的数据信息，才能更好地发挥思想政治教育内容的价值。如可对全校教师的职称评定、学生评奖评优、学生画像、贫困生预警等数据进行应用，提升对大学生的数据服务能力。又如，关于学生的就业观以及就业状况分析，从大数据库中选取与就业相关的信息，如学生的网络问卷、以往的就业状况和近年来的数据分析结果及发展趋势，运用"算法"很快地分析出近年来学生的就业状况以及就业观，

教师在教学中及时调整教学内容，以实现精准化教育与管理。再次，运用大数据丰富思想政治教育的内容形式。教师课堂讲解、学生参与讨论、课下开展实践活动等是思想政治教育过程中常用的教学形式，如今，可利用大数据技术，融合云教材、云班课和云平台，构建智能化的课程体系。可将数字化技术搬进课堂，利用"3D"技术和 VR 虚拟体验，学生能更加直观地感受和体验。最后，运用大数据构建一体化、标准化的课程体系。教学素材的选取、教学内容的传递、教学效果的反馈以及教学评价的回应，从学生的学到教师的教，大数据技术全面融入这一教学过程，不断优化课程教学体系。如围绕学生的个人定制管理、教师的个人教学状况的分析，以及整个思想政治教育的工作情况，都将以可视化、立体化的形式呈现出来，问题不断得到解决，教学内容得到优化，课程教学体系也在不断完善。

二、运用大数据，构建一体化的大数据平台

大数据时代的到来，各高校逐渐完善基础数据库的建设，成立高校大数据中心，建立智慧化的数据平台，但目前的数据平台建设不够完善，要求高校进一步探索相关平台业务，从而构建一体化的大数据平台。

（一）改善高校的网络基础设施，优化高校思想政治教育的环境

高校应将大数据技术以及智能设备等引进并规划使用，建设网络新媒体技术环境，完善学校网络的硬件设施和软件设施，建设信息化数据化的多媒体网络教室，为思想政治教育课堂及活动提供数据化的技术条件支持。比如，教室内安装监控探头捕捉学生的课堂学习情况，虚拟化的投影设备带来全新的教学体验，校园内大量监控探头捕捉学生课堂之外的动向，包括食堂、图书馆、运动场等也将运用智能化设备，为高校思想政治教育提供良好的校园环境和网络环境。

（二）完善大学生的基础数据，打造完备的大数据库

学生的信息需要完整并有秩序地进行归纳和整理，学生的数据信息类型多种多样，其价值和效度也各有区别，因此要根据不同类型的数据信息，分门别类地建设相对应的数据库，以便有针对性地选取教学内容。构建完善的基础平台，如主数据库、元数据管理系统、质量监控平台、数据交换平台等，并选择可靠的软件公司作为合作伙伴；可以建立高校思想政治理论课大数据中心、思想政治教育专家库、思想政治教育成果库、大学生个人信息库、大学生网络活动库、精彩课堂库等形式多样的资源数据库，为大学生提供自主

参与学习的平台，为高校思想政治教育工作者提供信息资源来源于经验交流的平台。如关于学生的校园活动信息，可对校园卡的刷卡情况进行分析，得出学生的借阅记录、进出校门记录、消费记录等信息，并将其专门统一到大学生的信息数据库之中，在必要之际发挥信息的价值。

（三）统一数据标准，构建一体化数据平台

实现一体化数据平台的建设，就要打破部门之间，政府、企业与高校之间存在着的"数据壁垒"，实现信息的自由流通、交换与共享，消除各部门领域之间的"信息孤岛"现象。具体来看就是要统一数据标准体系，明晰数据范围，形成学校全域数据地图，确保数据的准确性、规范性、及时性、完整性、一致性、可用性，利用各类数据治理工具，搭建更快捷、更灵活、更安全、更智慧的一站式数据服务框架和平台。一方面，统一政府与企业之间的数据标准，明确数据交易记录和交易原则，向高校公开相关的网络社交、消费、就业等信息。同时政府以及企业的信息门户应向高校公开和免费获取，以便高校思想政治教育工作者获取全方位的教育信息。另一方面，学校各部门之间也应该统一数据标准，各数据之间实现互联互通。实现马克思主义学院与学生处、财务处、人事处、教务处、就业处等相关部门互相联通，思想政治教育工作者可运用各部门之间收集到的数据信息进行综合分析和管理，以了解学生群体的学习情况、生活状况以及发展情况等，从而有针对性地开展教学。学习走在大数据应用前列的各大高校的做法，比如，电子科技大学各部门之间合力开发了思政智库系统，针对学生的一卡通信息，设计了学生的个人画像，产生了切实的效果。另外，各高校之间也应实现数据信息的共享，打破高校之间的数据"壁垒"，实现各高校之间数据的互联互通，在借鉴与交流之中促进思想政治教育的发展。

三、运用大数据，创新思想政治理论课教学模式

思想政治理论课课堂作为立德树人的主阵地，其教学必须随着时代的发展变化和要求而做出相应的调整。大数据时代的到来，要求思想政治理论教学必须紧紧抓住大数据这一核心技术，将大数据贯穿于思想政治理论课教学的全过程，精准把握教育对象、更新思想政治理论课教学方式与方法、实现教学效果的评估与反馈，运用大数据改进思想政治理论课课堂教学效果，构建智慧课堂、智慧教学模式，从而增强学生的课堂体验效果，调动学生的课堂积极主动性，增强思想政治理论课的教学效果。

第一，运用大数据，精准把握教育对象，为思想政治理论课提供稳定的前提。学生的数据信息是分析学生行为的关键，利用大数据全方位收集相关的数据信息，如移动设备所产生的社交网络信息、校园一卡通的学生校园学习和生活信息、监控设备下学生的课堂学习信息以及基于数据库储存的个人基本信息等，借助大数据精准分析教育对象的思想和行为特点，了解学生的现状与需求，精准预测和分析受教育者的思想特点。第二，运用大数据，实时反馈教学过程，提高思想政治理论课的教学效果。在教师与学生双向互动的课堂教学过程中，运用大数据观察、监测、记录这一教学活动，产生相关的教学效果分析图表，分析并绘制出教学过程的每一环节和细节，直观地反映出教学过程中存在的问题，从而及时弥补教学过程中的不足。比如，在思想政治理论课教学中，可以利用教师与学生间的网络互动，在教学中利用大数据实时向学生展示互动结果，分析学生的学习状况，教师从而及时调整教学方案。第三，运用大数据，形成个性化的课程学习方式。以往教学课程中，学校会设置特定的学习课程供学生选择和学习，学生系统学习统一科目的知识。大数据时代的到来，将大数据技术应用于课程中，学校将所有的课程提供给学生，线上和线下的教学方式同步进行，学生可根据自身特点和兴趣进行课程的选择，使学生的个性化需求得到满足，这类似于在线视频游戏。比如，目前上海一些高校为学生提供几十门与思想政治理论课相关的选修课程，大学生可根据自身的兴趣来自主选择，这一理论课程的改革迎来了较好的教学效果。第四，运用大数据，开发多样化的教学平台，探索出创新性和多样化的教学模式。首先，运用好新媒体平台，加强与学生之间的感情互动和交流。比如，用好QQ、微信以及微博等社交软件。建立微信群和QQ群，发布各种新闻热点、就业信息以及学习内容，课堂上利用群聊进行学习提问、回答、布置作业等任务。其次，打造高效慕课平台。随着慕课在高校中的开展与运用，高校要不断优化和升级慕课平台，注重学生的学习体验，优化页面内容以及浏览体验。改进慕课的结构设置，增添师生互动模块功能，增强学生在学习过程中的互动性体验。同时，还应对慕课进行大数据分析，监测学生的学习进度，并对其提供相关的学习计划和安排。最后，高校可建立多种课堂学习模式，比如，建立学生的"第二课堂"，并把"第二课堂的成绩单"列入学习评价过程之中。

第三节　完善高校思想政治教育大数据的相关机制

目前，大数据应用于高校思想政治教育还处于发展完善阶段，实践应用成果逐步增多，同时也对相关的体制机制提出了更高的要求。因此，应用大数据于高校思想政治教育过程中，不仅需要技术层面成果的推进，同时也需要在人才队伍、数据保护以及相应的大数据管理方面完善相关体制机制建设，即加强大数据相关人才建设，完善大数据专业人才队伍建设机制，注重维护大学生的数据隐私问题，建立高校大学生数据隐私保护机制，以及统一数据资源建设标准和规范，建立健全大数据管理体制机制。

一、完善大数据专业人才队伍建设机制

目前，国家层面对大数据人才的培养正在加速，2015 年国务院印发了《促进大数据发展行动纲要》，明确提出："创新人才培养模式，建立健全多层次、多类型的大数据人才培养体系。"大数据应用于高校思想政治教育的价值显而易见，实现大数据在高校思想政治教育中的普遍应用，需要完善专业化人才队伍机制，构建专业化的教师队伍。

第一，展开大数据技术培训，提高教师队伍的整体水平。涉及关于人的教育工作并非一件简单的事情，而是关于学生心理、状态、情感等方面的了解与分析，涉及多学科的应用，需要教育工作者具备优良的整体素质。不仅需要信息技术、统计技术等计算机技术知识，也需要教育学、心理学、社会学的相关知识，综合交叉学科应用。因而，大数据时代需提高思想政治教育工作者的整体素养，提升运用大数据与教学的能力。一方面，需要提高思想政治教育工作者的大数据及信息素养。聘请熟悉网络及大数据技术的有经验的专家学者主持参与学校的大数据信息技术专题培训，让教师了解并熟悉新媒体技术的操作、运用机制和流程，对教师进行一对一的技术指导和操作，深入了解大数据技术在课堂的运行机制，鼓励将大数据技术运用于教学课堂中。另一方面，学校内展开大数据技术研讨会和经验分享会，设置大数据相关的课程，使学校教师了解和掌握校内数据平台与数据的运用状况，懂得如何挖掘和收集大数据信息，重视大学生身边的数据，让教师学会运用大数据技术来分析学情、预测学生的思想动态变化，精准分析学生的需求，具备捕捉、管理和处理大数据技术的能力。

第二，引进大数据技术相关人才，建设一支专业能力强的技术队伍。首先，高校引进大数据相关技术人才，吸收一批大数据技术等相关人员加入思想政治教育工作队伍中，与政府、企业、技术公司等建立联系与合作，充分利用专业的技术公司与人员等相关资源，整合高校专业技术团队和人才。其次，校内组建专门的技术团队，建立一支大数据挖掘、分析师资队伍，建设和培养一支综合素质高的复合型、全能型、综合型的人才队伍。发挥团队各个人员的优势和长处，促进成员之间相互借鉴、相互交流、相互补充，真正实现思想政治教育和大数据技术学科的衔接功能互补，实现"大数据+思想政治教育"模式的功能发挥。

二、建立高校大学生数据隐私和保护机制

学生的个人隐私一旦泄露就会产生不可估量的影响，应对收集到的数据进行全面保护，界定数据采集、使用的范围和限度，建立统一的数据安全使用标准，完善大数据管理制度。

第一，界定数据采集、使用、储存等方面的限度与维度。将数据采集、使用等风险限定在可控的范围内，明确数据采集和使用的边界，不泄露、不滥用数据。在大数据的采集、存储、分析和使用等各环节建立相应的表注和规范，明确大数据使用的界限与权限，建立起责任追究，确保学生的隐私不受侵犯。具体来说，数据从挖掘、采集到应用的各个环节，其主管部门都要明确一定的标准和规范，实行统一标准、统一收集、统一应用和统一管理，对泄露学生相关隐私的人员进行责任追究，实时监控数据的动态流向，相关部门对大数据的应用与信息的安全进行监控和管理，严厉打击非法采集、非法传播、恶意篡改个人隐私的人员及单位，严重者追究其相关法律责任，为大数据更好地发挥其自身价值营造安全的秩序和环境。

第二，要完善数据管理制度。大数据时代，数据信息的安全越来越成为威胁人们健康安全的重要因素，如果数据信息无法得到相应的安全和制度保证，将对个人与社会造成严重的损失。因此要完善数据管理制度，建立大数据安全使用体系，数据的挖掘、收集及分析等各个阶段都要遵循国家法律法规以及数据安全使用规范体系，保护个人隐私，对收集到的数据进行保密，以防止数据信息泄露，并确定数据使用者责任机制，落实数据使用者的主体责任，并承担相应的后果。此外，还要加强对数据的安全维护。大数据在使用的过程中不可避免地会造成数据信息的泄露，从而侵犯人的隐私权，因此应建立起由国家主导，社会全面参与的严格管理制度，设定层级权限管理和

审计等措施，大大降低内部和外部的信息泄露风险，并对重要的关键数据采取全面的信息加密和黑匣子数据处理，加大对数据信息的保护力度。

三、健全大数据管理体制机制

在大数据时代背景下，大数据技术在思想政治教育领域发挥着巨大的价值，同时也对教育教学产生了一定的威胁。要认识到大数据带来的潜在威胁，构建统一的安全标准和管理机制。不仅需要政府加强顶层设计和规划，统一施策、统一领导，对相关应用做出具体的规划和部署，建立起主管部门牵头负责的管理机构，而且各部门、各高校、各地区之间形成统一的协作机制，消除"信息孤岛"和"信息壁垒"。

第一，建立统一的数据资源建设标准和规范。教育部颁发《教育资源建设技术规范》，规定了数据资源属性标准、数据资源质量的评价指标以及数据资源制作的技术要求，为实现高校思想政治教育大数据的建设与共享提供了政策保障。这要求学校建设数据资源时统一技术标准，遵循资源建设技术规范，如学校学生处、教务处、就业处以及后勤等部门统一建设规范，打通数据交流障碍，实现校园内各部门数据之间的信息交流与共享。另外，建立标准的规范体系。相关部门、单位的专家要积极探讨和制定关于数据采集、分析、共享和使用的规范标准体系，制定数据分类方法、数据格式标准、数据传输协议、数据编码规则等标准，制定数据信息服务和管理平台的建设技术标准和规范，方便后期数据的规范化管理。

第二，建立数据处理的规范指导和管理机制。高校应加强对数据的规范化指导和管理，任用或聘请大数据技术水平较高的专家负责大数据的管理，包括对数据资源库、大数据中心、大数据平台的应用管理，及时发现和预防数据的不规范操作以及数据隐私泄露问题，以确保数据在传播和使用过程中更加规范和安全。建立数据管理制度，落实主体责任。明确数据的"权、责、利"，建立"生产—使用—共享—反馈"的数据应用闭环。治标先治本，明确数据是学校资产，对数据的管理应负一定的责任，数据的共享与数据的安全管理有章可循，必须落实数据管理和建设主体责任，这是数据规范应用的关键。同时还要加强考核，建立数据治理报告制度，制定明确的考核体系，量化考核目标，引导各部门有序开展数据管理工作。

第三，建立完善的风险应对机制。数据治理不是一次就可完成的工作，要形成相应的工作机制和规范，建立运维规范，强化日常维护，要求各单位、各专业的人员按照统一模式开展运维，确保正常运转下的数据采集质量。在发生使用安全层面的问题时及时依据相关机制应对，防微杜渐，以免造成不可弥补的损失。若高校某一数据服务平台出现了漏洞，导致数据信息资源泄露，高校应及时请大数据技术人才进行数据的安全维护，及时补救，修复漏洞，保护大数据平台的安全，为大数据更好地运用于思想政治教育提供可靠的安全机制保障。

第十三章

新媒体时代大学生思想政治教育方法创新的策略

推动思想政治教育方法创新，有效增强方法的科学化、精准化、综合化是当前的一项重要任务，也是顺应新媒体时代潮流、加强网络意识形态建设、优化思想政治教育生态环境的必要之举。同时，事物是发展的，大学生思想政治教育方法面临的时代背景与以往的教育环境已大不相同，教育主体也发生着身份、空间的变化，所以，应该积极实现大学生思想政治教育方法的创新，通过推进内涵建设，加强主体队伍建设，促进平台建设和畅通工作机制，形成教育合力，建构思想政治教育共同体。

第一节 加强大学生思想政治教育方法的主体队伍建设

大学生思想政治教育方法的创新客观上需要主体队伍发挥相应作用。大学生思想政治教育主体队伍是指具有坚定的政治意志、较强的理论掌握与应用能力、能够有效运用网络的工作队伍。加强主体队伍建设实际上就是加强人才培育力度，这是提高思想政治教育方法有效性和提高国家综合国力的重要指标。因此，实现方法创新就需要提高大学生思想政治教育主体队伍的媒介素养，激发大学生思想政治教育主体的主体性，增强大学生思想政治教育多元主体的协同力。

一、提高大学生思想政治教育主体队伍的媒介素养

思想政治教育主体需要有效运用方法，才能使方法真正进入学生的心里。整合新媒体时代的思想政治教育的主体资源，促进多元的传播主体在网络空间发声，在思想、技术层面培养媒介素养。

（一）要提升多元传播主体"参与式行动"的媒介素养

由于思想政治教育主体具有身份上的多层次性，需要对各类群体进行话

语赋权，既要鼓励大学生积极参与话语建构，也要发挥好正能量的意见领袖作用，发挥其榜样示范作用；既要鼓励新闻媒体人握紧"麦克风"，弘扬主旋律，也要激发不同领域的专家学者的专业引领。

（二）在思想层面，提高不同群体对媒体信息的阅读与分析能力

深入研究不同媒介的运行机制、表现形式、传播规律，认真分析传统媒体与新兴媒体的关系，网络空间、现实空间和社会空间的关系，廓清话语的价值趋向和表达目的，确保主体能够保持客观的态度分析各类信息，提升媒体信息的分辨能力，推进新媒体技术融入思想政治课教学，创新教育方法，达到预期目标。

（三）在技术层面，提高对新媒体技术的应用能力

要加强对思想政治教育工作者的专业化、网络化的职业培训，使其能够自觉分辨与过滤媒体信息，自觉制造、运用新媒体技术来研究、判断、传播信息；同时考核他们对新媒体技术的运用情况，培养一支政治素养高、媒介素养优和技术能力强的复合型新媒体思政人才队伍。值得注意的是，在利用新媒体技术"向技术学习"的过程中，不能过度依赖媒介资源与新媒体技术，应找准新媒体技术与思想政治教育方法的结合点，防止过犹不及。

二、激发大学生思想政治教育主体的主体性

主体性以大学生的全面发展为目标，强调的是要充分体现教育者和受教育者的主体地位。因此在实际过程中，需要把握以下三点。

（一）平等交流是激发主体性的前提

大学生思想政治教育主体是一种共在共享的关系，这种共在共享关系尤其表现在网络空间中，新媒体的空间开放性和主体交互性赋予了个体在社会实践活动中的自主权和平等话语交流权，完成了对思想政治教育主体的主体性的扩展。这集中表现在主体的选择自主、参与自由、价值自觉上。所以要树立主体共同体意识，坚持以人为本的理念，实现主体的人格平等，充分发挥主体的能动性、创造性，在坚持自我认同和社会认同统一的基础上，形成平等互助、目标一致、团结协作的良性关系，以达到过程主体化、方法人性化的目的。

（二）互动交往是激发主体性的路径

以新媒体虚拟空间为主体的互动交往提供了点面结合的扁平化空间。主体可以在此空间中通过对话的方式进行思想和精神交往，自觉筛选、提取、

更新有效信息，从而完善主体的思想内容和知识结构；对话时要遵循真诚沟通、用心交流、积极互动的原则开展常态化、规范化的互动。

（三）话语体系是激发主体性的保障

话语既是一种表达工具，也能彰显价值认同。所以激发主体的主体性需要利用网络话语资源，了解社会热点事件、意识形态认同等方面的话语表达和价值诉求，积极融合生活话语、理论话语、网络话语，增强话语的感召力，从而有效建构起大学生思想政治教育话语体系。

三、增强大学生思想政治教育多元主体的协同力

协同是多主体、多要素在目标一致的基础上开展的多层次的行动协作。增强大学生思想政治教育多元主体的协同力实际上就是要优化主体要素，运用协同思维系统分析推进思想政治教育现代化。为此，要做到以下三点。

（一）实现身份认同

根据职能承担的不同，多元主体可以分为管理主体（过程的管理者和监督者）、实施主体（活动的直接发动者和实际承担者）、接受主体（活动所指对象）和支持主体（资源提供者和服务者）。各类主体应当找准自身的价值定位，建立一致的目标，建构行为规范，寻找自身身份的心理归属感，增强身份认同感，提升行动的能力。

（二）树立协同意识

不同主体的功能价值、行动偏好等存在差异，如何发挥多元主体的协同作用，首先要做的就是树立协同意识，培育多元主体的公共精神。这种公共精神体现了主体在共同生活中自觉参与空间建设和承担社会责任，进而实现公共性与个体性的统一。所以需要培育公共精神，让各类主体清晰认识到主体要素之间是相互联系、不可分割的关系，单个主体思想与行为的改变会影响其他主体的功能实现，同时要切实考虑到其他主体的实际需求，运用好技术、教育、传播手段，将主体之间的协同合作落到实处。

（三）构建多主体协同模式

多主体包括政府、社会、高校、教师、学生等。多主体协同模式一方面表现为资源协同。也就是将图书资源、学校管理资源、社会组织资源、课堂教学资源、学生信息资源等不同性质、不同主体的资源在网络空间进行协同，并通过平台、机制等建设实现优质资源的共享、共建和协同。另一方面表现在组织协同。切实构建家校合作、校企合作、高校合作、社区合作、科研机

构合作等，形成"政、产、学、研、用、介、投"多方协同的创新模式，整合创新力量，优化生态系统。

第二节　促进大学生思想政治教育方法的平台建设

大学生思想政治教育方法要切实跟上技术进步的步伐，把握新媒体的发展趋势，改善大学生思想政治教育信息传播格局，优化其传播生态，构建立体化平台，实现大学生思想政治教育方法的精准化、可视化、智能化。

一、利用新兴技术，实现大学生思想政治教育方法的精准化

大学生思想政治教育方法的精准化有助于满足思想政治教育主体的个性化需求，同时利用新兴技术也能够促进教学手段的科学化、智能化、信息化。具体而言就是要运用大数据、小数据思维来利用技术，投身实践。

（一）遵循大数据思维，创新全景数字法

大数据思维是指在大数据技术应用过程中，从大数据技术的视角分析、解决具体问题的思维方式，具有高效数据信息检索能力和信息聚合能力。所以思想政治教育工作者可以利用大数据技术，在"大数据+算法推荐"基础上，开展相应的实践活动。一是提高数据的收集与获取能力，制定统一的数据收集标准，努力实现全样本的数据共享；二是提升数据分析能力，对于学生的学习习惯以及兴趣点等进行全方位的分析，同时对大学生进行个性化、智能化、精准化的信息匹配，真正做到智能推荐、科学供给；三是建立网络思想政治教育大数据中心，在遵循新媒体发展规律的基础上，从海量的数据中找到大学生思想动态的演变规律，通过科学匹配、精准分析、及时纠正思想偏差，实现思想政治教育方法的良性传播。

（二）树立小数据思维，创造模拟画像法

小数据是对大数据的补充，它在把握教育对象、个人隐私、实施成本等方面具有大数据无法比拟的优势。所以在方法创新的过程中要重视并运用小数据，对大数据进行查漏补缺。具体做法表现在：一是为教育对象打造个性化服务系统。思想政治教育工作者利用小数据思维，通过对个人行为数据进行收集与挖掘，打造个人数据空间，创造模拟画像法。同时利用微信、微博等社交媒体的记录自动生成数字痕迹，对数据进行文本和情感色彩分析，识

别出教育对象的知识结构、兴趣偏好、价值立场等信息，实现精准画像，使教育工作者能够精准出击，实现个性化教学。二是预测教育对象需求。通过收集教育对象的行为数据，进而对数据进行预处理，建立需求预测模型，再到评估与优化模型，预测对象需求，对教育对象的满意度进行评估，最终回到数据收集，这样形成一个完整的闭环，准确预测出教育对象的学习、社交、科研等需求。三是个性化推荐。在预测完需求之后，根据教育对象的不同需求进行分类，定制个性化的精准推荐，更好地为教育对象服务。

（三）实现大数据与小数据的深度融合

打破大数据和小数据壁垒，用小数据中的个性化信息补充大数据的规律，提高大学生思想政治教育方法的技术含量，力图在把握规律性的基础上，彰显时代性、增强针对性，使精准成为应有样态。

二、研发精品课程，促进思想政治教育内容的可视化

思想政治教育方法的创新归根结底需要加强内容建设，坚持内容为王。

（一）加大课程研发，建立精品课程网络平台

一是利用"平台"做乘法，系统整合信息资源。从信息传播的终端出发，舍弃内容质量不高、重复性高、访问量低的平台，重点建设内容含金量高、吸引力强、形式新颖的优势平台。二是打造特色的思想政治教育学习平台。在学习生活方面，通过开发特色 App，开设思政微课堂，积极创设点播式教学平台，让大学生可以自觉、主动地选择学习内容、学习类型，同时需要在不同平台推进新思想的传播，将思政小课堂同社会大课堂结合起来，巩固壮大新媒体时代的主流思想舆论。

（二）构建可视化课堂，实现虚实相接

虚拟空间的思想政治教育方法是对物理空间的思想政治教育方法的补充与支撑，二者之间需要进行双向互动。所以充分利用 VR 教学、虚拟展览等虚拟场景，对思想政治教育文本进行情景化、特色化制作，让用户全方位、身临其境进行视听体验，切实提升教育效果。VR 教学是顺应全媒体发展需求以及学生的认知水平、学习方式变化的新兴教学形态，具有时代性和便捷性，要充分利用三维虚拟仿真的多场景 VR 资源，通过技术研发实现文本到情景的智能化切换。比如，人民网的节目《马克思是对的》，正是积极利用网络技术生动展现了马克思生活时代的社会场景，向人们展示了马克思思想的形成和发展历史，起到了良好的传播和教育效果。

（三）实现精品课程校本化

除了 VR 技术的加持，还应当注重课程开发，根据本校学科特色推进国家精品课程校本化，需要在课程内容、方式、语言的选择与运用上下功夫。要善于使用学生喜闻乐见的语言，利用新媒体技术丰富思想政治教育方法的表现形式，通过微电影实践教学、运用多媒体动画、运用课件等手段，开展理想信念教育、爱国主义教育、道德品质教育等，增强思想政治教育课的感染力，提高教育内容的质量，彰显情感关怀，以更好地实现立德树人的根本任务。此外，要积极加强实践教育。比如，在组织学生参加志愿活动和"三下乡"社会实践活动中，将理论知识渗透到实践教学，使得思想政治教育方法可以"接地气"，全时空、全身心、全方位地引导学生的成长。

三、实行媒介融合，改善思想政治教育信息传播格局

媒介融合是指在数字技术的推动下，新旧媒体在技术、传播渠道、内容表达等方面的深度融合。媒体的发展是一个动态发展的过程，新旧媒体呈现出共生共长的正向关系，二者在竞争与融合中得到发展。大学生思想政治教育方法要切实跟上技术进步的步伐，采用相通融合方式，优化传播生态，改善思想政治教育信息传播格局。

（一）从传统媒体的角度而言，创新协同发展法

协同发展法强调的是传统媒体要自觉运用网络设备，与新兴媒体实现相通融合、互相补充。传统媒体要利用新媒体的融合优势，逐步打破媒介壁垒，在保证信息真实性的前提下，聚合社会的优质资源，挖掘自身"情景"价值，增强内容本身的趣味性、多样性和灵活性。并且也要优化相关配置，推动传统媒体的现代转型，联合短视频和直播新形式，发挥主流意识形态传播的权威优势，努力形成传播集群效应。

（二）从新兴媒体的角度而言，发挥新兴媒体的张力与活力

要充分明确传统媒体与新兴媒体是一种融合关系。所以要在传统媒体和新兴媒体兼顾发展的过程中，自觉发挥新兴媒体的生命力，增加思想政治教育内容在新媒体环境中的份额，构建意识形态话语权相关的信息内容，逐步向大学生多平台、全方位地推送正能量的资源，同时引导学生在线上接受主流价值观、传播正能量、反馈信息等，努力形成信息发布、流通、反馈的闭环通道，实现思想政治教育方法的全覆盖，以达到"核裂变"的效果。

（三）从传统媒体和新兴媒体融合的角度而言，构建立体的新媒体矩阵

传统媒体与新兴媒体的融合是一项系统工程，最重要的是实现二者的一体化发展。所以在实际的运用过程中，充分发挥多种媒体优势，集中整合学校官方宣传媒体平台人员，成立大学生新闻服务中心，发挥不同层面媒体的力量。同时挖掘各类媒体的多种功能，覆盖桌面互联网、移动互联网、社交媒体等多终端，实现信息内容、技术应用、平台终端、管理方式的融通共进，释放新媒体的效能，以此加强大学生思想政治教育方法的媒体应用，增强方法的技术含量与融合发展。

第三节　畅通大学生思想政治教育方法创新的工作机制

大学生思想政治教育方法的创新有赖于科学有效的工作机制。大学生思想政治教育方法必须畅通的工作机制主要包括领导机制、管理机制、评价机制、保障机制等。

一、领导机制

领导机制是领导者在领导过程中采取的措施。它是思想政治教育方法能够长期有效实施的首要机制，在工作机制中起主导作用。所以切实加强领导机制，就要做到以下三点。

（一）强化组织领导

坚持党委统一领导、相关部门各负其责、齐抓共管的领导体制。高校要加强顶层设计，设置专门负责思想政治教育的领导机构，强化组织领导。高校党委也要树立"大宣传"的工作理念，实行"一岗双责"，明确自身职责和政治责任，把落实思想工作作为关键抓手，在政策制定、人员调配等方面加大领导力度。只有这样，才能真正在方法运用过程中发挥领导保障作用。

（二）落实责任制度

制度能够为行为主体提供必要的行为准则，保证其方法运行活动的规范性。落实责任制度重在落实意识形态责任制度，要通过责任制度压实各级领导主体责任，各部门密切配合，注重协调性。同时积极创新制度要素，建立

信息畅通、主体协同、动态监控的工作网络，有序开展意识形态监管工作，切实保证方法的方向性，加强对动摇意识形态一元性的有害信息的惩处力度，增强空间场域的政治鉴别力和强制规范力。

（三）增强机制的系统性

方法的有效运行需要整体性、系统性的机制发挥作用。加上思想政治教育领导机制是一套系统的制度体系，所以必须强化系统思维，统筹全局，理顺党委和各级部门、管理对象之间的关系，创新组织、模式、结构，构建党委领导、部门合作、全体师生共同参与的大格局，为方法创新服务。同时要树立多元联动的理念，加强顶层设计，建立多元主体的协调沟通管理机制，解决沟通不畅、上下不贯通的问题，并培育社会组织，整合学校、社会、网络等资源，打造深层多元联动治理模式，增强机制的系统性。

二、管理机制

有效的管理机制是思想政治教育方法能够运行的关键，也是方法创新能够实现传播效果的基础。思想政治教育的管理机制是指管理者在思想政治教育方法运用的过程中采取的有计划、有组织的管理手段，最终达到育人的目的。为此，要做到以下三点。

（一）构建目标管理机制

思想政治教育方法的有效运用需要激发主体的积极性，让其在教学过程中更有动力引导学生做出正确的行为选择。这种目标管理机制能够激发主体的行为动机，促进个体的身份认同。所以高校应当参考专任教师、行政管理人员的意见，科学设定长期、中期和短期目标，发挥目标管理的定向、调节与激励等功能。同时应确定激励制度，设置物质奖励与精神奖励相结合的奖励办法。物质奖励包括发放奖金、提高工资等，精神奖励包括提供晋升机会、提供国外访学名额、授予荣誉称号等。

（二）构建舆情监管机制

建立健全数字化新媒体监管平台，同时密切跟踪和把握信息技术发展变化，加强对负面舆情的监管力度，及时发现、识别负面舆情，完善高校思想政治教育方法的规范和管理细则，建立常态化、制度化的舆情筛查、管控和防御机制，营造风清气正的新媒体思想政治教育方法的传播环境。建立网络信息巡视员制度，组建以教师、学生组织为主体的网络信息员队伍，使其对教学课程、教学资源进行巡视和监控，分析负面舆情诱发点、风险点和影响因素，同时预测其发展趋势和等级，及时上报领导，从源头进行疏导与化解。

（三）构建约束机制

一方面是要在遵循国家法律的基础上严格制定校园纪律，同时根据校园实际及时做出调整，填补校园纪律的空隙；另一方面是要加强道德建设，将道德建设与科学研究、人才培养、社会服务相结合，构建他律约束机制，增强主体的自我教育、自我监督、自我管理能力，提高网络行为的自律能力。

三、评价机制

大学生思想政治教育方法只有进行科学有效的评价才能不断"扬弃"，实现自身的创新发展。评价是评价主体根据一定的评判标准对某些事或人的社会价值进行分析。评价机制在调节、引导大学生思想政治教育方法方面发挥着重要作用，同时构建综合评价机制是落实立德树人根本任务的必然要求。因此，需要构建科学化、系统化的综合评价机制。

（一）明晰评价标准

建立评价机制的前提和基础是要明晰评价标准，构建多维效果评价指标。所以思想政治教育方法应当以促进大学生全面发展作为根本评价指标，以是否符合立德树人的根本任务、是否增强思想政治教育工作效度为重要评价指标。同时应当坚持规范性和自主性的标准，考虑教育理念、发展水平、社会贡献度等指标，也就是说要在坚持统一规范的国家标准基础上，高校自主创建学校标准，如自主设置人才队伍的考核与激励办法、建立大学生素质与能力的综合评价模型。

（二）完善评价方法

建立评价机制的关键是完善评价方法。评估大学生思想政治教育方法应当考虑科学性、可操作性，要创新工作评价方法，既要运用问卷调查法、个别访谈法等传统评价方法，又要利用情景模拟评价法、网络数字化评价法等现代评价方法，坚持定性评价与定量评价的统一。此外，还应当引入第三方评价机制。通过第三方对政策的可操作性、人员的配比度、内容的接受度等进行客观评价，搭建信息畅通的共享平台，推动思想政治教育方法的内涵式发展。

（三）建立反馈机制

建立评价机制的保障是建立评估反馈机制。反馈机制实际上就是将结果反映到系统中，系统进行消化后形成全新的结果输出，进而再进行主体评价的过程。评估反馈机制应当坚持评价过程的动态化。利用算法技术将综合评价结果进行可视化、智能化的呈现，坚持定性和定量相结合，建立动态循环式评估机制。应当坚持反馈的导向性。评价反馈关系到思想政治教育方法的发展方向，在反馈过程中坚持反馈的导向性，把握好反馈的方向性，真正做到与社会主流发展趋势、马克思主义同向同行。此外，应当坚持注意反馈的全面性、及时性，在反馈的过程中挖掘大学生的潜在动机，推进方法运用的个性化、精准化。

四、保障机制

思想政治教育方法的保障机制主要包括物资保障、队伍保障、制度保障。其中物资保障是前提，队伍保障是关键，制度保障是条件。

（一）物资保障机制

这是思想政治教育方法创新的物质前提。设备、设施是进行方法创新的工具性载体。增加现代化教学设备，为创新方法活动提供电脑、投影仪、摄像机等必要设备的支持。场所是思想政治教育方法的定量研究和实践操作的场地。所以要提供实践基地、数据中心等必要的场所，为思想政治教育活动提供场地支持。资金是方法创新中所支付的货币，所以需要通过活动经费、培训经费、项目补助等手段，让思想政治教育创造性活动能够获得必要物质资料，促进活动的顺利进行。

（二）队伍保障机制

这是思想政治教育方法创新的关键。思想政治教育方法创新实质上是一种具有创新精神的社会实践活动，需要具有创造力的教师队伍、学生干部等人的参与。首先，需要增强教师队伍的理论学习和实践操作能力，围绕网络思想政治教育、学生日常工作、危机事件应急处置、党团建设、心理健康教育等内容展开系统化的培训，完善教师队伍的培训体系，使其能够洞察出思想政治教育方法的问题与不足，探索方法创新的规律，进而找到合适的方法；同时要重视与学生交流的沟通技巧，以学生喜闻乐见的方法进行交流。其次，要培养好大学生骨干队伍，把握好选拔、考核、培训、管理等环节，发挥学生骨干的榜样示范作用。最后，要培养协同合作精神，使得思想政治教育工作队伍能够实现目标认同，并展开合作。

（三）制度保障机制

制度建设是方法创新逐步走向制度化的保证条件。所以高校需要建立人才引进和教育培训的相关制度，同时运用法律规定经费支出、人员配置等内容。值得注意的是，当代思想政治教育方法广泛运用于网络空间，就需要以网络生态为基础，约束工作队伍的创新行为，发挥制度的行为导向功能，促进方法创新的规范化、系统化。

第十四章

思想政治教育数字化转型的范式构建与优化逻辑

第一节　范式视界下的思想政治教育数字化转型释义

数字化作为一种变革人类社会的通用技术，已经嵌入生活世界的各个角落，数字化生存也真正成为个体社会化的基本前提。思想政治教育在现代信息技术衍生的应用场景中获得了延展性空间，思想政治教育数字化转型成为我们必须审视和反思的重要问题。

一、思想政治教育数字化转型意涵的范式审视

数字信息技术与思想政治教育的融合话题曾经引发学界广泛讨论，并且取得了不少有见地的理论成果。问题在于，囿于数字化技术本身的限制，人们仍以一种两分性思维审视二者之间的关系，以致数字化技术与思想政治教育的有效融合并未达到理想的效果。随着数字信息技术的迭代发展及其生活应用场景的拓展，以大数据、物联网、云计算、人工智能、区块链等为驱动的信息技术使数字化生存真正成为人们的生活方式。这种让人猝不及防的技术颠覆性变化正在重塑人类社会，数字化技术与各个领域加速融合，深度数字化转型时代已经悄然而至。这也意味着，思想政治教育数字化转型已经迫在眉睫，它是经由"技术—社会"之间的互构关系而产生的新形态，并且在新一轮信息技术革命转型升级中重获关注。

思想政治教育数字化转型并不是传统观念中数字化技术与思想政治教育的简单叠加，而是通过现代信息技术全方位、多维度、深层次赋权增能推进思想政治教育方式转变。本质上看，思想政治教育数字化转型是一种范式变革，是指通过数字化技术与思想政治教育的深度融合，使思想政治教育的主体、客体、内容、目标、方式、情境等要素以及由此而形成的内在结构发生深刻转变，形成以数字信息和多维场景为驱动的新生态。

从范式转变意义上说，思想政治教育数字化转型包括双重意涵：一是技术层面的内嵌与耦合。思想政治教育数字化转型是通过数字化场景与思想政治教育的全面融合，增强数字化技术对思想政治教育的赋权增能效果，从而提升社会主流意识形态与核心价值观的渗透功能。一般而言，传统思想政治教育数字化理念侧重于信息技术的简单应用，它实质上是一种技术上的"拼凑或嫁接"方式。但是，数字文明时代是基于互联网、大数据、云计算与人工智能等信息技术，以及与各种算法携手共进，演绎出的数据革命的新形态。特别是虚拟现实（VR）、增强现实（AR）、混合现实（MR）、影像现实（CR）以及由之催生的大数据学习平台、智能在线教育、虚拟学习助手、仿真头盔体验、云上智慧课堂等联通了虚拟世界与现实世界，沉浸式体验、虚拟化交流、仿真性参与等应用场景已经深嵌到思想政治教育过程之中。二是认知层面的思维变革。由移动互联网、社交媒体、大数据、云计算以及智能嵌入式设备等信息技术革命催生的数字化转型时代，使整个社会都在经历深刻变化。数字化技术转型升级，也引发并促进思想政治教育思维方式的转变。这是因为，不仅思想政治教育各个要素可以在一定程度上转化为数字信息，而且现代信息技术能够实现对人的精准画像，在算法支撑下提供兼具个性化和匹配性的数字环境。作为一种新范式，深度数字化转型为拓展思想政治教育视界及其应对相应问题提供了新的坐标定位和解决框架。这样一来，传统的主客体角色、单向灌输模式、抽象讲解方式等转变为以数字信息为基础的实证性思维、交互性思维、关联性思维、情景化思维，以此适配数字化社会的思维方式。

从这个意义上说，思想政治教育数字化转型是一种范式的转变和跃迁，思想政治教育本身的边界与内涵都发生了深刻变化，由此在数字化社会形塑了一种不同于以往的人与人之间的关系，并引发教育方式和价值引导方式的转变。这种新型思想政治教育数字化生态的深层要义，在于科学地揭示了数字化社会思想政治教育领域呈现的新特点与新规律，拓展适切性要素与结构。它是依据深度数字化技术的基本形态、运行特点、特殊规律而推动思想政治教育的构成主体、体系架构、教育方式、规则机制、沟通模式、交往环境等传统要素向数字化转向，并且经由数字技术和数据要素的全方位赋能与革命性重塑，为解决思想政治教育过程中产生的问题提供新的思考框架。

二、思想政治教育数字化转型的问题解析

思想政治教育数字化转型催生了新问题，并且使相应的提问范围、发问方式以及解答理路都产生了深刻转变。当前，思想政治教育数字化探讨仍然处于"前数字化时代"，研究路向也主要集中于将"物理信息"转化为"数字信息"，甚至停留于对数字化技术的借用或包装。事实上，以移动化、网络化、智能化为核心特质的数字化技术是一种全方位和深层次的赋能革命，它通过数字技术、数据要素的驱动实现对思想政治教育问题域边界的拓展。在这之中，思想政治教育数字化转型问题域集中指向人与技术之间究竟为何种关系。也就是说，思想政治教育数字化转型触及社会各个领域，新一轮数字化技术引发思想政治教育关键要素的改变和延伸，我们不能不再度思索人与技术耦合所涉及的轴心问题。"人的问题"是思想政治教育数字化转型过程中必须深思的前提性追问。于是，相应的核心问题也就转换为在数字化技术、数字化产品和数字化平台的深度介入下，社会主导价值观与个人精神世界发生怎样的逻辑关联。

沿着这样的反思路向，我们又可以将思想政治教育数字化转型的核心问题分解为具有统合性关系的三重维度：首先是深度数字化时代人的思想和行为变化的规律发生何种程度转变。随着大数据、人工智能、云计算等技术的迅猛发展，数据采集工具和传感设备能够将人的大部分行为转化为数字存在，并且利用这些个性化、可视化、定制化、智能化的"数据痕迹"重新研究人们思想品德形成和发展的规律。因此，总体性把脉和全方位审视数字化生存状态中人的思想和行为变化的规律成为摆在我们面前亟待解决的问题。其次是数据驱动型思想政治教育思维方式具有什么样的限度。不可否认，思想政治教育数字化转型通过数据、算法和算力的应用激活了人与技术之间的关系，角色转换、资源互通、载体升级、方法创新等成为热议话题。但是，基于数字化技术而形成的思想政治教育数字化思维是否具有一定限度？究竟在什么范围内才能真正将数据转化成价值引领的信息和知识？最后是如何审视数字化时代个性化彰显与社会主导价值观统合要求之间的矛盾。运用数字技术和数据资源变革思想政治教育模式，关键是通过多场景应用提高资源配置效率，满足受众的匹配性和个性化需求。但是，这种"千人千面"的个性化定制教育方式容易衍生"去中心化"问题，并且不可避免地消解社会主导价值观的权威性和统一性。思想政治教育数字化转型是一种范式变革，但不能因此而造成个性化差异与社会主导价值观之间的隔阂。

第二节　思想政治教育数字化转型中范式构建的三重困惑

思想政治教育数字化转型是一种自然的范式探索，是人们在数字信息技术的生活化应用中不得不重新审视的问题。这种经由新一轮信息技术革命生成的基本范式，固然有其迫切性和必然性，但它仍在生成过程之中，还有许多问题需要我们反思。仔细推究，思想政治教育数字化转型的范式构建暗含着值得深思的前提，它不仅呈现为这种思考范式自身及其问答体系上的逻辑冲突，而且在理论范式付诸社会实践过程中也面临现实迷思。

一、数字化赋能衍生的新旧范式统合问题

相较而言，"前数字化时代"的思想政治教育范式侧重于理论把握、逻辑反思、经验推论，而处在数字化转型场域中的思想政治教育新范式，则更多地依托数据分析、算法模型、虚实结合，给受众带来不同于以往的视觉、听觉、触觉体验。数字化转型不只是原有模式和理念的数字化，仅仅把传统的手段数字化，模式的"形"和理念的"神"都没有变，仍未实现真正的转型。只有当手段、模式和理念都实现了革命性重塑，才是形神兼备的数字化转型。数字化赋能思想政治教育的过程，将形成一种集合文字、图像、音频、视频、动画等交互运用而产生的数字虚拟空间，让人们能够进入沉浸式、体验性、全息化的立体场景。难点在于，尽管学界不断努力推进思想政治教育的数字化转型，但是问题并未变得简单，反而更加棘手。因为在涉及新旧范式关系时遇到的一个困惑是它们之间究竟表现为何种关系，到底是替代还是交汇。本质上看，这触及思想政治教育转型过程中的范式统合问题。

一方面，如果数字化技术赋能思想政治教育转型过程中产生的是新旧范式的替代关系，那么就应该通过数字化转型重塑思想政治教育的主体、客体、内容、目标、方式、情境等要素及其内在关系，使之发生系统性转变。然而，人的思想观念、政治观点、道德规范及其相应的社会化要求是一个复杂系统，不可能也无法完全转向数字化形态。数字化场域的确为塑造人与人之间的关系提供了全新的数字虚拟环境，每个主体都可能成为一种数字化、匿名化、符号化的存在形态，但是，完全基于"数字孪生"和"智慧推演"将会导致人际关系的"脱域化"。这样一来，现实社会那种原本面对面构筑的思想政治教育方式将会在数字虚拟世界中缺失了可依托、可触摸的本质性力量，致使

自身效果大打折扣。事实上，人的"数字化依赖程度"与"数字鸿沟加剧程度"呈现双重攀升效应，思想政治教育过程中新旧范式的替代关系本身就存在逻辑上的冲突。

另一方面，如果说数字化技术赋能思想政治教育转型过程中产生的是新旧范式的交会关系，那么这两种不同范式在融合互补中如何促成思想政治教育各个要素所依赖的内在意涵、内容形态、评价标准、价值诉求以及相应的交往关系、组织形态和组织间关系的改变？这再次让我们陷入困境。因为当前思想政治教育数字化转型存在数字技术与思想政治教育的共生性问题，人们的注意力大多集中于网络化、数据化、智能化等数字信息的被动运用，遵循着"数字化技术+思想政治教育"的嫁接方式，而对于如何将不同范式的潜能有效聚合在一起并转化为育人效能还未形成共识。更令人迷惑的是，数字化技术的"在场"与思想政治教育的"缺场"形成鲜明对比，技术场景运用的"狂欢"遮蔽了思想政治教育目的。

二、技术逻辑与价值引领在优先性上的张力

任何一次数字信息技术变革，当它触及社会领域时通常最先表征为场景化应用，而非人们思维领域的深刻改变。在思想政治教育数字化转型过程中，人们也大多聚焦于数字化技术介入思想政治教育所引发的外观性变化。从呈现样态看，思想政治教育数字化转型首先表现为运用云平台、物联网、大数据、区块链等现代信息技术及其多维应用场景为增强思想政治教育效果提供支撑。但是，由于思想政治教育逻辑和数字化技术逻辑是不同的，它们在深度融合过程中往往会陷入"技术决定论"误区。实质上，这种误区是一种工具性思维的集中体现，它仅仅侧重于低层次的数字化技术外嵌和拼接，以致思想政治教育只是被动适应于大数据分析、增强现实、虚拟现实、智能问答等多维应用场景，并未将数字化技术深度融入各个要素环节。

思想政治教育数字化转型不应该为了数字化而数字化，不应是人围着技术被动适应，而应是技术匹配人的需要。如果以"技术决定论"姿态推进思想政治教育数字化转型，那么过度数字化会僭越价值引领而走向唯技术倾向。思想政治教育数字化转型的目的，是通过数字化技术的内嵌式运用揭示人的思想品德形成和发展过程的规律，助推社会主流意识形态入脑入心。更为关键的是，我们对现实世界的分析不能畸变为简单的技术叙事，要时刻警惕用冰冷的数字化技术及其产品掩盖思想政治教育的人文关怀。

因而，如何寻觅数字化技术与价值引领的契合点，避免二者在价值优先

性上的分歧而导致人的"缺场",就成为摆在我们面前的问题。当前的双重难题在于,技术逻辑注重数据解析、智能推演、平台赋能等对思想政治教育各个要素及其内在关系的革命性重塑,但价值引领需要我们在运用数字化技术及其多维场景时,防止社会主流意识形态的主导性和权威性被冲淡乃至被取代,同时又不能无视数字化技术发展而重返思想政治教育传统范式的偏好。在此问题上,脱离价值规约的唯技术论会弱化思想政治教育者的角色和地位,忽视数字化技术支撑的价值引领则难以满足教育对象的个性化与精准化需求。

三、数字化空间容易模糊现实与虚拟的边界

数字化技术驱动思想政治教育转型和创新,深刻改变着人们对育人模式的认识,并且着力在沉浸式场景构建维度推进思想政治教育资源的数字化开发。在此过程中,思想政治教育的各种课程资源、社会资源、文化资源等被转化为可视、可感、可触、可互动的场景化应用。以沉浸式体验、智慧化育人、仿真性空间为核心特征的全息投影技术、增强现实技术、虚拟现实技术等,的确能够让主体存在于一种虚实结合的数字空间,虚拟体验界面不再将人束缚于物理世界的特定场域,从而实现超越现有认知的感官刺激。

基于"数字孪生"的思想政治教育立体场景,将营造出"虚拟+现实"的数字虚拟世界。尽管它能够让人体验身临其境的感官刺激,但人本身不过是一种虚拟分身。进入思想政治教育沉浸式场景中,人们在"虚拟世界"情境中展现着自己的本质力量,甚至可以进行内容生产和编辑,可是一旦脱离三维立体感官刺激,就可能会遭遇差异化乃至冰火两重天的对比体验。思想政治教育内容可以借助数字化系统激发受教育者的想象力,不过受教育者不可能始终沉浸于"镜像世界",在所谓逼真的虚拟世界中享受"智慧孤岛"的快感,最终还是要回到现实世界解决自身所面临的复杂问题。在虚拟世界和现实世界之间频繁穿梭,人们作为一种所谓"两栖物种"容易迷失自我。因此,思想政治教育数字化转型新范式首先要解决"虚与实的内在一致性"问题。思想政治教育数字化世界构建的目的,在于充分调动受众的感知系统,以全景化、共情性方式增强社会主流意识形态的凝聚力和引领力。如果过分依赖数字虚拟空间,导致"主客颠倒"或"喧宾夺主"问题,那么不但会消解社会主流价值观,而且还容易在虚实对比中产生适得其反的效果。事实上,思想政治教育的根本任务是传播社会主流意识形态,价值观在性质维度上必须具有明显的区分。这意味着,思想政治教育数字化转型过程所构建的个性化、仿真性、沉浸式场景,要回归人们的价值观塑造这个根本性问题。因此,

要防止受教育者在虚实转换中产生边界模糊现象，颠倒虚拟自我与现实自我的关系，混淆是非、美丑、善恶的关系，最终导致价值观混乱。

第三节　优化思想政治教育数字化转型的路向选择

在思想政治教育数字化转型过程中，上述范式构建的困惑是数字化社会育人模式问题的集中呈现，它对传统思想政治教育方式和手段提出了挑战。因此，我们需要转换视角，重新反思数字虚拟空间思想政治教育自身边界与内容的变化，依据数字化技术发展和思想政治教育规律的双重逻辑来优化思想政治教育数字化转型。

一、构建以人为核心的思想政治教育数字化转型共识

思想政治教育数字化转型作为一种新范式，为我们深刻理解人的思想政治品德与精神塑造规律提供了相应的理论框架和规则前提。个性化、智慧化、沉浸式、仿真性的数字虚拟空间赋能思想政治教育，应该秉持人本性思想理路，目的和结果都要观照受教育者需求，注重数字化转型对于增强思想观念、政治观点、道德规范等认同效度的激活作用。由数字技术和数据要素驱动的思想政治教育模式的结构性转变，固然是通过技术、目标、规范、功能等耦合而形成的数字化新视界，但它不是为数字化而数字化，而是借助人机融合彰显思想政治教育的人文关怀。就当前而言，将人本价值作为推进思想政治教育数字化转型的核心取向，必须构建如下范式共识：一是以间性思维推进数字化视界下思想政治教育新旧范式的转化和融合。思想政治教育数字化转型不是单向回溯到传统育人范式中寻觅包治现代病症的药方，也不是完全以另辟路向的姿态摒弃传统的育人理念，而是运用数字化技术激活传统范式的正功能，改变传统范式中与时代发展不再适应的因素，以数字化思维构建人的精神世界。这种新旧范式的转化和融合过程必须处理好革除与重塑之间的关系，目的是通过数字化转型充分激活教育者和受教育者之间的参与能力，增强个性化育人效果，最终实现人的赋权增能。二是防止思想政治教育数字化转型畸变为以技术和数据为中心的工具化思维。以技术和数据为中心的思想政治教育转型范式，过于注重感官刺激而忽视人的需求导向，致使"数据迷信""技术冷漠""数字鸿沟""算法歧视"等问题频现，数字技术反客为主成为目标指向，从而解构社会主流意识形态。思想政治教育数字化转型必

须注重人的实际体验、情感需求和主观感受，防止落入唯技术论窠臼。

二、提升主体数字素养，增强社会主流意识形态的凝聚力和引领力

以大数据、物联网、云计算、区块链等为代表的技术全方位塑造了我们生活的社会空间，也催生出思想政治教育新形态和新要求。数字素养已经成为教育者和受教育者必备的核心素养，它是实现思想政治教育数字化转型不可或缺的能力。对思想政治教育者而言，必须深刻认识数字化生存的现实需要，转变教育理念，着力提升数字化育人能力，围绕数字获取、数字交流、数字资源、数字赋权以及个性化教学、智慧化课堂等探索全新的教育模式，善于运用虚拟现实、增强现实、模拟仿真、AI 直播、虚拟助教、智能测评等多维场景强化个性化和精准化育人效果，增强社会主流意识形态的凝聚力和引领力。与此同时，思想政治教育者还必须深刻认识数字化技术本身的限度，为思想政治教育数字化应用场景注入社会主流价值观，既不断提升数据采集、分析、整合和利用能力，又要防范涉及数字安全、数字伦理、数据隐私、数字欺凌、数字鸿沟等催生各种风险挑战。特别是要避免"为了数字化而数字化"，遮蔽思想政治教育的功能价值，以生硬姿态推进思想观念、政治意识、道德情操、社会规范的数据化，将数据关系等同于现实关系，从而掩盖思想政治教育的人文关怀特性。对思想政治教育对象而言，作为受教育者必须具备数字化技术和数字化资源的运用能力。沉浸式场景、虚拟化体验、仿真性情境、智能化环境都是思想政治教育方式，受教育者不能停留于感官刺激，乃至在多源性、非兼容、碎片化的数字信息社会失去理性判断，导致社会主流意识形态陷入"权威淡化和中心消解"困境。在思想政治教育数字化转型过程中，满足"个性化需求"并不是形塑"个人化导向"，而是通过数字技术与价值引领的全面融合，增强人们的价值认同和政治认同，增强社会主流意识形态传播效果。

三、形塑虚实相融的思想政治教育数字化生态

思想政治教育数字化转型应该是虚拟与现实相互融合而产生的育人模式，它有助于深化对于思想政治教育规律的认识，形成以数字技术和数据为驱动要素的新教育生态。建构虚实相融的思想政治教育数字化生态，目的是形塑一种虚拟和现实双向边界彼此支撑的场景，通过内容资源数字化、育人过程立体化、主客体交互化、传播渠道信息化提升育人效果。虚拟现实、增强现实、混合现实等技术手段不能被视为单纯的技术场景，而是应该作为"数字

化联结"打通虚拟和现实的障碍,让仿真环境与社会现实相互激发,呈现立体化的叙事样态。思想政治教育沉浸式育人模式,不能停留于虚拟场景的感官刺激和认知体验,必须实现主体与客体、历史与现实、静态与动态的有效融合,让交互性、开放性、共享性、扁平化的数字化生态催生、放大育人功能,以期推进社会主流价值观深入人心。这就是说,虚实相融的思想政治教育数字化生态不是一味追求所谓仿真场景,也不是让人们单纯体验身临其境的穿越感,而是通过全景式交互学习使思想政治教育从单向传递变为双向互动,让受教育者从被动学习转为主动学习。实质上,我们以数字化应用场景激活档案资料、革命人物、红色历史等内容资源,目的在于让人们借助立体化和沉浸式环境突破说教式、灌输式、填鸭式瓶颈,打通数字世界与真实世界的关联,从而将虚拟体验转化为现实动力,增强对社会主流意识形态的价值认同和情感认同。

第四节　新媒体时代高校思想政治理论课教学范式转换路径

新媒体时代,思想政治教育在教育语境、教学方法、话语表达等方面,都发生了巨大的改变。这个巨大的改变,对一贯要求凸显时代性的思想政治理论课教学来说,已然提出新的要求。传统的思想政治教育话语体系和教学范式已表现出了明显的滞后性和不适应,已经远远无法满足教学对象的需求。高校思想政治理论课为了守好这块教育阵地,要因势而谋、应势而动,同时需要不断创新思维,探索新媒体融入和推动思想政治工作的有效路径,增强思想政治工作的时代性和感召力,提升思想政治理论课教学的实效性。

一、语境的转换

思想政治教育是使人真正成为人的过程。通过各种载体和形式多样的活动在人的思想中渗透,并逐步形成正确的世界观、人生观、价值观。新媒体时代,思想政治教育的语境发生了很大的变化。

（一）信息传播技术的快速发展推动了思想政治教育的信息化

随着新媒体在各个领域的不断融合,教育也呈现出明显的信息化趋向。尤其是大数据技术的发展,深刻改变了思想政治教育的环境,极大地提高了思想政治教育的信息化水平。

一是新传播技术打破了传统的思想政治教育时空。教育者和受教育者之间可以突破时间和空间的限制，进行实时的互动与交流；思想政治理论课教师可以依托各联通平台，学习到世界各地先进的教学经验，参与各类主题的学术交流活动；学生也可以通过慕课、"智慧树"、网易公开课等平台，聆听到来自世界各地、五彩缤纷的精彩课程。

二是大数据为高校思想政治教育的探索与研究提供了丰富的资源。尤其是大学生在日常生活中使用网络时留下的痕迹，真实地表达了他们的信息需求类型和内心情感诉求。通过这些痕迹，思想政治教育者可以时刻关注到大学生的思想动态，了解到他们所关注的新闻事件和社会热点。大数据通过对这些数据进行挖掘和分析，可以为思想政治教育研究者探索大学生的成长规律、分析大学生的精神需求提供真实、可信的研究素材。

三是针对当前思想政治教育者普遍使用的线上线下相结合的教育模式，利用大数据的数据分析结果，可以促进有效信息的供给，提高课堂教学效率，提高思想政治教育的有效性和针对性。

（二）全媒体的自由开放弱化了主流意识形态的传播力

在高校，思想政治理论课是主流意识形态传播和建设的重要阵地。尤其在严峻的意识形态领域斗争形势下，如何顺应时代变化，遵循信息传播规律，做好主流意识形态的传播工作，是维护国家主流意识形态主导地位和维护国家安全稳定的必然要求。然而，所有的国家主流意识形态传播都需要借助权威的力量，方可维持其传播秩序，确保传播效果。

而新媒体时代的到来，给主流意识形态的传播带来了挑战。一条信息一旦被投放到网络上，瞬间引起"众声喧哗"已经成为舆论常态。全媒体的开放、自由、平等，使"人人都有麦克风"，这在为公众提供了情绪释放与利益诉求平台的同时，也为意识形态的监管和主流意识形态的传播增加了难度。传统媒介环境中以主流媒体为中心的传播格局发生了巨大的改变，主流意识形态的传播话语权被弱化，影响力被稀释，戏谑化、娱乐化的话语表达特点使得要求严谨、规范的主流意识形态话语传播的舆论环境更为复杂。

全媒体的自由开放，使主流意识形态的传播力被弱化。"明者因时而变，知者随事而制。"（《盐铁论·忧边》）这就要求思想政治教育者明确当前思想政治理论课所处的媒体环境和舆论环境特点，直面困境，守正创新，努力适应传播生态新格局。具体来说，可以通过网络公众人物、网红思想政治理论课教师、学生意见领袖等，用好网络话语权；充分发挥大数据、云计算等信息传播技术，对受众即受教育对象进行阶段性和动态性的分析，对传播效果做好精准评估，从而提高传播的实效性。

（三）学生要求平等的话语权，课堂的权威性受到挑战

新媒体时代，高校思想政治教育的语境更加开放，这对思想政治教育传统的模式形成了冲击与挑战。"高校思政课教师的传统权威性——制度性权威和知识性权威日渐式微。传统的制度性权威已不能适应制度的变革和社会的发展，新媒体时代加速了传统制度性权威的消亡；信息通信技术的发展消解了教师传统的知识性权威，后喻文化时代加剧了教师传统知识性权威的消解。"① 有权威性，才有话语权，才有影响力。因此，我国亟须通过国家的力量构建主流价值观念传播的权威性语境。

在思想政治教育工作中，教师是关键，新时代对思想政治理论课教师的知识结构、历史思维、国际视野都提出了极大的考验。没有吸引力和感召力的思想政治理论课，难以实现思想政治教育的基本目标。因此，将思想政治理论课打造成为学生服务、受学生追捧的课程，必须处理好教师主导性和学生主体性的关系，促进"教"与"学"过程中的平等对话与双向互动。

在传统思想政治理论课的教学话语模式中，教师往往采取的是机械化和强制性的理论灌输方式来完成教学，实现话语信息的传递。这在一定程度上对大学生的思维形成了压制。而新媒体时代，教师的中心主体地位被打破，教师在思想政治教育中占据主导地位，学生才是思想政治教育真正的主体。学生在信息和知识的探索中具有自主权，对课堂的期待值也更高，因此极其渴望一个平等的教学语境。新时代，坚持平等性的理念是完成高校思想政治教学话语模式转型的基本前提，也是促进青年大学生自由而全面发展的必要条件。

同时，教师也要注重对学生媒介素养的教育与提升。清朗的传播环境，有利于使主流声音更有效地传播。学生作为网络受众的主体人群，他们的媒介素养如何，也影响着网络媒介环境的建设和主流意识形态的传播效果。思想政治理论课教师对于网络上传播的各类歪曲、不良信息，应及时给学生以引导。

---

① 高良坚. 新媒体语境下思政课教师课堂教学权威性之建构——基于制度性权威与知识性权威 [J]. 学校党建与思政教育，2016（9）：4.

二、内容的转换

目前，仍有很多思想政治理论课教师对新媒体的使用停留在初级阶段。将教材中的理论框架原封不动地"复制"到了 PPT 上，长篇大论地照念 PPT，只考虑知识内容的输出过程，忽略了教学过程中的"输出方式"和受教育对象的"输入效果"，使很多大学生觉得思想政治理论课堂是枯燥乏味、不走心的，甚至产生了反感情绪，导致思想政治教育效果不佳。由此可以看出，教材体系向教学体系的转换效果直接影响着思想政治理论课教学中教师供给侧和学生需求侧的平衡，影响着教学效果。

在马克思主义哲学语境中，"体系"指的是对一个整体或者系统内部逻辑特点的概括，是若干有关事物或某些意识互相联系而构成的一个整体。所谓教材体系是指某一学科教科书内凝练出的、具有逻辑性的知识框架结构和内容，主要规定了教师应该"教什么内容"。教材体系应具备思想性、逻辑性、科学性、权威性等特征。而教学体系，指的是教师为了完成教学任务，在教学过程中以教材为基本思路，各教学要素依据一定的逻辑形成的整体。具体来说，包括教学内容、过程、方法和教学效果的评估、反馈与总结等。也就是说，教学体系所规定的是教师应该"如何去教"。

由此看出，教材体系是教学体系的前提和基础，具有规范化和引导性的意义。对某一个学科来说，它的教材体系是相对稳定的，有一定的标准和规范；而教学体系则是动态的，具有多样化的特征。教师的知识结构不同，受教育对象不同，教学体系的实施过程也会呈现出差异性。教师备课的过程，就是将教材体系转换为教学体系的前期过程。教学的过程，就是体系转换的过程。那么如何转换呢？具体来说，要做好以下几方面。

（一）了解学生的需求，尊重学生的个性

教师在将教材体系向教学体系转换的过程中，应充分尊重受教育对象的个体化特征，例如，学生的专业、兴趣、喜好等。从供给侧看，教师可以选择有较高关注度的案例，激发学生参与互动的积极性；用大学生身边的励志故事，鼓励大学生用积极的人生态度面对生活中的困难，树立崇高的使命感和责任感；在现实生活中寻找真实的、打动人心的故事，用触动人心的话语对主流价值观进行传播。那么，如何了解学生的需求呢？

2019 年 4 月，北京大学心理与认知科学学院正式发布了《"95 后"手机使用心理与行为白皮书》。数据显示，"95 后"青少年每天使用手机的时间平均为 8.33 小时，其中社交平台用时最长，接近两小时。大学生在各个社交平台的数据痕迹、手机的软件和硬件能够反映出青少年的心理诉求与行为走向。通过对这些痕迹的深入挖掘和分析，可以帮助教师更好地观察学生的思想动态，了解学生的学习生活状况。从需求侧来看，应时刻关注学生的思想动态和内心诉求，了解学生的信息需求，有助于提供精准的帮扶和指导。

（二）提升内容的黏合性，增强课程的吸引力

提升思想政治理论课教学内容的黏合性，可以从多方面来努力。例如，思想政治理论课教师可以通过世情国情和地域文化知识的融入，提升学生的文化自信和民族文化自豪感；通过大数据，对学生的群体特征和个体特征进行差异性分析，结合学生的个性、兴趣、性格、成长经历、知识水平、能力结构、职业生涯规划等设计出适合群体性的教学内容以及具有针对性的教育方案，促进学生对理论的深层次认知，提升他们的职业素养。

很多思想政治理论课的理论都是非常抽象和枯燥的。在教学过程中，将抽象、晦涩的知识点用真实的案例和浅显易懂的语言进行解读，用案例发展的逻辑性来阐述理论间的逻辑关系，用现代的故事去阐释经典理论的真理性和指导性，有助于学生更好地掌握理论知识。

教学的过程，不仅是思想传播、价值观灌输、提升认知水平的过程，也是情感介入的过程。师生之间建立良好的感情基础，有利于提升学生对教师的信任度和对所传播信息的接受度，进而促进教育目标的实现。

（三）提高学生的参与度，关注学生的获得感

对理论知识的解读与运用，是教材体系向教学体系转换的关键内容；调动学生参与案例探讨的积极性，是转换效果实现的关键途径；提升学生对主流价值观的认同度，实现育人目标，是评估转换效果的关键要素。舆论的威力不在于语法的高深和句式的威严，而在于能否通过具体而生动的诠释，平等地转化为大众感同身受的语言和心态，真实地转化为大众耳濡目染的身边的样板和范式。就思想政治教育的效果而言，唯有让学生在思想上和情感上得到满足，才能获得他们的信任和主动、持久的关注。具体来说，思想政治理论课教师可以运用教材内容中的马克思主义理论来分析社会热点问题，以及大学生关注度较高的社会问题，让学生在参与讨论和互动中切身感受到思想政治教育原理的理论高度和思想厚度，领悟到其实践性和说服力，并提升学生运用马克思主义理论指导实践的能力。但是，这也对教师扎实的理论功底和宽阔的知识视野提出了较高的要求。

(四) 确保教学话语的针对性和时代性

"推动思想政治理论课改革创新，要不断增强思政课的思想性、理论性和亲和力、针对性。"① 教学话语若要深入人心，产生影响力，就必须具有针对性。它是建立在对大学生的思想特点和精神需求有了充分认知的前提下，能够满足大学生的合理需求，能为大学生提供有针对性的人文关怀和心理建设辅导，能为大学生的思想困惑提供具有启发性和实践性的经验，以此增强大学生在思想政治理论课上的获得感和满足感。

高校思想政治理论课因其具有特殊的意识形态教育属性，从而对其教学话语的时代性也有着更高的要求。它要求思想政治理论课教师在教学过程中，探索新时代青年大学生成长发展规律，运用中国共产党的最新理论成果，构建符合新时代语境的育人话语体系，从深层次唤起学生情感共鸣和价值认同。教育话语唯有与大时代相融，才能赋予思想政治教育理论性、现实性和实践性的意义。新时代的思想政治话语必须解读中国国情，展现中国成就，体现中国特色，增强大学生的民族自信。

三、表达的转换

新媒体技术的飞速发展，不仅促使人们的日常生活和生活方式发生了巨大的改变，同时也对我国教育理念和教育模式的改革产生了深远的影响。为了提升思想政治教育成效，思想政治教育者必须不断开拓创新，探索新的教学方式和表达方式。

(一) 打破传统思维定式，创新媒体传播方式

从本质上来说，思想政治工作是做人的工作。思想政治理论课教师在教学过程中使用新媒体时，不仅要发挥新媒体的工具性，更要作用于学生的思想和思维，使青年大学生的世界观、人生观、价值观与育人目标趋同，探索新媒体传播的特点和规律，努力在知识和思想的传播方法上能有所突破，培养和发挥创新性思维，方可真正增强思想政治教育的吸引力和影响力。

思想政治理论课是最富时代性的一门课程。在思想政治教育实施过程中，及时准确地将党的新理论、新成果、新思想融入思想政治教育过程，使党的创新理论真正入脑入心，是保持高校思想政治工作生命力的关键。灵活运用新媒体语言和表达方式，激发网上网下课程融合模式中的创新活力与改革动

---

① 秦飞. 多主体视角建构沉浸式思政课 [N]. 中国教育报，2023-05-04 (8).

能，依托网络平台将理论知识转化为形象生动的情境，构建"情境体验"教学模式，在体验中实现理论知识的"内化于心"。

（二）营造良好舆论氛围，优化思想政治舆论环境

习近平总书记语重心长地说："很多人特别是年轻人基本不看主流媒体，大部分信息都从网上获取"，"必须正视这个事实，加大力量投入，尽快掌握这个舆论战场上的主动权，不能被边缘化了"。① 网络新媒体是当前高校师生获取信息最主要的平台。因网络媒体自身的特性，网络上经常存在虚假、片面的信息。青年大学生如果没有良好的媒介素养，极容易受到这些虚假信息的误导。因此，在遇到信息噪声时，思想政治教育者、媒介把关人如果不能及时给予回应，并将真实、准确、权威的信息发布出去，那么歪曲的信息就会在整个舆论环境推波助澜，肆意泛滥，对思想政治教育的舆论环境形成极大的威胁，进而影响到高校和社会的稳定。这对思想政治理论课教师的媒介素养和应对能力提出了挑战。

因此，探索新媒体在信息互动过程中的传播机制，提高思想政治理论课教师的媒介素养，是应对舆情事件的必然要求。实时监测舆情动态，建立舆情联动机制；依托学生关注度较高的传播平台、传播渠道和学生群体中的"意见领袖"，将真实的信息和正能量传播出去；整合高校线上线下资源，构建校园融媒立体性话语平台，突出思想政治教育、主流价值观和思想舆论的引导意义，传播社会正能量，为思想政治教育营造良好的舆论氛围。

（三）着眼于思想问题，精准灌溉，注重启发

思想问题是对一个人最深层的灵魂拷问。一个人若没有坚定的政治立场、崇高的理想信念、正确的道德观念和健康的心理状态等，可以着眼于他的思想问题去解决。要坚持灌输性和启发性相统一，注重启发性教育，引导学生发现问题、分析问题、思考问题，在不断启发中让学生水到渠成得出结论。

列宁在《怎么办?》一书中指出："'灌输论'认为工人阶级和群众自身不可能自发地产生科学社会主义的思想，这种思想必须从外部灌输进去。"这里的"灌输"，不是被狭隘、歪曲理解的"思想控制论"，而是先进文化在思想上的引导作用。在当前复杂的国际形势和国内改革进一步深化的背景下，仍处于"拔节孕穗期"的青年大学生因缺乏社会经验，价值观尚未完全形成，

---

① 丁柏铨. 面对先进传播技术：科学认知和正确把握——新时代党的新闻舆论思想在一个重要方面的创新、发展［J］. 传媒观察，2022（12）.

极易受到错误思潮的影响，使他们在面对海量繁杂的信息时更加迷茫。因此，思想政治教育者仍然有责任将科学的理论、思想和价值"精准灌输"给学生，将新思想的灌输与理性思维的建构启发统一起来，方可提升教育效果。

思想性是思想政治理论课最大的魅力。"坚持政治性和学理性相统一，以透彻的学理分析回应学生，以彻底的思想理论说服学生，用真理的强大力量引导学生。"① 因此，思想政治理论课教师不能只是简单地解读理论和政策，更要结合案例，在实践层面和思想认知层面提升学生的理论指导实践能力、分析研判能力和趋势预测能力等。

第五节 新媒体与高校思想政治理论课的深度融合

随着现代信息技术的快速发展，尤其是移动互联网技术、大数据、云计算等在信息传播领域的广泛运用，网络空间已然成为思想文化交流、个人言论表达的重要集散地和社会舆论的放大器。当前的青年大学生基本是"00后"，他们是在网络媒体的快速发展以及日益复杂的网络舆论环境中成长起来的一代，他们的日常学习、生活、思维方式等都受到了网络的影响，尤其是新媒体的广泛运用，对大学生的思想认识、价值观塑造、社会关系认知等方面形成了非常深刻的影响。因此，深入探索与推动新媒体与思想政治理论课的深度融合具有重要的现实意义。

一、新媒体与思想政治理论课深度融合的必要性

将新媒体与高校思想政治理论课深度融合，是推动我国精神文明建设进程、适应新时代社会发展的需要。同时，当前高校思想政治教育面临着严峻的挑战，充分发挥新媒体在思想政治教育中的作用，是促进大学生思想道德健康发展的内在需要，同时也是增强大学生思想政治教育实效性的现实需要。

（一）推动我国精神文明建设进程的必然要求

高校思想政治教育是我国精神文明建设的主要内容之一，也是培养大学生正确的世界观、人生观、价值观和道德观的主要途径之一。它在精神文明建设中起着引领性的主导作用。2016 年 12 月 7 日，习近平总书记在全国高校思想政治工作会议上讲话时强调指出："用社会主义核心价值观教育学生，引

---

① 在"八个相统一"中推进高校思政课改革 ［EB/OL］. 党建网，2019-09-12.

导他们扣好人生的第一粒扣子，是高校思想政治工作的使命所在。我们强调学校教育、育人为本，德智体美、德育为先，就是说高校要成为锻造优秀青年的大熔炉。"①

（二）应对当前高校思想政治教育面临严峻的挑战

高校是人才培养、科学研究、社会服务和文化传承创新的重要基地。近些年来，虽然我国的经济、科学技术等领域都获得了空前的发展，但政治环境上仍然存在着"西强我弱"的现象，舆论环境仍然面临着较大的压力。当前，我国高校思想政治教育面临着更为严峻的挑战。

从国际环境来看，西方国家的"西化""分化"战略仍然对我国的高校意识形态安全形成现实的挑战。习近平总书记指出："当前，各种敌对势力一直企图在我国制造'颜色革命'，妄图颠覆中国共产党领导和我国社会主义制度。这是我国政权安全面临的现实危险。他们选中的一个突破口就是意识形态领域，企图把人们思想搞乱，然后浑水摸鱼、乱中取胜。"② 西方敌对势力借助影视作品、互联网等平台，逐步有计划、有目的、有针对性地兜售与传播其价值观、思潮和政治文化，试图达到煽动情绪和意识形态渗透的意图。尤其是近些年来，他们把目光直接投向了高校，直接冲击着大学生对社会主义意识形态的认知与认同，影响着高校意识形态安全和校园稳定，进而对整个国家的意识形态安全、文化安全以及国家的整体安全形成威胁。这不仅会消解我国政治经济社会健康稳定发展的思想文化根基，甚至关乎党的前途命运和国家的长治久安。高校必须重视和警惕多种形式潜在和存在的意识形态威胁。

从国内环境来看，我国虽然进行了40余年的改革开放探索，并取得了令人瞩目的成就，但目前我国仍处于社会转型期，改革正处于深水区和攻坚期，各种矛盾和利益仍然凸显，复杂的社会现象、多样的思想意识、多种的价值观念依然在深刻地进行着碰撞。这对世界观、人生观、价值观尚未成熟、稳定的青年大学生来说，容易感到困惑和迷茫。尤其是青年大学生通过网络技术获取了缤纷复杂的网络信息，他们经常沉浸于虚拟的网络世界，或者被无数片面的、虚假的信息包围，经常感受到巨大的心理压力。网络媒体在随时

---

① 中共中央文献研究室. 习近平关于社会主义文化建设论述摘编［M］. 北京：中央文献出版社，2017：131-132.

② 中共中央文献研究室. 习近平关于社会主义文化建设论述摘编［M］. 北京：中央文献出版社，2017：37.

随地获取海量信息方面给了人们极大满足的同时，其网络监管的漏洞和难度也在一定程度上侵蚀着我国社会主义文明的凝聚力和整合力。网络媒体作为当今大学生获取信息的首选和主要途径，此时如果思想政治教育不能占据主导地位，不能占领这块高地，就会直接影响青年大学生对我国社会意识形态的认知程度，影响和削弱高校理想信念和社会主义核心价值观教育的效果。因此，高校务必要积极面对和回应社会转型时期的变化与挑战，确保高校的安全稳定，为国家安全贡献力量。

（三）新媒介环境对高校思想政治理论课程提出了新的期待

随着互联网技术的发展和思维的拓展，中国已经进入了"互联网+"时代。从本质上来说，"互联网+"是互联网思维在实践层面形成的成果，它要求社会的各行各业依托互联网的优势，充分将互联网的创新成果应用于社会生产和日常生活中，并不断地创造新的经济和社会发展形态。高校作为担负着为国家培育和输送人才的机构，同样需要依托互联网平台，融入"互联网+"时代。这就对高校思想政治理论课教学提出了新的要求。

习近平总书记在全国高校思想政治工作会议上指出："要运用新媒体新技术使工作活起来，推动思想政治工作传统优势同信息技术高度融合，增强时代感和吸引力。"①　随着信息技术的飞速发展和广泛普及，依托信息化技术手段，促进高校思想政治理论课程在教学内容、教学手段等方面的多样化已经成为大趋势。

新媒体时代，大学生可以借助互联网广泛搜集资料，获取更丰富的信息资源，并利用互联网学习平台完成课前的知识铺垫和积累；教师则可以与学生在线互动，了解学生的知识储备情况以及课前预习情况，从而更有针对性地设置、调整教学内容，提高课堂教学效率。同时，青年大学生利用网络技术广泛地获取教学资源，尤其是一些高端的网络教学资源学习平台，可以满足大学生聆听世界知名教授的讲座、学术观点，这有利于培养学生的创新思维方式。学生在阅读新闻或者遇到一些社会热点问题时，能够运用一些具有代表性的、主流性的观点去解释和分析；对于自己的观点，也能旁征博引，寻找到具有代表性的新闻事件来支撑，也可以通过新媒体的方式进行观念的表达与传播。教师可以在互动中、评论中实现对青年大学生主流价值观的灌输和意识形态的引导，使得思想政治理论课的教学过程更加"润物细无声"，更扎实有效。

---

① 曹文泽. 让高校思想政治工作活起来［EB/OL］. 人民网，2017-02-13.

二、新媒体与思想政治理论课深度融合的可能性

近些年来，高校依托新媒体在师生互动方式、教学方式改革、思想引领等方面进行了深入的探索，在提高课堂互动质量、拓宽教学思路、增强学生课程获得感方面发挥了非常显著的作用。

（一）新媒体手段为师生互动方式提供了更畅通的渠道

从一定意义上来说，网络媒介环境是各种社会思潮、意识形态和思想观念的汇聚地，既有可能是国家层面主流思想的发声地，也可能是大众思想的舆论场，还可能是网民个人的社会交往场域。网络不仅是青年大学生获取信息、进行社交活动、交流思想的最主要的媒介工具，同时也是高校思想政治教师了解、关注青年大学生思想动态、言行特点、利益诉求、心理健康的重要平台。本课题组在深圳大学、南方科技大学等高校调查结果显示，学生利用网络了解思想政治教育相关知识时，52.81%的学生会优先选择微信、QQ等即时通信工具，43.1%的学生会选择微博、论坛等开放平台。因此，深入学生的社交场域是掌握网络思想政治阵地主导权的前提和基本路径，深入进去，方可真正了解学生的思想，方可把准学生的思想脉搏。因此，面对新媒介环境，高校应该清醒地意识到，它不是"万能钥匙"，但也不是"洪水猛兽"，只要积极应对，充分发挥新媒体在思想政治理论课中的积极作用，就能引导青年大学生充分发挥好新媒体在正能量传播方面的积极功效。

（二）新媒体技术为教学方式赢得了更广泛的空间

从现实的技术手段来说，新媒体技术和新媒体传播信息的实时可得性，使青年大学生在获取信息或与这个世界进行交流时完全突破了时空的限制。本课题组在深圳大学、南方科技大学等高校调研结果显示，53.18%的学生认为大学生网络思想政治理论课与传统形式的思想政治理论课堂教育相比增加了趣味性，形式新颖，更容易让人接受。冲破了壁垒后，他们与这个世界的交往方式变得更加开放和主动，他们主观上愿意去积极地拥抱新媒体，并充分发挥新媒体在日常学习、生活中的积极作用。

传统的思想政治教育，方式是传统的，方法是单一的，互动性不强，导致课堂教学的针对性和有效性减弱，而新媒体则满足了教师转变传统的教学方法、拓宽教学空间和渠道的愿望和需求。依托新媒体技术，及时了解大学生的精神需求，根据大学生的实际情况，用他们青睐的、感兴趣的方式呈现更加生动、丰富的教学内容，实现远程教学和在线交流，这不仅体现了高等

教育"以人为本"的教育理念，同时也彰显出青年大学生在思想政治教育中的真正主体地位。

（三）新媒体环境为精神引导开拓了更多样的思维

新媒体技术本身具有的"交互性"使新媒体环境可以承载平等的教育对话，构建广泛的交流语境。在这种强烈交互性的媒介场景中，师生通过对话与互动，不仅能激发青年大学生的能动性和创造性，同时还可以实现自由的话语表达。这大大彰显了教育活动中"以人为本"的理念和师生拥有平等对话权利的民主性。这是前所未有的时代。与传统的单向语言输出和价值输出相比，多样化的互动教学和紧贴社会性的实践活动，更能赢得青年大学生的信任与支持，这是获得思想认同、实现价值引领的前提和基础。本次问卷调查显示，59.48%的大学生认为思想政治教育的作用体现在与人交流的谈资上，69.65%的大学生认为思想政治教育的作用体现在参与政治活动时，81.18%的大学生觉得思想政治教育的作用体现在思想的升华上。大学生认为，思想政治理论课不是单纯的说教，而是可以引导他们适应社会、解决人生困惑、实现人生价值的课程，是真正触及心灵的课程。因此，新媒体环境促使思想政治教育者对课程的目标定位、教育目标的实现有着重大意义。

三、新媒体与思想政治理论课深度融合的原则

新媒体与思想政治理论课的深度融合思维是基于思想政治理论课的基本属性、满足青年大学生成长发展需求以及新媒体技术本身在人才培养、知识传播、教学互动、教学改革等方面发挥的重要作用。这一融合思维又是促进教学主体与教学对象良好互动、提升思想政治理论课教学效果的有效途径。具体来说，实现新媒体与思想政治理论课深度融合需要坚持以下原则。

（一）坚持媒介工具性与人本性的统一

工具性是新媒体最显著的特征之一。在思想政治教育中，新媒体为师生及时获取信息提供了深度平台，突破了时空限制，为师生搭建了互动和交流的平台；新媒体能够满足个性化需求，其技术性特征使传统的思想政治理论课堂变得更加生动、灵活。因此，教师可以充分发挥新媒体的工具性，搭建网络思想政治教育平台，改进传统的教学方式，拓宽教学渠道，获得更好的教学效果。

但是值得注意的是，新媒介技术再先进，环境再优良，也无法完全取代教师的角色意义。尤其是对这门提升大学生的道德情操、培育大学生坚定的

理想信念的关键性课程来说，更是如此。"如果教师把学生当作机器，那么不管是否使用教学技术和媒体，他们都会像对待机器一样对待学生；如果教师把学生当作具有权利、身份和动机的人，那么无论是否依赖教学技术和媒体的帮助，他们都会把学生看作从事学习活动的人。"① 因此，在深入挖掘新媒体在思想政治教育中的载体意义时，应坚持"工具性"和"人本性"的统一。大学生是新媒体用户的主力军，他们具有明显的主体意识，思维方式更加独立，媒介选择性强，他们对媒介期待更高。因此，教师如何将新媒体融入思想政治教育的全过程，既能尊重和满足学生的主体地位和个性化需求，又能牢牢把握思想政治教育阵地建设的主动权，这是教师需要持续探索和提升的问题。

（二）坚持课程理论性与实践性的统一

习近平总书记在主持召开学校思想政治理论课教师座谈会时强调："要坚持理论性和实践性相统一，用科学理论培养人，重视思政课的实践性，把思政小课堂同社会大课堂结合起来，教育引导学生立鸿鹄志，做奋斗者。"② 坚持理论性与实践性的统一，是思想政治理论课内在属性的基本要求。

习近平总书记的重要论述，深刻揭示了在思想政治理论课教学中坚持理论性和实践性相统一的重要意义。具体来说，思想政治教育的理论性主要指的是课程本身的知识体系及其内在的逻辑性，而思想政治理论课的实践性是指在具体的教学实践中，强调思想理论对社会现实的观照，以及对青年大学生解决问题能力的培养，它也是马克思主义贯穿在大学生思想政治教育工作中的具体化呈现。

"马克思主义视域下，理论抽象与现实需求从来不是彼此隔离的，脱离实际利益空谈思想缺乏现实支撑，脱离思想囿于现实利益缺乏理论指引。个体的需要是心理结构中最根本的东西，构成了人类个体和整个人类发展的原始动力，思想政治教育实践亦须充分考量个体需要。"③ 思想政治理论课必须坚持以学生成长发展的需求为指向。习近平总书记指出，要用好课堂教学这个

---

① 李梁. 信息技术与思想政治理论课教学融合的若干问题辨析 [J]. 思政理论教育，2017（2）：69-73.

② 习近平主持召开学校思想政治理论课教师座谈会强调：用新时代中国特色社会主义思想铸魂育人 贯彻党的教育方针落实立德树人根本任务 [N]. 中国青年报，2019-03-19（1）.

③ 冯刚，张欣. 深刻把握思想政治理论课理论性与实践性相统一的价值意蕴 [J]. 新疆师范大学学报（哲学社会科学版），2019，40（5）：78-84.

主渠道，思想政治理论课要坚持在改进中加强，提升思想政治教育亲和力和针对性，满足学生成长发展需求和期待。① 学生的需求满意度，直接影响着教学的顺利实施和教学效果，也就直接影响了高校人才培养的质量。

坚持理论性与实践性的统一，是大学生个人价值观形成发展规律的客观要求。在思想政治教育过程中，个体的思想观念、政治素质、道德素养的形成与发展包含知、情、意、信、行等要素的内在矛盾运动，个体思想政治品德形成发展过程即是知、情、意、信、行的矛盾运动过程。对青年大学生来说，唯有通过丰富的社会实践，方可实现"知、情、意、信、行"的转化，尤其是促进个人信仰和行为的稳定性。转化的过程是个体由观念内化向行为外化转化的过程，也是不断推进大学生"知行合一"的过程，即将内化为青年大学生的个人政治意识与外化成符合思想政治教育规范和要求的行为相统一，偏颇任何一方都会影响到思想政治教育改革的推进和人才培养的质量。

此外，思想政治理论课作为高校落实立德树人根本任务的关键课程，从课程任务上来说，既要强调传承真理，传播中国特色社会主义的先进文化，培养具有马克思主义理论素养的理论型人才，又要凸显其个人行为的示范作用和价值观的引领作用，培养具有全面创新发展和较强社会实践能力的应用型人才。因此，在理论性与实践性的统一中，不断满足青年大学生的成长发展需要，逐步推进对思想政治教育基本规律的深刻把握。

（三）坚持话语时代性和创新性的统一

新媒体的广泛运用对传统的思想政治教育话语体系来说，是一种突破式的刺激源。新媒体打破了旧有的思想政治教育话语生态，要求话语主体即思想政治理论课教师正视新的话语环境，并探索能适应这个新环境的话语内容和话语表达方式。从思想政治教育的目标来看，它本身具有鲜明的时代特征。因此，思想政治教育话语的时代性是首先要确保的。

习近平总书记在主持中共中央政治局就全媒体时代和媒体融合发展主题集体学习时强调指出："全媒体不断发展，出现了全程媒体、全息媒体、全员媒体、全效媒体，信息无处不在、无所不及、无人不用，导致舆论生态、媒体格局、传播方式发生深刻变化，新闻舆论工作面临新的挑战。"② 习近平总书记的这一番论述，不仅指出了全媒体时代新闻舆论工作面临的机遇和挑战，

---

① 习近平在全国高校思想政治工作会议上强调，把思想政治工作贯穿教育教学全过程 开创我国高等教育事业发展新局面 [EB/OL]. 中国青年网，2016-12-08.

② 习近平. 加快推动媒体融合发展 构建全媒体传播格局 [J]. 当代党员，2019 (7)：4-5.

同样也是高校思想政治理论课程需要去探索的问题。全媒体时代，因受众获取信息的平等性和自由性，使国家的主流意识形态在传播、转变为社会主流价值观和舆论走向的过程中极易被消解，权威性也会受到挑战。这就要求思想政治教育者要提升媒介素养和媒介使用能力，不断完善和创新新时代思想政治教育话语体系，在思维上、技术上、情感上，依据时代特征和要求，尊重学生的成长规律，达到话语时代性和创新性的统一。

高校要积极引导学生学习经典原著，在原汁原味的阅读中领悟经典理论的实质和指导意义，使思想政治教育话语真正实现理论性和实践性的统一，实现历史与逻辑的统一。

四、新媒体与思想政治理论课深度融合的路径

推动新媒体与思想政治理论课的融合，既是高等教育落实立德树人的要求，也是当前教育环境不可逆转的时代潮流。目前，通过不断的探索与实践，新媒体技术在思想政治理论课中的运用已经取得了一定的成绩，但仍然存在着需要不断深化和解决的问题。那么，应该从哪些方面着手，推动新媒体与思想政治理论课程的深度融合呢？

（一）以问题为导向，提升思想政治理论课程的本体影响力

坚持以问题为导向，这是高校思想政治教育学科在长期实践中积累的基本经验。正视新媒介环境为思想政治理论课程带来的挑战与冲击，反思提升思想政治理论课程本体影响力的现实境况，引导我们从提升教育内容的说服力、教育方式的吸引力、教育主体的感染力等方面，切实推动新媒介技术与思想政治理论课程的深度融合。

全国思想政治理论课教师从内容到形式，积极地进行了教学创新，取得了明显的成效。但是，从思想政治理论课程现状来看，有的思想政治理论课堂过于追求课堂的生动性和娱乐性，而忽略了课程的理论性和思想性；有的思想政治理论课教师过于依赖和沉溺于信息化手段，将"辅助"变成了"主导"，忽视了教师个人魅力的展现以及课程的价值观引导与塑造。青年大学生唯有信服于教学内容、融入于教学课堂、触动于课堂魅力，方可真正实现教学双方的情感共鸣，并在个人的思想认知、情感、意念、信仰、行为等方面产生一种正向的力量。

（二）提升教育内容的说服力

不能以理服人的课堂，亲和性是无从谈起的。新媒体环境下，青年大学

生可以自主获取广泛、丰富的信息，因此课堂上陈旧的、重复性的、枯燥的理论内容便难以获得学生的认可，更难以调动起他们的学习兴趣。这就对思想政治理论课教师如何提炼优化教学内容、科学设置教学主题提出了要求：在学生受社会舆论热点问题、负面新闻事件的广泛传播而产生信仰危机时，如何发挥真理的力量来引导学生。这是新媒体环境下高校思想政治教育面临的新问题和新挑战。

对于新时代的思想政治理论课，必须讲授习近平新时代中国特色社会主义思想这一最新的理论成果，并依托新媒体平台的学习资源，通过灵活的、深入人心的方式讲述中国故事，尤其是中国历史上的经典故事以及中国共产党不断探索实践的生动故事，将其融会贯通在思想政治理论课的教学全过程；以新媒体为平台，选取中国历史上的重大历史事件、榜样人物的经典故事，挖掘发生在本校师生身边寻常人物身上的不寻常故事，建立具有校本特色的故事库，不断丰富教学资源，完善教学体系；在讲述中国故事的同时，能与传递价值观有机结合，突出故事本身的思想性、生动性和针对性，让大学生在聆听故事的过程中能真正在思想上受益。

（三）提升教育方式的吸引力

思想政治理论课作为高校思想政治教育的关键实施载体，其教育方式是否具有吸引力，直接影响着学生对思想政治理论课的兴趣程度以及其所灌输内容、价值观的认可和接受程度。因此，遵循大学生接收信息的基本规律和喜好，用灵活多样的方式吸引学生的注意力，方可使学生真正从兴趣上、思想上接受课程所传递的价值观。

在本次关于网络思想政治教育方式的调查中，61.61%的学生认为开展含有思想政治教育内容的趣味性游戏是较好的选择，55.39%的学生认为可通过校园QQ群和微信公众平台加强思想政治教育，50.53%的学生认为应建立思想政治教育专题网站，45.83%的学生认为应制作思想政治教育App。具体的教育方法上，高校也可以结合本校的思想政治教育资源库，建立校本思想政治理论课程或者具有习近平新时代中国特色的专题，用一系列有针对性和逻辑性的问题来激活学生的思维，引导学生以缜密的思维解读历史、分析社会现象和热点问题，提升学生探索问题的兴趣和解决问题的能力。通过师生共同参与的公开课形式，增强学生的主体意识，不断深化互动式教学模式。精心策划和组织社会实践活动，将线上学习与线下实践紧密结合，开展文化调研、社会调查、现场教学等活动，将思想政治教育的"小课堂"与中国社会的"大课堂"有机结合。通过大学生志愿服务活动、理论宣讲服务活动等，加深学生对新时代理论的认识和理解，不断推进新时代理论的广泛普及，使新时代理论获得更广泛的精神领会。

思想政治理论课教师也可以以"政治作业"的形式，以重大节日为契机，引导大学生与所处城市进行亲密的接触，通过了解和体验一座城市的历史与人文，真正触摸一座城市的文化内核和灵魂。在亲身体验中，加深了学生对城市的认知和感情。也可以通过"三下乡"、参与文化扶贫等活动，让大学生在服务乡村建设发展过程中对中国国情有更深刻的了解，感受到个人与祖国的血脉相连，提升大学生的社会责任感。

此外，思想政治理论课教师可以充分发挥新媒体技术的优势，以自媒体等新载体、"互联网+"的新思维、大数据的新手段等，不断推动新媒体与思想政治理论课的深度融合。

（四）提升教育主体的感染力

"亲其师，信其道"，思想政治理论课教师是思想政治教育的主导性角色，也是决定高校思想政治教育成效、落实立德树人根本任务的关键因素。"育有德之人，需有德之师"，高校教师唯有先以德立身、以德立学，方可实现以德施教，方可肩负起"塑造灵魂、塑造生命、塑造新人"的时代重任。高校教师要坚持教育者先受教育，努力成为先进思想文化的传播者、党执政的坚定支持者，更好担起学生健康成长指导者和引路人的责任。但是从现实来看，思想政治理论课教师队伍中仍然存在重教学形式轻教学内容、重知识传授轻道德涵育、重学术研究轻价值引领、重学术自由轻政治立场等师德师风问题。

办好思想政治理论课关键在教师，关键在发挥教师的积极性、主动性、创造性。思政课教师，要给学生心灵埋下真善美的种子，引导学生扣好人生第一粒扣子。新时代思想政治理论课教师应切实做到"政治要强""情怀要深""思维要新""视野要广""自律要严""人格要正"。这就要求高校党委坚持把思想政治理论课教师队伍建设作为基础性工程长期来抓，重视师德师风建设，抓实抓严；要求思想政治理论课教师在政治思想上牢固树立中国特色社会主义理想信念、牢固树立改革创新意识，真正做到对习近平新时代中国特色社会主义思想"真学、真懂、真信、真用"，树立终身学习的理念。

为了推进思想政治理论课教学改革和创新，不断增强思想政治理论课思想性、理论性和亲和力、针对性，扎实引导学生坚定"四个自信"遵循"八个统一"（坚持政治性和学理性相统一、价值性和知识性相统一、建设性和批判性相统一、理论性和实践性相统一、统一性和多样性相统一、主导性和主体性相统一、灌输性和启发性相统一、显性教育和隐性教育相统一），这"八个统一"，为新时代思想政治理论课的改革创新提供了基本遵循。

2019 年 8 月，由中共中央办公厅、国务院办公厅印发的《关于深化新时代学校思想政治理论课改革创新的若干意见》则为高校思想政治理论课教师具体落实立德树人、实施"精准滴灌"、实现铸魂育人要求制定了一张具体的"教育路线图"，同时也是一张高校培养德智体美劳全面发展的社会主义建设者和接班人的"说明书"。

因此，思想政治理论课教师唯有不断提升个人的综合素养，加强自我修养，在育人过程中尊重学生的主体地位，关注青年大学生的思想动态和个人成长发展的需求，在道德、学问、教育方法等方面提升个人魅力，在师生互动中融入价值观的引导，增强思想政治理论课教学的感染力，方可真正提升思想政治教育成效。

（五）以新媒体为平台，构建思想政治理论课网络教学新常态

很多教育者或者教育对象，将新媒体仅仅视为一种工具。实际上，如果使用得合理，现代教学技术也可以使教学更加个性化，比以往任何时候更具有人性色彩。

1. 打造更开放的交流互动环境

信息技术的更新换代，客观上促进了一个开放、自由的言论世界的产生。尤其是自媒体的广泛运用，引发了信息传播的革命。网络媒介的快速发展和深刻渗透，使青年大学生的思想观念和生活方式都发生了深刻的变化。自媒体因其门槛低、交互性强、满足个性化需求等特点，备受青年大学生的青睐。

第一，要提升大学生辨别是非的能力。网络媒体是大学生获取信息、参与社交活动的主要平台。由于青年大学生的自控力与自律性较弱，缺乏稳定的政治立场和价值观取向，网络媒体中纷繁芜杂的信息噪声对大学生的价值观塑造和身心健康发展形成直接的威胁与挑战。思想政治教育者要通过系统的媒介素养教育，引导青年大学生在复杂的网络环境中辨别被歪曲的事实，解读事实背后被掩盖的意识形态渗透，用理性的思维去分析媒介信息。

第二，要提升大学生运用网络的能力。引导学生充分利用各类教育网站、教育 App、微信公众号等教学辅助平台，通过课堂内外的互动，提升学生的学习主动性与探索意识。在线上线下不断提出问题、交流探讨、思想辩论等过程中，提升学生的课程参与度以及课堂获得感。

第三，要提升网络场域的驾驭能力。在网络互动过程中，仅仅靠使用一些流行的网络词汇试图拉近与大学生的心理距离，是无法真正实现思想交融与心灵交融的。身处更开放的互联网环境中，思想政治教育者绝不是一个旁观者，也不是浅层次的参与者。思想政治教育者应该有能力发现网络中的敏感话语与暗流，并能结合青年大学生的话语特点，调整和创新引导方式，在开放自由的交流互动环境中，仍然有针对性和灵活性的价值观话语引导，仍然充满着主流的意识形态引导与正能量的传播，提高网络场域的驾驭能力。

2. 构建更完善的思想政治话语体系

培养什么人，是教育的首要问题。我国是中国共产党领导的社会主义国家，这就决定了我们的教育必须把培养社会主义建设者和接班人作为根本任务，培养一代又一代拥护中国共产党领导和我国社会主义制度、立志为中国特色社会主义事业奋斗终身的有用人才。这不仅揭示了思想政治教育的培养目标，同时也是高校立足国情、完善思想政治教育话语的科学指南。

从根本上来说，思想政治教育是扎根在我国国情与改革开放实践基础之上的，扎实推进高校思想政治教育成效，对于维护国家意识形态安全、推进文化软实力的发展、增强民族文化自信有着重要的理论意义和实践意义。尤其是在当前复杂的国际政治舆论环境下，高校思想政治教育话语体系如果缺乏吸引力，或者影响力不足，将直接影响着思想政治教育阵地的安全性。思想政治理论课是巩固和发展马克思主义意识形态、实现新时代育人目标的迫切需要。

因此，新时代的思想政治理论课堂话语体系，必须坚持政治性、时代性、学理性、现实性、情感性和实践性的统一。

一是要有清晰的时代定位。党的十九大报告指出，经过长期努力，中国特色社会主义进入了新时代，这是我国社会发展的新的历史方位。准确、全新的时代定位是发展思想政治教育话语体系的现实基础和前提。马克思曾言："人们自己创造自己的历史，但是他们并不是随心所欲地创造……而是在直接碰到的、既定的、从过去承继下来的条件下创造。"[①] 也就是说，构建中国特色的思想政治教育话语体系，需要在中国传统的话语体系基础上，结合党的宣传思想、文化成果、改革实践积累的经验以及时代语境，从而形成具有民族特征和时代特色的叙事结构与话语表达。

---

① 中共中央马克思恩格斯列宁斯大林著作编译局. 马克思恩格斯选集：第一卷 [M]. 北京：人民出版社，1995：669.

二是要有创新的思维方式。思想政治教育话语离不开历史的传承，但也需要不断变革与创新性发展。因此，思想政治教育者必须紧跟时代步伐，有广阔的视野和对未来清晰的预判，对社会进步和社会改革发展进程中存在的矛盾，都要有深刻的认识和分析，能够根据社会形势的变化不断调整话语内容和理论体系，用马克思主义理论方法去解决现实问题，揭示事件的本质与规律，通过中国实践和中国成就，不断增强青年大学生的"四个自信"，从而推动具有主动性和时代性的话语理论的形成，真正实现思想政治教育话语体系的发展与升华。从国家政治形势和高校文化思想活跃程度来看，高校思想政治教育话语体系还要不断回应严峻的挑战，例如，回应国际舆论、意识形态渗透、各种社会思潮对思想政治教育话语权提出的挑战，回应国内体制转型期各种社会矛盾对思想政治教育话语权提出的挑战等。

三是要有更贴近的表达方式。高校思想政治教育的过程，本身是用马克思主义理论武装青年大学生的头脑，不断提升大学生认识世界和改造世界的能力。因信息传播技术对教育领域的深刻影响，思想政治话语的表达方式也不可避免地又具有了时代印记。新时代习近平总书记在各种讲话场合的话语特点都是极其平易近人的，这些家常话很容易被老百姓理解并流传，话语的传播力和影响力就可想而知了。因此，习近平总书记的话语风格与特点，对高校思想政治教育来说，是一个非常出色的范本。要跨越教育者与教育对象之间的话语鸿沟，引导青年大学生将宏大、抽象的叙事理论与日常学习、生活紧密结合，将国家的前途命运与个人的职业发展紧密相连，在平凡的话语表达中传递出大智慧，唯有如此，方可真正令话语体系扎根更深，影响更广。

3. 探索更科学的思想政治育人机制

中共中央、国务院《关于加强和改进新形势下高校思想政治工作的意见》提出："坚持全员全过程全方位育人。把思想价值引领贯穿教育教学全过程和各环节，形成教书育人、科研育人、实践育人、管理育人、服务育人、文化育人、组织育人长效机制。"如何构建"大思政"教育格局，培养学生具有正确的价值观、丰富的知识水平、全面发展的能力，是思想政治教育的重要课题。

结合全国思想政治教育的新形势，高校应不断探索新的育人模式，完善育人机制，营造健康的育人生态，全面提高人才培养质量。

一是尊重学生的个性特点，满足学生成长发展的个性化需求。教育不是工业生产线，人才不是工业产品，不能走统一工艺、统一规格的批量生产道路。高校要成为育人的沃土，为人才成长提供充足的养分，不断探索青年大学生的成长规律，为学生制定个性化的成长方案；不断完善教师队伍专业构成和素质结构，将优质的教学资源最大化地分配给学生，增强学生在接受教育过程中的幸福感和获得感，为思想政治教育赢得良好的口碑和营造良好的舆论环境。

二是坚持育人育才的生态性思维，实现高校教育资源的优化配置。生态思维（ecological thinking）是以唯物辩证思维方法与生态哲学思维方法，来自觉审视和积极思考人与自身生存发展其中的自然界，特别是生态环境之间的复杂关系，并以人和自然生态环境的协同进化与和谐发展为价值取向的现代思维方式。坚持育人育才的生态思维，指的是高校应厘清人才培养和思想政治教育思路，能够积极审视思想政治教育环境中各元素相互依存和相互影响的关系，并结合统筹思想政治教育资源，搭建信息传播、互动交流和数据分析共享平台，推进高校思想政治工作信息系统的共同建设、维护和资源共享，推动思想政治教育建设健康发展，以实现"培养一代又一代拥护中国共产党领导和我国社会主义制度、立志为中国特色社会主义事业奋斗终身的有用人才"的根本目标。

三是优化思想政治教育顶层设计，激活育人的动力与活力。高校在成立"三全育人"工作领导小组的基础上，应对全校的思想政治教育工作进行统筹指导，整合校内外教育资源和媒体平台资源，加快"智慧校园"信息化建设步伐，建立畅通的信息传播反馈机制，提高信息共享度。剖析校内外每一个育人环境因子和育人平台，打通各环境要素，推进"供给侧"与"需求侧"的协同联动，统筹打造一个全面、精细的高质量综合服务平台。统筹全校高质量思想政治理论课教师资源，丰富师资队伍的知识结构，提升思想政治教育的针对性。通过思想政治教育品牌活动，发挥其影响力和强磁场效应，切实提升育人质量。

4. 挖掘更深刻的媒体智能思维

新媒体时代，随着信息技术在教育领域更深刻地渗透，思想政治理论课在技术层面与文化层面都面临着新的课题，需要在思想上和方式上进行不断变革。回顾新媒体在思想政治教育领域中的具体运用，大体上经历了三个阶段。

第一个阶段是新媒体在发展的起初，因其开放性成为人们获取信息、资源共享、信息交流的重要载体，同时也大大改变了思想政治教育的环境，思想政治教育者开始形成了互联网思维，并不断挖掘互联网技术在思想政治教育教学中的作用和融入的路径。

第二个阶段，便是网络的互动性得到了充分的展现。网络的即时交互性，使网络成为新兴的人际互动与社会实践公众平台。人们对互联网运用的态度，不再仅仅是获取信息的渠道，而是依托互联网满足了深刻社交行为的内在需求，呈现出明显的社会化取向。在这个阶段，思想政治教育者开始重视新媒体在打破传统社交形式方面凸显的新演变，进而从更深层次推进师生的互动关系和角色意义。

第三个阶段是人工智能化阶段。尤其是大数据技术、人工智能、区块链等技术的广泛运用，使得信息技术的共享性得到空前的发挥，人与机的互动方式得到升级。新媒体可以通过人们使用网络的痕迹，智能地为其提供相匹配的信息，满足其需求。

不断挖掘和深化新媒体在思想政治教育中的作用，需要思想政治教育者拥有智能化思维。正如有研究者提出的，"信息技术发展的主线是清晰的，即由辅助性、工具性技术发展到与人类共在共生的智能技术"①。而归根结底，无论智能化的水平如何发展，智能化思维的关键思路就是应始终坚持"用户的核心地位"，着眼于"用户的需求"。

（六）以融合为目标，不断探索"思政课程"与"课程思政"的统一

要坚持显性教育和隐性教育相统一，挖掘其他课程和教学方式中蕴含的思想政治教育资源，实现全员全程全方位育人，要努力推进"思政课程"与"课程思政"的有机结合。

所谓"显性教育"，指的是高校在开展思想政治理论课程时，依托线上、线下灵活多样的方式，公开、直接、理直气壮、旗帜鲜明地开展马克思主义理论教育活动，深刻解读并用党的最新理论成果武装学生的头脑，对学生进行思想政治教育、理论武装和价值引领，引导学生认同和接受科学理论与思想，把对所学理论知识的认知逐步转化为个人的信仰与追求，以此实现意识形态教育和铸魂育人的教育目标。也就是说，在思想政治理论课上，课程目标是直接明了的，教师起主导性作用，而学生则是思想政治教育真正的主体。由此来看，坚持"显性教育"，不仅是高校思想政治理论课的基本形态和要求，同时也是依托关键课程实现立德树人根本任务的必然要求。

"隐性教育"则是指青年大学生在学校规定的思想政治理论课之外所受到的无形的教育，它是通过各种形式、不同课堂的教育方式和教育活动，从而

---

① 唐登蕓. 论推动信息技术与高校思想政治理论课融合向深度发展 [J]. 思政理论教育，2019（4）：64-70.

间接产生的德育教化效果。例如，学校的校园环境、校园管理制度、校园文化活动等。

随着新媒体技术的快速发展，尤其是青年大学生拥有了更广泛的获取信息的途径、更活跃的思维方式，以及更多样化的线上互动、社区组织等，这在一定程度上使传统的显性教育效果受到一定的限制。这时，隐性教育则是很好的、必要的补充。因此，办好新时代的思想政治理论课，就是要坚持显性教育与隐性教育的统一，不断地改革创新思想政治理论课堂，探索"思政课程"与"课程思政"的统一。

一是拓宽高校思想政治教育者的范畴，实现全员育人。目前很多高校在提到"思政教育者"时，都局限于辅导员和承担思想政治理论课程的老师。实际上，从高校"立德树人"的根本目标来说，具体负责专业课教育、校园文化活动、创新创业教育、就业指导、校园环境等事务的人，都是思想政治教育者的组成部分。唯有各个要素的有机融合与协调发展，方可促进三全育人目标的实现。"'课程思政'充分体现每一门课程的育人功能、每一位教师的育人责任，提高全体教师育德能力和育德意识，有助于改变专业教师'只教书不育德'、思想政治教育教师单兵作战的现象，从而使思想政治教育从专人转向人人。"[1] 引导全员都应树立"课程思政"的理念，不断丰富知识储备，完善个人知识结构，改进教学方法，在知识的传授过程中，既要关注学生对专业知识的掌握情况，也要关注学生的情感变化，加大课程的力度和提升课程的温度。

二是发挥专业性课堂的育人功能，实现协同效应。"要用好课堂教学这个主渠道，思想政治理论课要坚持在改进中加强，提升思想政治教育亲和力和针对性，满足学生成长发展需求和期待，其他各门课都要守好一段渠、种好责任田，使各类课程与思想政治理论课同向同行，形成协同效应。"[2] 所谓课程的"同向同行"，便是各类课程在价值观上能达到一致。这就要求高校教师应努力将马克思主义思维和方法论植入专业教育中，在专业知识的传播中强调思想引导和价值引领；在专业案例的选择上，能与社会背景、国情民情紧密结合；注重培养学生的创新精神，明确社会责任；使大学生在做职业生涯规划或者就业择业的时候，能将个人事业发展与祖国的前途命运相结合、相

---

① 高德毅，宗爱东. 从思政课程到课程思政：从战略高度构建高校思想政治教育课程体系［J］. 中国高等教育，2017（1）：43-46.

② 许涛. 构建课程思政的育人大格局［EB/OL］. 人民网，2019-10-18.

统一，注重主流价值观的培育和家国情怀的培养。

三是统筹构建课程"大思政"的教育生态圈。与思想政治理论课程相对规范系统的课程体系、相对直接的价值观引导和意识形态输入方法相比，"课程思政"在传播主流意识形态的方式上是相对潜隐的。这对过去潜心于学术科研或者专业技能教育的教师来说，是一个挑战。因此，高校应建立"课程思政"的阶段性发展目标和常态化机制，循序渐进，提升专业教师的思想政治教育能力，培养专业教师正确运用马克思主义立场、观点和方法的能力，研究更有效的融入方法。从本质来说，"课程思政"的大力推行，是对高校传统育人体系的一种完善。将思想政治教育融入专业教育中，不仅可以丰富专业教学内容，同时也让学科内容更有深度。这也是新时代高校思想政治教育的发展方向。高校里的大家名师，在讲授知识的同时，还阐述知识背后的逻辑、精神、价值、思想、艺术和哲学，通识教育课程以"润物无声"的形式将正确的价值追求和理想信念有效传导给学生。

总的来说，推进高职院校"思政课程"和"课程思政"的融合是一项系统工程，需要整合教育资源，做好顶层设计，"课程思政"的改革既要发挥教师的主导作用，同时也要尊重学生的主体性，真正实现价值引领和"课程育人"的目标。

参考文献

一、专著

[1] 常金玉. 高职院校思想政治教育教学与专业理论课创新改革研究[M]. 延吉：延边大学出版社，2022.

[2] 衣颖. 高职院校思想政治教育与教学研究[M]. 长春：吉林出版集团股份有限公司，2020.

[3] 丁玲. 高职院校思想政治教育与教学研究[M]. 长春：吉林大学出版社，2017.

[4] 苏建福. 高职院校学生思想政治教育工作创新实践[M]. 天津：天津科学技术出版社，2017.

[5] 张丽芳. 高等院校思想政治课程教学模式创新研究[M]. 武汉：华中科技大学出版社，2019.

[6] 张晓荒. 高职大学生思想政治教育课实践教学模式研究[M]. 南宁：广西科学技术出版社，2014.

[7] 孔国庆. 高职院校思想政治教育教学个性化培养模式探究[M]. 武汉：湖北人民出版社，2013.

[8] 曹士东. 高职院校大学生思想政治教育研究[M]. 合肥：合肥工业大学出版社，2009.

[9] 罗大玉. 高校思想政治教育研究[M]. 成都：电子科技大学出版社，2013.

[10] 胡涵锦. 高校思想政治理论课教师队伍建设与发展[M]. 上海：上海交通大学出版社，2013.

[11] 罗大玉，中国电子教育学会院校思想政治教育分会. 高校思想政治教育研究[M]. 成都：电子科技大学出版社，2006.

[12] 郭君. 反思与建构：高职院校思想政治理论课反思性教学的理论与实践[M]. 广州：世界图书广东出版公司，2012.

[13] 李世龙. 思想政治理论课实践教学指导[M]. 北京：北京理工大学

出版社，2013.

　　［14］傅进军. 高校思想政治教育的创新与发展［M］. 杭州：浙江科学技术出版社，2006.

　　［15］岑磊. 数字化教育技术的理论与应用研究［M］. 郑州：郑州大学出版社，2018.

　　［16］王民康. 全国体育院校思想政治理论课与思想政治教育研究［M］. 成都：西南交通大学出版社，2011.

　　［17］贾新民. 高职院校思想政治工作理论与实践［M］. 杭州：浙江教育出版社，2006.

　　［18］郭迎选，向群英. 教育·实践·创新：高职高专学生思想政治教育研究［M］. 成都：电子科技大学出版社，2009.

　　［19］洪贞银. 高职高专思想政治理论课评估研究［M］. 武汉：中国地质大学出版社，2007.

　　［20］张钠. 大学生思想政治教育实践与探索［M］. 成都：电子科技大学出版社，2007.

　　［21］李永健. 高等职业院校思想政治理论课教育教学改革问题研究［M］. 武汉：华中师范大学出版社，2006.

　　［22］赵康太. 新时期高校党的建设与思想政治教育理论探索［M］. 北京：对外经济贸易大学出版社，2005.

　　［23］荀建忠. 高职院校思想政治理论课改革实践与探索［M］. 南宁：广西人民出版社，2007.

　　［24］汤彪. 数字化教育［M］. 北京：中华工商联合出版社，2021.

　　［25］中国教育科学研究院国际与比较教育研究所. 新科技革命：全球数字化教育在行动［M］. 北京：科学出版社，2020.

　　［26］王民. 数字教育资源生态化建设和共享模式研究［M］. 上海：上海交通大学出版社，2014.

　　［27］欧阳玲，洪文兴. 教育数字化：区块链技术与实践［M］. 厦门：厦门大学出版社，2022.

　　［28］于芳，邓洪玲. 高职高专思想政治理论课实践教程［M］. 昆明：云南人民出版社，2010.

　　［29］阿维·佩德·欧文兰德. 数字化转型［M］. 北京：人民邮电出版社，2019.

　　［30］丁少华. 重塑：数字化转型范式［M］. 北京：机械工业出版

社，2020.

[31] 新华三大学. 数字化转型之路［M］. 北京：机械工业出版社，2019.

二、期刊

[1] 潘莉. 问题探究式教学法在中职德育课中的运用［J］. 教育界（高等教育），2015（2）.

[2] 金吾伦. 当今时代的思维方式与人才培养［J］. 中国人才，1999（12）.

[3] 杜颖玉. 把一切事物教给一切人们的全部艺术——《读大教学论》有感［J］. 法制与社会，2009（23）.

[4] 尹祖荣. 再读杜威的《我的教育信条》有感［J］. 广东教育（综合版），2019（4）.

[5] 郑永廷. 论当代西方国家思想道德教育方法［J］. 学术研究，2000（3）.

[6] 吕玉龙. 新形势下大学生道德教育的困境与对策探究［J］. 文学教育（中），2015.

[7] 平先锋. 利用新媒体服务学生成长与发展的途径研究［J］. 当代教育实践与教学研究，2015（9）.

[8] 高良坚. 新媒体语境下思政课教师课堂教学权威性之建构——基于制度性权威与知识性权威［J］. 学校党建与思政教育，2016（9）.

[9] 丁柏铨. 面对先进传播技术：科学认知和正确把握——新时代党的新闻舆论思想在一个重要方面的创新、发展［J］. 传媒观察，2022（12）.

[10] 李梁. 信息技术与思想政治理论课教学融合的若干问题辨析［J］. 思政理论教育，2017（2）.

[11] 冯刚，张欣. 深刻把握思想政治理论课理论性与实践性相统一的价值意蕴［J］. 新疆师范大学学报（哲学社会科学版），2019，40（5）.

[12] 习近平. 加快推动媒体融合发展 构建全媒体传播格局［J］. 当代党员，2019（7）.

[13] 唐登蕓. 论推动信息技术与高校思想政治理论课融合向深度发展［J］. 思政理论教育，2019（4）.

[14] 高德毅，宗爱东. 从思政课程到课程思政：从战略高度构建高校思想政治教育课程体系［J］. 中国高等教育，2017（1）.

三、其他

[1] 李洪峰. 共产党员要始终在党爱党在党为党 心系人民情系人民 [N]. 光明日报, 2016-04-09 (1).

[2] 刘忠全. 人民日报有所思: 读书宜循序渐进 [N]. 人民日报, 2018-05-29 (19).

[3] 王修书. 地方公办高校要走可持续发展之路 [N]. 光明日报, 2009-09-24 (10).

[4] 李义天. 筑牢马克思主义伦理思想史基础 [N]. 光明日报, 2018-10-29 (15).

[5] 过常宝. 立德树人, 师范天下 [N]. 中国教师报, 2017-09-06 (15).

[6] 钟登华. 培养具有家国情怀的一流人才 [N]. 人民日报, 2017-04-14 (8).

[7] 秦飞. 多主体视角建构沉浸式思政课 [N]. 中国教育报, 2023-05-04 (8).

[8] 在 "八个相统一" 中推进高校思政课改革 [EB/OL]. 党建网, 2019-09-12.

[9] 曹文泽. 让高校思想政治工作活起来 [EB/OL]. 人民网, 2017-02-13.

[10] 习近平主持召开学校思想政治理论课教师座谈会强调: 用新时代中国特色社会主义思想铸魂育人 贯彻党的教育方针落实立德树人根本任务 [N]. 中国青年报, 2019-03-19 (1).

[11] 习近平在全国高校思想政治工作会议上强调, 把思想政治工作贯穿教育教学全过程 开创我国高等教育事业发展新局面 [EB/OL]. 中国青年网, 2016-12-08.

[12] 许涛. 构建课程思政的育人大格局 [EB/OL]. 人民网, 2019-10-18.